AUDIT
OF

海洋自然资源资产
审计

MARINE
NATURAL
RESOURCE
ASSETS

自然资源资产审计课题组◎编

经济管理出版社
ECONOMY & MANAGEMENT PUBLISHING HOUSE

图书在版编目（CIP）数据

海洋自然资源资产审计／自然资源资产审计课题组编. —北京：经济管理出版社，2023.10

ISBN 978-7-5096-9392-6

Ⅰ.①海… Ⅱ.①自… Ⅲ.①海洋资源—审计—研究—中国 Ⅳ.①F239.6

中国国家版本馆 CIP 数据核字（2023）第 205633 号

组稿编辑：王光艳
责任编辑：王光艳
责任印制：黄章平

出版发行：经济管理出版社
　　　　　（北京市海淀区北蜂窝 8 号中雅大厦 A 座 11 层　100038）
网　　　址：www. E-mp. com. cn
电　　　话：（010）51915602
印　　　刷：北京市海淀区唐家岭福利印刷厂
经　　　销：新华书店
开　　　本：720mm×1000mm /16
印　　　张：14.25
字　　　数：249 千字
版　　　次：2023 年 12 月第 1 版　　2023 年 12 月第 1 次印刷
书　　　号：ISBN 978-7-5096-9392-6
定　　　价：68.00 元

　　海洋蕴含着丰富的能源和生物资源，因此对海洋的有效利用关系到国家经济的长远发展。长久以来的粗放型经济模式，使海洋自然资源环境遭到严重破坏，渔业资源逐渐枯竭，海洋矿产资源受到无节制开采，不利于海洋自然资源的高利用，这种经济增长模式也违背了国家提倡的可持续发展和海洋强国的理念。

　　资源环境审计作为政府审计的重要一环，在对资源环境保护与利用的监督、鉴证及评价方面具有权威性和独立性。鉴于海洋自然资源开发的现状，作为资源环境审计分支之一的海洋自然资源资产审计，是政府开展审计工作的重点之一，研究海洋自然资源资产审计对理论和实践的发展有重要意义。本书正是在此背景下编写出版的。

　　本书主要包含绪论、基础知识、海洋自然资源资产核算方法、我国海洋自然资源资产监管现状、海洋自然资源资产审计方法。本书首先说明了海洋、海洋经济与海洋环境的关系，介绍了海洋自然资源资产审计产生的背景、意义和必要性；其次对相关概念进行了明确界定，并系统介绍了海洋自然资源资产核算方法。在对我国海洋自然资源资产现状进行梳理的基础上，相对全面地介绍了海洋自然资源资产审计方法。本书旨在给从事海洋自然资源资产审计领域研究与实务的工作者提供方法论参考。

　　本书是编写组全体工作人员通力合作的成果。郭爱萍、王永兴、陈廷贵担任本书编写组的主任，负责本书内容框架的搭建；周沪弼、王晓琦主要负责附录"海洋自然资源资产审计操作指引"的撰写与全书内容的审订；陈璇主要负责前言、第一章、第三章、第五章第三、第四、第五节的撰写工作；张晓亮主要负责第二章、第四章、第五章第一、第二节的撰写工作；王严主要负责参考文献的整理；此外，翟晓航、王妍、许洁、高杨淑涵、刘敏华、张兵、姚世庆、帅歌伟、成家奇、李昕雨、江金金、陈安琪、马佳蕾在本书撰写阶段承担了资料收集、整理等工作，在统稿阶段承担了内容校对与编排、图表整理等文字工作。由于我们水平有限，加上海洋自然资源数据获取的局限性，本书难免存在不足之处，希望读者指正。

CONTENTS
目 录

第一章　绪论 ·· 001

第一节　海洋与海洋经济 ·· 002

一、海洋 ·· 002

二、海洋经济及其特点 ·· 003

第二节　海洋环境与全球生态 ······································ 005

一、人类活动对海洋环境和全球生态的影响 ······················ 005

二、气候变化对海洋环境和全球生态的影响 ······················ 008

第三节　海洋自然资源资产审计的背景、意义和必要性 ············ 009

一、海洋自然资源资产审计的背景 ······························ 009

二、海洋自然资源资产审计的意义 ······························ 012

三、海洋自然资源资产审计的必要性 ···························· 013

第二章　基础知识 ·· 017

第一节　海洋自然资源资产的概念 ································ 018

一、海洋自然资源资产的一般性 ································ 018

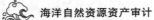

二、海洋自然资源资产的特殊性 ················ 019

第二节 海洋自然资源资产化管理的进程 ············· 020

一、海洋自然资源资产化管理的内涵 ··········· 020

二、海洋自然资源资产化管理的产生 ··········· 020

三、海洋自然资源资产化管理的发展 ··········· 021

第三节 海洋自然资源的开发利用和保护 ············· 023

一、海洋资源概述 ····················· 023

二、海洋自然资源开发利用的现状 ············· 027

三、海洋自然资源开发利用中存在的问题 ········· 030

四、海洋生态环境的保护 ·················· 032

第四节 海洋灾害及其对海洋自然资源资产价值的影响 ····· 035

一、海洋灾害概述 ····················· 035

二、海洋灾害的影响 ···················· 037

三、海洋防灾减灾管理措施 ················· 043

第五节 联合国在全球海洋治理进程中发挥的作用 ········ 045

一、全球海洋治理体系所面临的问题 ··········· 045

二、联合国完善全球海洋治理体系的具体途径 ······· 047

第三章 海洋自然资源资产核算方法 ················ 051

第一节 海洋自然资源资产实物量、价值量的确认和计量 ···· 052

一、海洋自然资源资产实物量概述 ············· 052

二、海洋自然资源资产价值量概述 ············· 070

三、海洋自然资源资产核算表 ··············· 094

第二节 海洋自然资源负债确认与计量 ·············· 095

一、海洋自然资源负债实物量的核算 ··········· 096

二、海洋自然资源负债价值量的核算 ··········· 098

三、海洋自然资源负债核算表 ··············· 110

第四章　我国海洋自然资源资产监管现状 …………… 113

　第一节　我国海洋自然资源资产管理体制 …………… 114

　　一、海洋自然资源资产管理体制的内涵 …………… 114

　　二、我国海洋自然资源资产管理体制的现状 …………… 115

　　三、我国海洋自然资源资产化管理存在的问题 …………… 117

　　四、完善海洋自然资源资产化管理体制的建议 …………… 118

　第二节　我国海洋自然资源资产管理的职责和权限 …………… 121

　　一、海洋管理队伍的职责和权限 …………… 121

　　二、海洋执法队伍的职责和权限 …………… 124

　第三节　我国海洋自然资源资产管理立法情况 …………… 128

　　一、我国海洋自然资源资产管理立法阶段梳理 …………… 128

　　二、我国现行涉海立法总体情况 …………… 129

　　三、我国海洋立法体系 …………… 131

　　四、我国海洋立法体系的特点及发展趋势 …………… 138

第五章　海洋自然资源资产审计方法 …………… 141

　第一节　海洋自然资源资产数据和基础资料的获取 …………… 142

　　一、数据采集 …………… 142

　　二、资金来源和项目管理 …………… 144

　　三、政策依据和法律基础 …………… 147

　第二节　评价指标体系设计——基于PSR模型 …………… 148

　　一、海洋自然资源资产审计的特点 …………… 148

　　二、海洋自然资源资产审计的现状 …………… 150

　　三、海洋自然资源资产审计的要素分析 …………… 154

　　四、基于PSR模型的评价指标体系构建 …………… 159

　　五、总结与展望 …………… 169

第三节　GIS、BIM 在海洋自然资源资产审计中的应用 …………… 170

一、GIS 在海洋自然资源资产审计中的应用 ………… 170

二、BIM 在海洋自然资源资产审计中的应用 ………… 172

第四节　资源价值和生态环境影响预测分析 ……………… 175

一、灰色预测模型及其应用 ……………………… 175

二、ARIMA 模型及其应用 ………………… 178

第五节　审计建议 ………………………………………… 183

一、培养海洋自然资源资产审计人才 ……………… 183

二、健全相关法律法规制度体系 …………………… 184

三、改进评价方法完善责任评价体系 ……………… 184

四、建立海洋自然资源资产审计责任追究机制 …… 185

五、强化审计结果落实与问题整改 ………………… 187

六、优化产权制度及信息载体 ……………………… 187

七、加强信息资源的协同利用 ……………………… 188

八、加强创新及运用前沿科技 ……………………… 189

参考文献 ………………………………………………… 191

附录　海洋自然资源资产审计操作指引 ………………… 198

第一章

绪 论

第一节　海洋与海洋经济

第二节　海洋环境与全球生态

第三节　海洋自然资源资产审计的背景、意义和必要性

第一节　海洋与海洋经济

一、海洋

海洋是指地球上广阔的、连续的咸水体。海是指濒临陆地的边缘部分，洋是指海洋的中心部分，也称大洋，两者交互相通统称海洋。海洋的总面积占地球表面积的 70.78%，总面积约为 3.61 亿平方千米[①]。全球海洋的平均深度约为 3795 米，容积约为 13.70 亿立方千米[②]。

大洋的水域总面积占全球海洋总面积的 90.3%，为 3.26 亿平方千米。地球上有四大洋即太平洋、大西洋、印度洋和北冰洋。其中面积最大的是太平洋，其面积占世界海洋面积的 49.4%，为 1.78 亿平方千米；面积第二大的是大西洋，其面积约等于太平洋面积的一半，占世界海洋面积的 25.4%，9169.40 万平方千米；印度洋面积占世界海洋面积的 21.1%，7617.10 万平方千米；面积最小的是北冰洋，面积为 1480 万平方千米，占世界海洋面积的 4.1%[③]。除此之外，环绕南极洲的水域也被称为南大洋或南极海域。

全世界共有 54 个海，总面积约占世界海洋总面积的 9.7%，为 0.35 亿平方千米。海的深度较大洋稍浅，一般在 2000 米以内[④]。海属于各大洋，并且分布在洋的不同位置，例如，菲律宾海是在大洋中间的海；白令海以狭窄的海峡与大洋相通；南海以岛链与大洋分隔。按照地理位置的不同，海可以分为边缘海、内陆海和陆间海。黄海、东海、南海就是位于大陆边缘，是以岛屿、群岛或半岛与太平洋分隔的边缘海；渤海、波罗的海和波斯湾则是内陆海，是位于大陆内部，仅通过狭窄海域与大洋或其他海相连通的海域；地中海和白令海则是位于几个大陆之间的陆间海。

海洋资源是在一定的技术经济条件下可以被人类利用的海洋，是可被利用但尚未利用和已经开发利用的海洋的总称。海洋资源与海洋的区别在

---

①③　国家海洋信息中心. 中国海洋经济统计年鉴 2021[M]. 北京：海洋出版社，2021.

②④　陈可文. 中国海洋经济学[M]. 北京：海洋出版社，2003.

于，海洋资源是能够产生价值的海洋，但随着科学技术的进步、海洋资源范围的扩大，这种区别也在逐渐缩小。

海洋资源是海洋经济的基础，是促进海洋经济增长的主要动力和基础生产要素，海洋经济类型的形成与海洋资源的利用关系密切。海洋资源的构成及开发利用决定了海洋产业结构、海洋资源竞争和海洋经济发展的区域差异等。

二、海洋经济及其特点

（一）海洋经济

海洋经济是以海洋空间为活动场所或以海洋资源为利用对象的各种经济活动的总称，其本质是人类利用海洋的空间与资源，通过劳动来获取物质产品以满足自身需求的生产活动。海洋经济的本质属性是与海洋相关联，这使海洋经济区别于陆域经济，也是定义海洋经济内容的标准。

海洋经济按照与海洋的关联度可以分为狭义海洋经济、广义海洋经济和泛义海洋经济三类。狭义海洋经济是开发利用海洋的资源、水体和空间的经济；广义海洋经济则包括狭义海洋经济的上下游产业以及海陆通用设备的制造业等产业，即提供海洋开发利用所需条件的经济活动；而泛义海洋经济囊括了海岛经济和沿海经济，主要是指与海洋经济连接紧密的海岛陆域产业、海岸带的陆域产业及内河经济等。

总体来说，海洋经济也包括海岛经济，但海岛经济活动的范围比海洋经济更广，海岛经济与海洋空间、海洋资源和海洋环境密切相关。特别是相对较大的海岛经济，如我国的台湾岛和海南岛的经济虽同时具有陆地经济的特色，但海洋经济才是这些海岛经济不可割舍的显著特色。因此，海岛经济活动也是海洋经济活动。

除此之外，海洋经济系统还有多种角度的划分：以海洋经济发展的历史形态为分类依据，海洋经济系统可以分为远古代海洋经济、古代海洋经济、近代海洋经济和现代海洋经济；以海洋开发的技术水平和时间顺序为分类依据，可以分为海洋水产经济、海洋运输经济、海洋制盐和盐化工经济、海洋油气经济、海洋矿产经济、海洋工程经济、海洋旅游经济、海洋能源经济和海洋服务业经济；以海洋空间地理类型为分类依据，可以分为海岸带经济、海区经济、海岛经济、河口三角洲经济、专属经济区经济和大洋经济等。

（二）海洋经济的特点

海洋的特点决定了海洋经济的特点。海洋最基本的组成部分是海洋的巨型水体，这也是海洋与陆地的本质区别。这一本质区别衍生了海洋经济与陆地经济的许多重大区别，同时也让海洋经济产生了以下特点。

1. 整体性

海洋的海岸带、海区和大陆架连为一体；领海、专属经济区和公海也相互连通，这都是因为海洋水体具有连续性和贯通性。海洋水体作为纽带，港口、船舶和海底电缆等运输和通信设施作为渠道，使各部门、各区域和各企业建立了特殊的联系，这使海洋经济具有极强的整体性。

2. 综合性

海水的三维特性意味着可以在不同的方向上利用不同的水层，包括海面上方的航行，海面下方的养殖业，海底的矿物资源开采。因此，海洋经济是一个全面、多层次、复杂的经济系统。

3. 公共性

海洋经济是对海洋资源进行开发利用的经济，但因为海洋资源属于公共资源，所以海洋经济为公共经济。海洋资源的所有权因为一个国家海洋资源的巨量和海洋资源的不可分割性，所以不能分割给个人或企业，只能由公众占有或国家占有。海洋资源的公共性也让利用和开发海洋资源存在共享性和竞争性。共享性是指企业和个人不需要付费或者仅需要象征性付费就可以开发和利用海洋资源；竞争性则是指海洋资源的有限与开发海洋资源的企业和个人的过多，使海洋资源被破坏，造成海洋资源的衰退及枯竭。

4. 高技术性

海上生产活动的开展必须借助船舶、潜水器具和抗风浪设施，这就增加了海洋经济活动的技术要求和对高技术的依赖。故现代人类物质装备和科学技术能够有效地开发利用海洋资源，产生了具有独立意义的海洋经济。

5. 国际性

由于海洋的连通和流通，海洋经济具有国际性的特点，海洋水体和生物资源等许多自然资源的流动都会给沿岸的国家或地区带来经济收益。但海水的流动性也会将另一个国家或地区海域的水体污染带到本国或地区的海域，因此造成经济损失。海洋的国际性使在开发和利用海洋资源的过程中，使世界各国或地区同时存在利益的一致性和矛盾性。

第二节 海洋环境与全球生态

　　人类的出现带来了海洋利用，生态问题也随之产生，并且人类社会发展的不同阶段，生态环境问题的性质也不尽相同。原始时期，人类主要是利用环境，但随着社会生产力的发展，人类开始拖网捕捞、流刺作业、声光捕鱼、不合理地围垦养殖，出现了海洋生物资源受到损害，海洋生物的栖息地被破坏等问题。大工业活动的兴起，加大了海洋环境的破坏和污染。

　　海洋生态环境被破坏造成的危害是全球性的，特别是对于像我国这样封闭或半封闭浅海区域的国家来说，海洋渔业生产受到的危害更大。因为海洋生态平衡被破坏，导致海洋生物资源严重衰退和海洋生物物种多样性丧失，其原因除了自然因素，主要为人类的干扰。海洋为人类提供了大量产品和服务，对全球经济也做出了重要贡献。但是，目前海洋生态环境正在承受来自人类活动和气候变化的压力，同时也对全球生态环境造成了压力。

一、人类活动对海洋环境和全球生态的影响

　　对海洋环境和全球生态造成影响的人类活动主要有海洋工程建设和海洋资源开发等活动。

(一)海洋工程建设带来的环境影响

　　海洋工程建设过程中，主要是建设实施过程中产生的污染物以及构建物的空间型态对海洋生态环境会造成影响。

　　海洋工程实施过程中产生的建筑垃圾及生活垃圾都会流入海洋，污染海洋水体的环境，使水质下降。实施海洋工程会减少海湾面积、纳潮量，

削弱水体的交换能力。水体凭借自净能力无法清除海湾内淤积的污染物，海域内的污染物会日益增多，水体环境日益变差，甚至出现水体富营养化，严重影响生态环境。同时也会使浮游生物大量繁殖，氧气被大量消耗，造成大量鱼类死亡，使水生生态系统紊乱，水生生物种类减少，破坏生物多样性。

海洋工程建设的形态会对周边海域的流向及流速等造成影响，进而会对海域原来的泥沙冲淤环境及海洋生态环境造成影响。

工程填充空间内的底栖生物和潮间带生物的栖息地环境会在海洋工程建设的实施过程中被破坏，海洋生态系统也会在海洋工程的实施中被破坏，甚至导致生态调节功能的丧失。同时食物链和生态链也会被破坏，进而使整个生态系统的平衡都会受到影响。

（二）深海矿产资源开采带来的环境影响

海洋资源的开发利用在提高社会生产力的同时也在一定程度上对生态环境造成了破坏，在开采石油等深海矿产资源的过程中，或多或少地给海洋的生态环境系统带来了一些负面影响。

海底的矿床上生长着大量的生物群，因此矿产资源的开采势必影响生长在矿床上的生物群的正常生活。一些生物体被掩埋或失去食物，海底矿石收集器也会破坏底栖生物的生存环境，在一定程度上对其造成不可逆的影响。

深海采矿作业会将大量的沉积物带入水中，包括采矿作业排放的废物和在船舶选矿过程中倾倒的尾矿。这些沉积物会产生沉积羽状体，水层的透光性受到严重影响，进而对海洋生态环境产生严重影响。海底矿产在加工过程中会产生大量的废物，如开采石油时，将大量的废物和污水排放到海洋中，污染海域自然环境，也会损害海洋生物及其栖息地。石油和天然气泄漏在石油开采过程中也经常发生，油气会浮在水面隔绝空气和海水，造成海域内大量海洋生物因缺氧而死亡。同时，海水温度也会升高，严重破坏生态环境，威胁海洋生物的生存。

（三）海洋渔业带来的环境影响

海洋渔业是开发利用海洋生物资源的海洋产业。海洋渔业较其他海洋产业对海洋生态环境的影响更为强烈。目前，在全球海洋渔业对海洋生物资源利用方面，尤其是传统优质渔业资源的开发存在很多问题，使某些海洋生物资源严重衰退，渔场面临生态失衡，海洋渔业生产力不断下降。

首先，捕捞过度会造成资源严重衰退，现代化的渔业生产借助大型渔船和先进的鱼群探测仪器、捕捞工具，捕捞效率极高，如果不加以限制，就会出现过度捕捞的问题。过度捕捞不仅会造成宝贵的经济来源流失，还会造成一些鱼类的消失，这会对整个生态系统产生巨大的影响，甚至可能让整个海洋生态系统面临崩溃的危险。

其次，大范围滥捕也是一个非常严重的问题。虽然现代渔业的每次作业都有一两个具体的目标物种，但受捕捞方式及捕捞水平的限制，使很多非目标物种的生物在捕捞和分拣的过程中受到连带伤害。在海底拖网捕鱼法的所获中，受到连带伤害的生物超过总重的80%。生物学家认为，如果一直按照目前的捕捞速度进行捕捞，那么很多重要的鱼类资源会在25年内消失。这种捕捞方式的另一个问题就是会产生严重的幼鱼兼捕问题，严重破坏水产资源种类种群结构的平衡，也会给海洋渔业带来经济损失。

最后，在海洋渔业中，外来物种的引入使地球上的生物正面临着比以往任何时期都要快得多的灭绝速度，比以往更多的物种正遭受着灭绝的威胁。科学家估计，在过去的2亿年中，每27年自然界就会有一种植物消失，每世纪有超90种脊椎动物灭绝。在今后20~30年中，地球上总生物多样性的1/4将处于严重的灭绝危险之中。

外来物种的引入虽然可以收到一定的生态效益，但因其繁殖迅速，原有的一些生物因无立足之地而被淘汰，大大降低了当地生物的物种多样性，而且要彻底根除又极为困难。入侵物种因增殖能力强会迅速蔓延，还会间接引起新的病害、原有自然生物群落关键生态环境被破坏，原有生态环境的相对平衡状态也因此被打破。

海洋的开发和利用，包括海洋生物资源的开发、海洋空间的利用，海上倾废和陆源污染等，给海洋环境带来了负面影响，直接干扰了海洋生态系统的平衡。例如，近年来在我国沿海频频发生的"赤潮"灾害、对虾病害以及某些海区生态系统的破坏等。这类问题在世界其他国家和地区也有发生，这不仅直接破坏了局部海域的生态环境，而且给全球生态系统带来负面影响。

二、气候变化对海洋环境和全球生态的影响

全球气候变化对人类的生存和社会的可持续发展产生了严重的影响，气候变化通过海洋与大气的热量和气体交换也影响着海洋环境和海洋生物。海洋对气候变化的反应较为迟缓，但是由于其体积巨大，受到影响的时间也会更为长远。

全球气候变化的主要趋势为气候变暖，对海洋环境及全球生态的影响主要表现在以下五个方面。

第一，全球气候变暖使海水的温度不断上升，海水变暖会导致珊瑚白化，从而影响珊瑚礁生态系统，同时水温的变化会直接影响大多数鱼类的生长发育，挤压鱼类生存空间，使鱼类数量减少、体型变小。

第二，海洋变暖使冬季北极海冰持续减少，南极洲也在退缩，同时除了对北极熊等标志性物种的影响，海水变暖也极大地影响了藻类的生长。海冰的减少导致海豹、海象、企鹅和其他大型动物失去了重要的栖息地，严重地影响了生态环境，破坏了生物多样性。

第三，全球变暖使海水温度上升、冰川融化及海水膨胀，进而导致海平面上升，带来严重后果。轻微的海平面上升也会给地势较低的沿海区域带来严重威胁。海平面上升速度远快于红树林、沿海湿地和珊瑚礁等的生长速度，从而使这些物种逐渐消失，海岸线也会因为失去保护而容易受到侵蚀。

第四，气候变化使海洋的温度和风的模式发生变化，这些变化又改变了海洋洋流。洋流在维持地球气候方面有着重要作用，因此洋流的变化又反过来对全球气候产生重大影响，如改变降雨量以及气温。这些变化也对全球生态系统产生重大影响。

第五，全球变暖的主要原因是温室气体的排放，自工业革命以来，温室气体的排放不断增加海洋水体的酸度，且给海洋生物造成了无法逆转的伤害。海洋生物数量的减少，也会使以捕食这些海洋生物为生的鱼类随之减少。因此，海洋酸化在破坏整个海洋的生态系统的同时会严重威胁全球生态系统。

海洋通过海水温度的升降、海流的循环和与大气相互作用影响地球气候。除此之外，海洋浮游生物的光合作用也会提供40%的再生氧气。因此，海洋被称为地球的另一个肺。但是，海洋调节地球气候和提供氧气的

效果随着海洋环境遭到破坏而受到影响，氧气也在减少，影响全球植物及动物的生长，破坏生态平衡，影响全球生态系统。

第三节　海洋自然资源资产审计的背景、意义和必要性

一、海洋自然资源资产审计的背景

党的十八大以来，我国高度重视生态文明建设，将生态文明建设纳入"五位一体"总体布局，把绿色发展作为新发展理念之一。生态文明建设是中华民族永续发展的千年大计，坚持节约优先、保护优先、自然恢复为主。2015 年，中共中央、国务院印发的《生态文明体制改革总体方案》构建了由自然资源资产产权制度等八项制度构成的生态文明制度体系，并将领导干部自然资源资产离任审计纳入生态文明绩效评价考核和责任追究制度中。

海洋自然资源作为重要的自然资源，也是人类赖以生存的环境保障和资源保障，海洋自然资源的合理开发对维持海洋经济可持续发展具有明显作用。但受规划不科学、监管不到位、法制不健全、科学技术落后，以及环境保护意识弱等因素的影响，海洋资源面临着生态环境、资源环境恶化的状况，加强对该方面的管理及审计显得尤为重要。

(一)我国海洋自然资源的重要性

我国是陆地大国，同时也是海洋大国。在 1994 年正式生效的《联合国海洋法公约》中，我国内海和领海面积约 35 万平方千米，专属经济区和大陆架面积约 300 万平方千米。自北向南，濒临渤海、黄海、东海和南海，我国内海——渤海约 7.8 万平方千米。除此之外，黄海、东海和南海的自然地理区域内海洋面积共达 465 万平方千米，海洋资源价值、环境价值和空间价值极大。我国海洋自然资源主要包括海洋生物资源、海洋矿产油气资源(海底油气田、滨海矿砂)、海洋核能源、海洋旅游资源、海洋空间资源。保护和高效开发海洋自然资源是生态文明建设重中之重，因此开展海洋自然资源资产审计工作势在必行。

（二）海洋自然资源生态环境存在的问题

根据《2020 年中国海洋生态环境状况公报》，虽然我国海洋生态环境状况整体稳定，但我国海洋生态环境问题仍然突出。劣四类水质海域面积为30070 平方千米，同比增加 1730 平方千米。2020 年，面积大于 100 平方千米的 44 个海湾中，8 个海湾春季、夏季、秋季三期监测均出现劣四类水质；监测的 24 个河口、海湾、滩涂湿地、珊瑚礁、红树林和海草床等典型海洋生态系统中，7 个呈健康状态 16 个呈亚健康状态、1 个呈不健康状态。全国入海河流水质状况总体为轻度污染，442 个日排污水量大于 100 吨的排污口中，污水排放总量约为 712993 万吨。近年来，我国海洋管理正面临着资源过度开发、生态环境不断恶化的问题。不合理的海洋开发活动，如填海造港、围海造地、工业排污入海及过度的海水养殖等严重影响了邻近海域的生态环境。海洋自然资源资产因生态环境问题而面临较大程度的损耗，造成国有资产流失。开展海洋自然资源资产审计能够解决现阶段海洋自然资源面临的生态环境问题，也能够防止海洋自然资源资产因生态环境问题进一步流失。①

（三）海洋生物资源资产存在的问题

海洋生物资源资产在开发利用过程中流失情况严重且隐蔽性较强，对国家所有权造成损害。首先，渔业捕捞过度和海水养殖管理不善导致优质海洋生物资源被低价甚至无偿使用，海洋生态环境污染逐渐加重。其次，滩涂围垦和填海造陆使海洋生物失去了栖息地、产卵地、育苗场、索饵场等生存空间，也对附近广大海域的海洋生物资源造成深远的不良影响。海洋生物资源数量和质量下降，高龄鱼渔获减少，低龄鱼渔获增多，总捕获量平均体长及平均体重也呈下降趋势，资源价值不断降低；海水养殖品品种退化，不断发生病害，造成生物资源资产损失。由于海洋构成的复杂性、海水的流动性和连通性，海洋中的各种资源关联性较强，一种或几种资源缺失会造成周围其他资源的缺失。同样，环境生态的恶化降低了水产养殖水域的质量，使水产养殖资产数量和质量产生损失，形成恶性循环。作为海洋自然资源重要的资产之一，推进其审计的发展与落实，对保护我

---

① 生态环境部. 2020 年中国海洋生态环境状况公报［R］. 2021.

国海洋生物资源资产和避免国有资产流失意义重大。

(四)海洋矿产资源资产存在的问题

我国海洋矿产资源总体开发不规范,无节制开采及造成的环境问题突出。例如,一直无偿开采海滨矿砂资源,带来一定程度的浪费与破坏,同时我国开采技术水平有限,只能开采其中的几种甚至一种矿物,其他矿物会被废弃,其他的矿种也被破坏。部分作业者也缺乏专业的开采技术而乱堆乱挖,这破坏了当地的生态自然景观,还会引发砂灾,海砂在海风的影响下向耕地移动,掩盖良田。我国海洋矿产资源的粗放式开采状态,在一定程度上使资源资产遭受了损失,海洋矿产资源资产的审计在这种情况下迫在眉睫,加快建设海洋自然资源资产审计工作刻不容缓。

(五)海洋空间资源资产存在的问题

海洋储备不足、规划配置结构分散和海洋环境损害等因素导致海洋空间资源资产损失,制约海洋空间资源高质量发展。

1. 海洋资源储备不足

目前,我国近海海域面积约473万平方千米,20米等深线以内的浅海面积约为15.7万平方千米,在原国家海洋局(现为自然资源部)公布的第一批开发利用无居民海岛名录中,共有176个无居民海岛,真正能够开发利用的海域、海岸线、滩涂和无居民海岛资源并不多,只有有限的浅海和近海以及近岸的海岛资源具备可开发利用条件,同时海水动力侵蚀使自然海岸线不断减少,海洋空间资源资产随之流失。

2. 规划配置结构分散

由于我国海洋资源规划分散,各规划部门之间缺乏协同机制,使资源规划冲突,不同类型海洋资源的开发深度不匹配,沿海资源过度开发、海岛资源开发不足。此外,早期海洋空间资源供给规模过大,削弱了海洋资源持续供给能力;前期海洋空间资源资产使用过多,资源资产分配不合理,导致目前海洋空间资源资产无法满足现有开发需求。海洋空间资源资产审计的开展是优化海洋资源配置的当务之急。通过对海洋空间资源资产审计不断更新,进而合理规划配置海洋空间资源资产,有效开发利用海洋空间资源资产。

3. 海洋环境持续损害

大规模、粗放式围填海工程,在压缩滨海湿地面积的同时,还会改变海岸线面貌，破坏风暴缓冲、气候调节等各种生态系统服务功能。此外，还会阻碍海洋生物洄游，减少生物多样性。连岛炸岛、截弯取直等刚性改变海洋环境的开发方式，不仅直接破坏海岸线资源，而且严重危害海岛和周边海岸带的生态平衡。

（六）海洋自然资源环境监管体制存在的问题

2018年3月，国务院进行第八次机构改革。其中，国家海洋局职能并入自然资源部，自然资源部对外保留国家海洋局牌子，不再保留国家海洋局。

机构改革后，国家海洋局划出的职能还没有融合，如划归自然资源部、生态环境部的职责与划归中央外事工作委员会的海洋权益维护工作以及划归武警部队的海岸警卫队之间的协调配合。海洋行政队伍层次多，不同队伍之间存在组织壁垒；在具体管辖海域内，由于管理权限的不明确，导致了中央和地方在海洋行政管理上的矛盾。目前，陆地土地资源供应紧张，各地都在大力发展海洋经济。地方政府一定要杜绝：只考虑自身利益，不重视海洋环境，放松对许多企业规模化、不适当用海的行为的监管。地方政府为了私利干预海洋行政管理队伍行使管理权。更要防止地方政府由于财政、人员编制等方面的压力，使地方海洋管理部门对用海单位放松管理，不适当地处罚一些违法案件，无视公平公正原则。

此外，海域所有权的行使职责不清。按规定，国务院代表国家行使海域所有权，但实践中主要由地方政府监督管理海域使用情况，这容易造成中央和地方的利益目标差异化，地方政府采用化整为零、越权审批，损害国家利益。还存在海域管理范围及其事权划分不清的问题。目前，我国沿海省份尚未完全划定行政区划向海一侧的界线，各省向海一侧海域管理范围及其事权不明确。

基于以上几个原因，海洋自然资源资产审计产生。

二、海洋自然资源资产审计的意义

首先，海洋自然资源资产审计可以提升我国审计理论研究水平。明确符合我国国情的海洋自然资源资产审计的基本要素。明确海洋自然资源资产审计的目标、内容，梳理符合我国国情的海洋自然资源资产审计的基本要素，有利于细分我国审计理论体系、提高审计理论研究水平，为构建具有中国特色的自然资源资产审计体系提供必要的理论依据。

其次，自然海洋自然资源资产审计可以提高我国自然资源资产审计的研究水平。优化海洋自然资源资产审计模式和审计方法，通过对海洋自然资源资产审计项目的研究，提出可行的海洋自然资源资产审计模式，包括结合专项审计、财务审计与海洋自然资源资产审计、结合经济责任审计与海洋自然资源资产审计，结合绩效审计与海洋自然资源资产审计等；丰富审计相关理论，有助于提高我国自然资源资产审计的研究水平。同时，明确海洋自然资源资产审计的基本要素，有利于提高审计效率，降低审计风险，保证政府审计机关的有效履职。

最后，开展海洋自然资源资产审计可以提高自然资源资产审计实践水平。海洋自然资源资产审计作为自然资源资产审计的细分领域，单独进行海洋自然资源资产审计可以加强沿海地区政府审计机关对该领域的重视。从而合理配置该领域的审计资源，促进海洋自然资源资产审计的规范化和常态化，包括制订可行的审计计划、明确审计目标、确定合理的审计范围、选择高效的审计方法、出具公正的审计报告，减少审计过程中的随意性和主观性，防止审计失败的发生，降低审计风险，提高审计工作质量，切实保障审计机关有效履职。对海洋自然资源资产审计模式和审计方法的探索，有利于推动海洋自然资源资产审计实践的发展。海洋自然资源资产审计实践由于审计力量薄弱、审计成本高、审计难度大等原因，面临很大困难，目前仍处于试点探索阶段。结合现有成熟的审计类型和借鉴以往同类自然资源资产审计项目的经验，逐步扩大海洋自然资源资产审计范围，将海洋自然资源资产审计工作常态化，工作重心逐步倾向绩效审计，有利于提高自然资源资产审计实践水平，真正发挥审计全覆盖、独立监督、客观评价的作用。此外，有利于促使企业重视海洋自然资源与经济利益的有效平衡，促使企业在发展自身经济利益的同时，注重海洋资源的有效利用与保护。

三、海洋自然资源资产审计的必要性

（一）有利于海洋经济的发展

中国的海洋科技在近年获得了快速发展，海洋产业也成为国民经济发展的重要推动力量。我国在 2020 年的海洋产业生产总值为 80010 亿元，占国内生产总值的 7.9%，全年增加值为 29641 亿元，海洋经济在国民经济中的重要性不断提高。海洋经济为国民经济发展提供了巨大的推动力。《中华人民共和国国民经济和社会发展第十四个五年规划和 2035 年远景目标纲要》中提到，积极拓展海洋经济发展空间。坚持陆海统筹、人海和谐、合作共赢，协同推进海洋生态保护、海洋经济发展和海洋权益维护，加快建设海洋强国。建设现代海洋产业体系、打造可持续海洋生态环境，深度参与全球海洋治理。

我国海洋经济不断发展，在国际市场中的地位逐步提高，海洋经济全球化越发显著，因此，海洋自然资源资产的重要性日益凸显，海洋自然资源资产的审计也相当紧要。通过实施海洋自然资源资产审计，可以把控海洋自然资源的存量、流量现状，进一步发展与完善海洋产业布局及海洋经济。同时，开展海洋自然资源资产审计不断更新我国海洋自然资源资产的存量，可以合理规划和配置我国海洋自然资源资产。

（二）有助于海洋生态的可持续发展

虽然我国拥有海洋资源丰富，但海洋资源开发和利用仍处于起步阶段，现阶段只有少数海洋资源已开发及充分利用，开发海洋资源仍有着巨大的发展潜力。城市化进程持续加快，沿海城市经济发展迅速，人口大量涌入沿海城市。经济社会的快速发展导致沿海地区的生态环境出现了巨大的改变，如生态系统越发脆弱，生物资源面临更大威胁，淡水资源更加匮乏等问题。人类对海洋的过度干预、填海等行为对海洋系统的破坏、海平面上升等因素对海洋的有害影响，导致海洋环境基础逐渐衰退、淡水流入量大大减少。陆地入海污染物排放总量始终保持较大数值、海洋的自净能力受到极大挑战，造成海洋水体污染频发、海洋系统被破坏、渔业减产严重、海岸线退化、海洋生物资源、海洋空间资源和海洋矿产资源资产遭受损失。无序开发围垦导致浅海滩涂面积大量减少等问题频发。实施海洋自然资源资产审计，可以一定程度上抑制海洋资源的过度开发，减少环境污染对海洋空间资源资产的破坏性影响。同时可以有效控制陆海经济发展之间产生的交互污染，防止陆地污染进一步向海洋扩散，从而更好地保护海洋生态环境，在一定程度上缓解海洋环境问题，提高海洋生态的可持续发展能力。

（三）有助于明确海洋管理责任

目前，我国主要根据《中华人民共和国海洋环境保护法》管理海洋环境保护事项，但在海洋环境保护管理实践中，一直存在行政管理体制不规范的问题，如相关行政机关的权责不明确等。我国现行的海洋环境保护管理模式是多头管理、分工合作。环境保护、海洋、渔业、海事和军队环境保护5个部门共同实施海洋环境保护机制。海洋部门拥有海上执法权，主要负责海上巡航监视等工作；渔业部门主要从事渔业船舶管理、生态环境保护及污染事故处理等工作；海事部门负责港区船舶污染监测及事故处理等工作；军队自身也有负责专门环境保护工作的部门，交通运输、林业、水利等部门也与海洋环境保护相关。因此，陆海环境保护工作在协调统筹多部门方面存在问题。此外，陆源污染作为海洋污染的重要来源，对其进行控制是海洋环境保护的重要措施。然而，陆源污染由环境保护部门管辖，海洋部门管理力度有限。环境保护部门作为统一监督管理环境保护的部门，对海洋环境污染的监管力度也受到很大限制。海洋自然资源资产审计的实施，则有助于理顺海洋环境保护体制，督促各部门完成保护任务，强化各部门的海洋自然资源资产保护责任。

第二章

基础知识

第一节　海洋自然资源资产的概念

第二节　海洋自然资源资产化管理的进程

第三节　海洋自然资源的开发、利用和保护

第四节　海洋灾害及其对海洋自然资源资产价值的影响

第五节　联合国在全球海洋治理进程中发挥的作用

第一节　海洋自然资源资产的概念

中国对海洋自然资源的开发与利用已有数千年之久。在甲骨文中就有关于"贝""鱼""渔"的记载，说明早在远古时期中国人就开始造网罟、学佃渔，开发海洋资源了。在当今全球能源供应紧张以及社会生产力不断发展的情况下，人们对海洋资源认识的广度与深度也逐渐拓展到了新的水平与境界。海洋自然资源是指海水水体、海底及海水本身等海洋环境中所存在的，能够在现在或可预见的未来被人类所开发和利用的物质、能量和空间，并产生一定的生态价值、经济价值和文化价值等，是海洋生物、海洋水体、海洋化学、海洋矿产、海洋空间和海洋旅游等资源的总称。

海洋自然资源资产是在海洋自然资源概念的基础上发展与延续的，是指在海洋自然资源中具有明确所有权，能够产生效益并具有稀缺性的部分。可见，海洋自然资源与海洋自然资源资产既紧密联系又相互区别，不是所有的海洋自然资源都可以划分为海洋自然资源资产，只有同时满足特定条件的海洋自然资源才可以转化为海洋自然资源资产。

一、海洋自然资源资产的一般性

1. 拥有明确所有权

资产的特性决定了只有拥有明晰所有权的海洋自然资源才可能成为海洋自然资源资产。通过法律认可的主体既能够享受海洋自然资源管理和开发所带来的利益，又能够为资源开发的后果承担责任与提供保障。当海洋自然资源没有被某一主体控制或拥有时，资源开发所产生的利益也就失去了归属，此时海洋自然资源就成为公共物品，脱离了资产管理的范畴。

2. 能够产生效益

海洋自然资源资产预期能够为人类和人类社会产生经济效益、生态效益和文化效益等。海洋自然资源资产的本质是能够产生效益，既包括为所有者提供产品服务或经营贡献的经济效益，又涉及海洋自然资源所产生的生态文化效益。然而，在现实情况中，由于所有者追求目标利润最大化以及生态效益的共享性，后者在社会生产中常常被忽略。

3. 具有稀缺性

稀缺性表明某些海洋自然资源在既定的条件下总量是有限的，不能满足人类无尽的需求。也就是说，"取之不尽、用之不竭"的海洋资源不能转化为海洋自然资源资产。例如，无法被人类开发利用，且不具有稀缺性的海洋自然资源就不属于海洋自然资源资产。

二、海洋自然资源资产的特殊性

除了具有资产的一般特征，海洋自然资源资产也有自己的独特性。

1. 形成的特殊性

海洋自然资源资产的形成与海洋环境密不可分，不同的海洋要素产生的海洋自然资源资产有所不同。例如，从海水中可提取化学物质、从海底可开发固体矿产、海平面可以产生动力资源等。同时，与一般资产不同的是，部分海洋自然资源资产具有可再生性，如渔业资源资产等。

2. 结构的复杂性和综合性

海洋自然资源资产既包括渔业资源等流动资产，又包括油气资源等非流动资产；既包括生物资源等有形资产，又包括海滨旅游等无形资产。

3. 功能的多样性

海洋自然资源资产不仅能够被人类开发利用产生经济效益，还可以通过海洋生态系统的稳定性和整体性等功能进行动态调节，产生生态效益，甚至通过风光绮丽的景观资源形成文化效益。

一般来看，海洋自然资源资产按其性质可以分为海洋物质资产、海洋环境资产、海洋无形资产。考虑到审计的可操作性，本书将海洋自然资源资产按其功能主要分为三种：①海洋保护类自然资源资产，指海洋自然资源资产中受联合国及我国相关规定保护的部分；②海洋调节类自然资源资产，指海洋自然资源资产中能够通过自身生态循环或生态功能为人类提供更高居住环境质量的产品或服务的部分，包括气候调节、空气调节、促淤成陆、海岸防护、水质净化等；③海洋经济类自然资源资产，指海洋自然资源资产中对人类有食用价值、医用价值的部分。

第二节 海洋自然资源资产化管理的进程

一、海洋自然资源资产化管理的内涵

根据《联合国海洋法公约》的规定，我国管辖的海域面积近 300 万平方千米，海洋资源种类丰富、特征复杂、储量雄厚。2018 年 4 月 10 日，中华人民共和国自然资源部在北京正式挂牌，国务院授权自然资源部统一行使全民自然资源资产所有者职责。海洋自然资源资产化管理正是顺应社会主义市场经济体制发展的关键举措。海洋自然资源资产化管理是在遵循自然生态规律和经济发展规律的基础上，以海洋资源可持续开发和利用为目的，综合运用法律、经济、市场、行政和教育等方法，对产权稳定清晰的海洋自然资源资产进行科学有效的投入产出管理，包括分类定性、权属登记、价值评估，并推行实施有偿使用制，建立和完善海洋自然资源资产交易市场等。

通过保护海洋自然资源资产的所有者权益，可以激励经营者将资源的既得收益用于环境补偿与社会再生产，形成资源利用、经济发展和生态保护的良性循环。同时，海洋自然资源资产化管理必须借助竞争、活跃和规范的市场机制，才能为社会提供更好的经济效益和生态效益，实现最优配置。对自然资源尤其是拥有巨大潜力的海洋资源进行资产化管理，符合我国资源管理体制的基本要求，有助于海洋资源功能的充分体现与价值的科学利用。

二、海洋自然资源资产化管理的产生

随着社会生产力的发展以及人口规模的扩大，陆地资源已经不能满足人类生存和发展的需要，海洋资源在经济高质量发展中的战略地位日益凸显，海洋自然资源资产化管理也逐渐引起人们的关注。究其原因：第一，海洋资源的无序开发与无偿利用使海洋资源供需矛盾逐渐加剧。人们认为海洋资源为公共资源，可以无偿占用与盲目开发，由此造成了海洋资源的严重浪费以及海洋生态环境的日益恶化，从而促使人们寻求更为有效的体制来开发、利用和保护海洋资源。第二，国有产权虚置，国有资产大量流失。我国依法享有海洋资源的所有权，但在实际情况中往往存在着"三权混淆"的现象，即所有权、行政权和经营权界定模糊，各利益主体之间的责任权限不明导致经济纠纷迭起，造成经济收益逐渐流入个人或集体组织之中。第三，海洋自然资源资产管理体制不健全。中国海洋空间辽阔，有着错综复杂的海洋功能区划，各地区的海洋自然资源资产管理常常分而治之，导致各部门或地方之间出现多头管理、推脱责任甚至争抢资源的现象。

三、海洋自然资源资产化管理的发展

中国的海洋管理实践活动由来已久，类似渔政管理的专员早在 3000 多年前的周朝就已出现，明代郑和下西洋的壮举更是将古代航海事业的发展推至顶峰，而后来的闭关锁国政策严重扼制了我国海洋事业的发展，直至中华人民共和国成立以后，随着政府逐步收回海权，我国海洋事业的发展才翻开了崭新的一页。改革开放以来，我国涉海行业发展迅速，海洋资源管理体制已无法适应海洋形势变化的需要。1991~1995 年，国家国有资产管理局（现为国务院国有资产监督管理委员会）相继召开了"自然资源产业化与资产管理问题"理论研讨会、"全国国有资产管理暨全国清产核资工作会议"、"企业集团国有资产管理工作座谈会"等，进一步强调了健全自然资源资产管理体制的重要性。2002 年 1 月 1 日，《中华人民共和国海域使用管理法》的施行，成为我国海洋自然资源资产化管理的重要开端。随后相继出台了《中华人民共和国物权法》（已废止）、《财政部、国家海洋局关于加强海域使用金征收管理的通知》、《中华人民共和国海洋环境保护法》等相关政策法规，沿海省份也相继开展了海洋资源市场经营体制的探索以及海洋环境保护工作的推进，海洋自然资源资产化管理取得了长足的进步。因此，我国海洋自然资源资产化管理进程可以分为四个阶段，即缺失阶段、萌芽阶段、起步阶段与深化改革阶段。

（一）海洋自然资源资产化管理缺失阶段（1978 年之前）

在改革开放之前，我国海洋事业较为落后，尤其是中华人民共和国成立初期我国的海洋力量十分薄弱，海洋资源管理立法情况近乎空白，资源资产管理理念尚未出现。这一阶段，海洋资源开发无序无度无偿、海洋事务管理无法可依、海洋资源产权不清。在此情形下，以毛泽东同志为核心的党的第一代中央领导集体提出"海防为我国今后主要的国防前线""建设一支强大的海军"等战略方针。随后，我国逐步加强海防力量、确立领海制度、建立海洋管理机构，为我国海洋事业的长足发展奠定了基础。

（二）海洋自然资源资产化管理萌芽阶段（1978～2001 年）

党的十一届三中全会召开后，我国经济步入高速发展阶段，由此产生的环境污染和生态破坏问题使构建海洋自然资源资产化管理体系的呼声愈加强烈，国家开始对海洋资源开展立法工作，但仍未形成全面有效的海洋自然资源资产管理体制，海洋自然资源资产化管理尚处于萌芽阶段。这一阶段，中国海洋形势趋于稳定，4 个经济特区和 14 个沿海城市的开放使涉海产业蓬勃发展，海洋自然资源资产管理的战略地位日益提高。在此情形下，中国开始探索海洋事务集中统一管理体制。1980 年国家海洋局由海军代管移交国家科学技术委员会管理，1982 年，国家海洋局被设置为国务院下设的直属机构，统一集中管理全国涉海事务。随着改革开放初见成效，沿海地区凭借地域与资源优势逐渐占据了海洋资源综合管理工作中的重要地位，呈现区域化发展趋势。1992 年全国人大常委会通过了《中华人民共和国领海及毗连区法》，1996 年我国签署并批准了《联合国海洋法公约》，1998 年颁布了《中华人民共和国专属经济区和大陆架法》，进一步以法律形式明确了我国海洋权益的范围和内容。

（三）海洋自然资源资产化管理起步阶段（2002～2011 年）

2002 年，《中华人民共和国海域使用管理法》的出台不仅标志着海洋自然资源资产化管理进入法治化阶段，还是我国海洋自然资源资产化管理进入社会主义市场体制的一次重要变革。在此阶段，海洋自然资源资产化管理体制初步形成，资源管理较为分散，资源有偿使用制得以推进。中央政府统一领导与沿海地方各级政府分级管理相结合的海洋行政管理体制初步形成，总体呈现"集中统一管理与分类分级相结合、中央政府与地方部门相协调"的管理态势，但仍未设立专门的海洋自然资源资产管理机构。此外，海洋自然资源资产利用管理立法工作不断推进。2007 年第十届全国人民代表大会第五次会议通过了《中华人民共和国物权法》，明确了海洋自然资源资产的归属，2010 年《中华人民共和国海岛保护法》的施行以及《无居民海岛使用金征收使用管理办法》的出台，填补了我国海岛管理法律的空白，健全了海洋自然资源资产经营的法律依据。

（四）海洋自然资源资产化管理深化改革阶段（2012 年至今）

党的十八大以来，以习近平同志为核心的党中央积极推进海洋强国建设，坚持走"依海富国、以海强国、人海和谐、合作共赢"的发展道路。党中央采取改革海洋管理体制、健全海洋资源开发保护制度、海域及无居民海岛有偿使用、完善海洋生态监测预警体系等一系列具有里程碑意义的重大举措，加快海洋自然资源资产化管理步伐，努力实现海洋资源保护与有序开发利用的有机统一。

党的十八届三中全会明确提出要"健全国家自然资源资产管理体制，统一行使全民所有自然资源资产所有者职责"，标志着我国海洋自然资源资产化管理进入全面深化改革阶段。在此阶段，我国自然资源管理体制面临着五大问题：①政府市场关系未理顺；②管理主体不到位，权益未落实；③组织架构不合理、效率低下；④权力分配不合理，央地关系未理顺；⑤监督与问责机制不健全。

2015 年 8 月，国务院印发的《全国海洋主体功能区规划》促进了海洋空间开发格局的优化，2018 年 4 月，国务院组建自然资源部，整合国家发展和改革委员会、国家海洋局和国土资源部等多个部门的相关职责，从而形成了统一的管理制度体系，进一步深化了海洋自然资源资产管理体制的改革目标和创新路径。2020 年《海域价格评估技术规范》的发布以及 2022 年《自然资源部关于加强自然资源法治建设的通知》的出台，更是推动了海洋资源市场化配置机制的健全。

第三节　海洋自然资源的开发利用和保护

一、海洋资源概述

根据《联合国海洋法公约》的有关规定和我国主张，管辖海域面积约为

300 万平方千米。2021 年，全国水资源总量为 29638.2 亿立方米。我国共有海岛 11000 多个，其中，东海海岛数量约占我国海岛总数的 59%，南海海岛约占 30%，渤海和黄海海岛约占 11%。在我国的海岛中，无居民海岛约占 90%。我国海岸线长度约 3.2 万千米，其中，大陆海岸线约为 1.8 万千米，岛屿岸线约为 1.4 万千米。我国还拥有海洋生物 2 万多种，其中海洋鱼类 3000 多种。

海洋中蕴藏着丰富的资源，同时具备着自然属性和社会属性。在当今能源供应紧张与人口规模不断扩大的背景下，开发利用海洋资源成为新时代的必然趋势。现有学者根据主体特征的不同从多个视角对海洋资源进行了分类：①根据资源是否可恢复，可以分为可再生海洋资源与不可再生海洋资源；②根据资源有无生命，可以分为海洋生物资源与海洋非生物资源；③根据资源的形成方式，可以分为来自太阳辐射的海洋资源、来自地球本身的海洋资源和地球与其他天体相互作用而产生的海洋资源；④根据资源的属性和开发需求，可以分为海洋生物资源、海洋水体及化学资源、海洋矿产资源、海洋能资源、海洋空间资源、海洋旅游资源等。本书依据第四种分类方式进行详细阐述。

（一）海洋生物资源

海洋生物资源是指能够通过种群不断繁殖、发育以及更新迭代的具有生命的海洋资源，包括海洋动物资源、海洋植物资源和海洋微生物资源等。通过专业工作者的调查研究，我国管辖海域中的海洋生物达 20278 种。根据海洋功能区划调查以及海洋生物资源的补充核查，初步得出我国海洋生物资源总量为 1600 万吨左右。其中，海洋鱼类资源作为海洋生物资源中的重要组成部分，可捕捞量保持在 1000 万吨以内。海洋生物不仅是人类重要的食物供给来源之一，还为医药制造、工业生产、文化发展等领域做出了巨大贡献。我国海洋生物资源分布不均衡，南海水域生物种类较多，黄海、渤海区域种类较少。海洋动物包括哺乳动物、爬行动物、节肢动物、软体动物等脊椎动物和贝类、海胆、海星等无脊椎动物。海洋生物资源的合理开发与多样性调查，可以促进海洋新兴产业的发展，为开发海洋药物和工业化合物提供研究依据，同时也是海洋生态环境科学管理中的重要一环。海洋微生物包括细菌、真菌、放线菌、光合细菌等，可以分解有机物为植物的生长和繁殖提供养分，参与有机碳的转化、降解和储存，调节海洋环境，维护海洋生物多样性和海洋生态系统的稳定。海洋植物的主体是海藻，可分为浮游藻和底栖藻，可用于食物、饲料、饵料等领域。

(二)海洋水体及化学资源

海洋水体及化学资源包括海水及溶解于其中的各种化学物质。全球海水总量约为 1.37×10^9 立方米，平均盐度约 35‰，海水密度约为 1.025×10^3 千克/立方米，化学元素有 80 多种。需要指出的是，全球淡水资源仅占全球总水量的 2% 左右，可被直接利用的更是少之又少，人类面临着严重的淡水资源短缺危机。自 20 世纪 30 年代开始，海水淡化技术就在逐步发展，如多效蒸发法、电渗析法、反渗透法等。目前已有 70 多个国家或地区进行海水淡化技术升级研究，包括科威特、沙特阿拉伯、美国、日本等。此外，可以从海水中提取的化学元素达 50 多种，其中氯、钠、镁、钾、硫、钙、溴、碳、锶、硼和氟等 11 种元素是海水溶解物的主要部分。通过对海水化学物质的提取及深加工，可助力近海工业、核燃料、重工业等领域经济效益的提高，通过海水取盐和化学元素深加工技术来实现海洋水体和化学资源的综合利用。

(三)海洋矿产资源

海洋矿产资源是指蕴藏在海滨、浅海、深海、大洋盆地和洋中脊底部的各类矿产资源的总称。自 20 世纪开始，世界各国就开始关注海洋矿产资源，随着陆地上的矿产资源开始面临枯竭的危险，这些蕴藏于海底的"宝藏"逐渐成为当前开发利用的重要资源。从具体的资源种类来看，海洋油气资源是目前世界海洋产业经济最重要的组成部分，其产值占到了整个产业的 70% 以上。产值仅次于油气资源的是滨海砂矿，目前世界各滨海地带已开发利用的滨海砂矿主要包括金刚石、金、铂等。此外，随着人类开采技术的进步，非金属、稀有矿物等大洋多金属结核也是人类潜在的"财富"。有关资料显示，一些大洋多金属结核中锰、镍等主要金属的含量远高于地壳中的含量，因此未来其可能成为这些金属的主要提取来源。

(四)海洋能资源

通俗来讲，海洋能资源是指蕴藏于海水当中的能量，具体包括海洋潮汐能、海洋波浪能、海水温差能、海水盐差能等多种资源。这些能源来源于海水对于太阳能辐射直接与间接的吸收、天体与地球在周期性相对运动过程中所产生的万有引力，包括海洋水体的温度与盐度差异、潮汐运动、波浪运动、海流运动等多种形式。与此同时，人类可以运用技术手段将这些形式的能量转化为人类所需的电能。据估算，可供人类开发与利用的海洋能量至少有 $4×10^{10}$ 千瓦。此外，海洋能源还具有可再生、数量大、无污染等特点，这使海洋能资源必将成为人类未来重要的能源来源。

（五）海洋空间资源

海洋空间资源是指可供人类利用的海洋三维空间的总称，包括海岸、海上、海中以及海底。从空间上看，海洋占据了地球表面积的 70.8%，在垂向上则有着平均 3800 米深的空间。与日益拥挤的陆地空间不同，海洋空间为 21 世纪的人类发展提供了广阔天地。从用途上来说，随着人类科技的不断发展，海洋空间资源除了具有运输作用，还可以为人类提供更加新兴的生产与生活空间。例如，海底生产空间、海底电缆空间、文化娱乐空间以及储藏空间等。随着《联合国海洋法公约》的生效，可能划归我国管辖的海域相当于陆地国土面积的 1/3，必将为我国的发展提供更多的可能。

（六）海洋旅游资源

海洋旅游资源是指存在于海洋与海岸带及其广大空间的，对旅游者具有吸引力的，能够开展观光、度假及各种娱乐活动的景观。按照类型海洋旅游资源可以划分为海洋自然旅游资源和海洋人文旅游资源两类。海洋自然旅游资源包括海洋地貌旅游资源、海洋水体旅游资源、海洋气象气候旅游资源以及海洋生物旅游资源。海洋人文旅游资源则包括以建筑、文物等为代表的有形资源和以文学艺术、民俗民风等为代表的无形资源。自然资源部海洋战略规划与经济司发布的《2022 年中国海洋经济统计公报》指出，2022 年中国海洋旅游业产业增加值占到了海洋产业增加值的 34%。可见，海洋旅游业在我国海洋经济发展中起到了举足轻重的作用。随着国民经济的不断发展，海洋旅游的资源与范围将得到不断扩展与深入。

二、海洋自然资源的开发利用现状

（一）海域使用类型

总体来看，2022 年我国批准用海面积达 19 万公顷，同比下降 16%。其中，批准填海造地用海面积 0.4 万公顷，包括新增填海 0.1 万公顷和历史遗留围填海 0.3 万公顷。全年批准用岛 10 个，面积为 135 公顷。分海域用途来看，渔业用海 15.8 万公顷，占比高达 83.43%；其次是工业用海 1.4 万公顷，占比为 7.39%。

（二）海洋经济发展总体情况

如图 2-1 所示，我国 2017~2019 年海洋资源的开发规模和利用强度逐年提升。然而，受新冠疫情等超预期因素的冲击以及国际形势的影响，2020 年我国的海洋经济面临着严峻考验，呈现总量收缩、结构优化的发展态势。2020 年之后，我国海洋经济指标稳步回升，彰显出了较强的弹性与韧性。《2022 年中国海洋经济统计公报》显示，从产业总值增速来看，海洋电力业、海洋矿业和海洋船舶工业的产业经济增速位列前三，分别为 20.9%、9.8%、9.6%；从产业总值份额来看，海洋旅游业和海洋交通运输业两个产业的生产总值达 2022 年海洋产业生产总值的半数以上，而沿海滩涂种植业和海洋盐业的生产总值占比分别仅为 0.01%、0.11%，表明沿海滩涂种

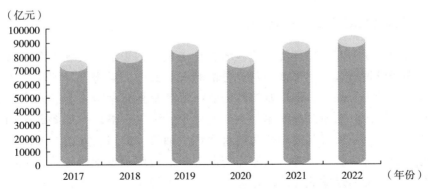

图 2-1　2017~2022 年我国海洋资源开发规模和利用强度

资料来源：笔者根据相关资料整理。

植业和海洋盐业等产业发展受外界环境条件限制较大，海洋资源开发利用能力有待提升。2022 年我国主要海洋产业产值占比如图 2-2 所示。

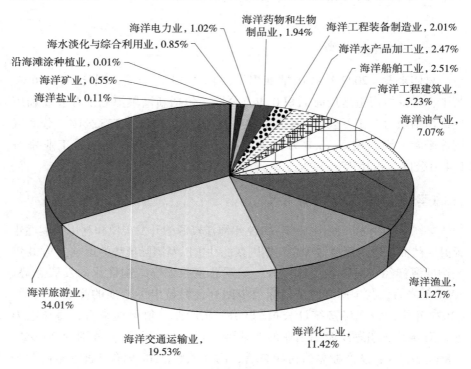

图 2-2　2022 年我国主要海洋产业产值占比

资料来源：笔者根据相关资料整理。

（三）区域海洋经济发展情况

目前，受海洋自然环境及地区海洋经济建设的影响，我国沿海各省份的海洋经济发展存在不平衡、不充分的状况。其中，渤海及其海岸带主要有水产、盐田、油气、港口及旅游资源；黄海及其海岸带主要有水产、港口和旅游资源；东海及其海岸带主要有水产、油气、港口、滨海砂矿和潮汐能等资源；南海及其海岸带主要有水产、油气、港口、旅游、滨海砂矿和海洋热能等资源。此外，从海洋资源分布的地理位置视角来看，上海和广东的海洋交通运输业经济效益远高于其他省份；海洋石油和天然气生产主要集中在广东、山东、辽宁、天津沿海；滨海砂矿资源主要集中在福建、山东、广东、广西、海南；潮汐能资源以浙江和福建两省较为丰富；

温差能以台湾和海南两省为多。

北部海洋经济圈由辽宁、河北、天津、山东组成，包括辽东半岛、渤海湾、山东半岛沿岸及海城。北部海洋经济圈岸线绵长，良港众多，海洋科技发达，该区域以发展港口物流、海洋船舶、海水淡化、海水养殖、海洋生物医药等产业为主。2021 年，北部海洋经济圈海洋产业生产总值为 25867 亿元，较 2020 年名义增长 15.19%，占全国海洋产业生产总值的比重为 28.6%。

东部海洋经济圈包括江苏、浙江和上海。2021 年，我国东部海洋经济圈海洋产业生产总值为 29000 亿元，比 2020 年名义增长 12.8%，占全国海洋产业生产总值的比重为 32.1%。东部海洋经济圈岛屿众多，滩涂广袤，在远洋渔业、海洋交通运输业、海洋船舶工业和海洋工程装备制造业方面一直保持着良好的发展态势，在国内处于领先地位，是我国主要的海洋工程装备及配套产品研发与制造基地。

南部海洋经济圈包括福建、广东、海南、广西三省一区。2021 年，南部海洋经济圈海洋产业生产总值为 35518 亿元，较 2020 年名义增长 13.2%，占全国海洋产业生产总值的比重为 39.3%。南部海洋经济圈在远洋渔业、滨海旅游、海洋交通运输、海洋生物医药等领域具有较强的优势，是我国主要的海洋工程装备及配套产品研发与制造基地。

（四）海洋自然资源开发与利用的着力点

第一，以海洋新型产业发展为契机，推动构建现代海洋产业体系。近年来，滨海旅游业发展势头迅猛，与之相关的海洋船舶制造业、海洋油气业和海水淡化等领域也得到了一定程度的发展。沿海省份应立足于新时代海洋经济发展规划，加速培育海洋新兴产业，加快数字技术与海洋新型产业的深度融合，在促进海洋自然资源资产管理信息化的同时，着力推动海洋产业集群发展壮大。

第二，以海洋资源可持续利用为前提促进海洋产业的绿色转型升级。"绿水青山就是金山银山"历来是我国生态文明建设过程中贯彻始终的发展理念，应逐步形成人与自然和谐发展的现代化建设新格局。当前以及未来我国海上风电、滩涂光伏发电、海洋能利用等产业的规划布局均要依托海洋产业绿色发展转型来实现经济效益的增值提效。

第三，以科技创新为支撑发展全球蓝色伙伴关系。随着海洋命运共同体理念的深入人心，在保证国家海洋权益和国家安全的前提下，深度参与全球海洋治理，将国内海洋区域协调发展战略延伸到世界海洋协调发展建设中，通过打造"产业链—价值链—创新链"海洋发展建设研究平台，推动构建全球海洋经济发展新格局。

三、海洋自然资源开发利用中存在的问题

（一）海洋污染问题亟待解决

海洋环境污染问题是一个长期存在且十分棘手的问题。随着人类对海洋资源的开发利用越来越深入，不可避免地会将各种有害物质排放到海洋中，这些污染物会严重危害海洋生物资源、海水质量、海洋环境和海洋自净能力等重要方面，给人类的健康也带来了直接的威胁。根据自然资源部公布的数据，在全国范围内，2019 年未达到清洁海域水质标准的海域达到了 8.9 万平方千米，其中辽东湾、渤海湾、江苏近岸、长江口、杭州湾和珠江口等地区是海洋污染最为严重的区域。主要污染物包括无机氮、活性磷酸盐和石油类物质等。造成海洋环境污染的主要原因在于各种人类活动，如海运船舶、石油运输、人工养殖、海洋工程建设、陆地污染源以及废弃物倾倒等，这些活动导致了海洋环境的缓冲和自净能力逐渐降低，严重影响了海洋资源的再生和供给。

（二）海洋生态破坏问题加剧

随着时代的发展和人类对海洋资源需求的增加，海洋生态系统面临的威胁也在不断加剧。由于海洋资源的无序开发、海洋工程的不合理建设等因素的影响，我们看到越来越多的海洋生态系统正遭受着无法挽回的破坏，严重影响了海洋生态环境的平衡和稳定。填海造地、港口建设、水产养殖、海上石油勘探开采等行业在满足人类经济发展需求的同时，也带来了许多负面影响。例如，填海造地使原本海洋生态系统的区域失去了自然生态环境，这些区域的生态平衡被破坏，很多海洋生物也失去了自己应有的栖息地。此外，港口建设和船只作业还会导致大量的废水和废气排放，严重污染周边海域的水体。海洋资源的无序开发、海洋工程的不合理建设等均可能导致海洋生态系统遭到无法恢复的损害，进而导致严重的生态后果。

(三)海洋资源枯竭问题日益凸显

当前，过度捕捞和不当捕捞导致近海生物资源整体衰退。此外，海洋环境污染严重，加剧了海洋资源可持续供给的困境。海洋生物多样性受到破坏，将会导致海洋荒漠化现象的出现。海洋荒漠化指海洋生态系统的衰竭和环境质量的下降，包括海水水质恶化、生产力降低、生物多样性下降等。虽然中国沿海生物多样性丧失情况还没有得到全面的调查和研究，但是一些地区的生物多样性减少情况也相当严重。例如，杭州湾由于受到化工、医药、农药等工业废水和生活污水的排放，导致该海域生物多样性逐渐减少。一些调查数据显示，该海域的贝类和蟹类种类、数量已经大幅度下降，部分稀有珍贵物种甚至濒临灭绝。另一个例子是渤海地区，该地区的水环境遭受污染的面积逐年增加，产卵场受污染面积几乎达到100%。导致该地区底层鱼类资源数量明显减少，传统的捕捞对象也难以满足需求。

(四)沿海产业布局结构单一

在沿海地区，旅游业、港口物流业、制造业等是主要的产业类型。虽然这些行业在经济发展中起到了重要作用，但是过度聚焦在同样的产业上，也带来了诸多问题。例如，由于过度开发旅游资源，造成了资源浪费和环境破坏；由于制造业重心过于集中，导致产能过剩、工业污染等问题。沿海产业布局低质同构，不仅影响了沿海地区经济的可持续发展，还加剧了区域经济发展的不平衡性。

(五)海洋创新水平较低

海洋科技创新在推动我国海洋事业发展和资源环境保护等方面具有重要作用。然而，目前海洋科技创新成果转化不足也是一个普遍存在的问题，这不仅导致了海洋科技创新的成果难以被广泛应用，还限制了海洋产业的升级和发展。一方面，海洋科技创新的成果转化需要在市场上得到验证和应用，但目前我国海洋产业的市场化程度仍相对较低。尤其是在海洋高新技术领域，市场流通和集聚度较低，很难形成完整的产业链，这也影响了海洋科技创新成果转化的速度和效果。另一方面，海洋科技创新的成果转化还需要政策支持和市场引导。当前，在海洋产业发展方面，相关政策和规划尚未完善，也缺乏针对性的政策支持和配套措施。此外，由于市场需求、技术研发等方面存在着不确定性和风险，企业和机构在进行技术转化时也面临着一些挑战。

四、海洋生态环境的保护

（一）完善海洋生态保护立法

法律手段是一种强制性手段，在海洋资源的利用中，必须遵循海洋生态系统的客观规律，依法管理海洋利用与开发行为，增强海洋生态功能。目前，我国通过制定和修订一系列法规、政策来完善海洋环境保护制度。例如，《中华人民共和国海洋环境保护法》（以下简称《海洋环境保护法》）、《中华人民共和国海域使用管理法》、《中华人民共和国海岛保护法》、《中华人民共和国渔业法》和《中华人民共和国野生动物保护法》等一系列法律的颁布有效完善了海洋生态环境方面的法律法规。同时，在"十四五"期间，为解决人民群众对优美海洋生态环境需求的日益增长与优质海洋生态环境产品供给不足这一矛盾，《"十四五"海洋生态环境保护规划》提出从五个方面来推进海洋生态环境的持续改善。但值得注意的是，目前近岸海域水质改善任务依然艰巨，多数重要海湾、河口生态系统仍处于亚健康或不健康状态，治理深度和力度仍需进一步提升。未来，在此基础上，政府需要不断对相关法律进行完善，广泛宣传海洋法律法规，提高全民海洋保护法治观念，建立完善的法律法规体系，以此来有效应对海洋资源退化、海洋利用结构失调、海洋生态环境严重恶化等问题。

（二）实施海洋功能区划

海洋功能区划就是根据具体的海洋功能标准并综合考虑海域区位、自然资源、环境条件以及开发利用需求等因素，对海域进行功能区划分，旨在为海域使用管理、海洋环境保护等工作提供科学依据，也为国民经济与社会发展提供用海保障。这种划分有助于我们更深刻地理解与认识海洋，更有效地对海洋资源进行合理的规划与利用，推动海洋经济发展，达到海洋资源可持续利用与生态环境保护的双重目的。

2012 年，国务院批准了《全国海洋功能区划（2011—2020 年）》，其针对各个海域的特点提出了有针对性的海域使用管理措施。在渤海海域，需要实施最严格的围填海管理与控制政策和环境保护政策。黄海沿岸的淤涨型滩涂面积广阔，拥有多样的海洋生态系统和独特的生物区系，应该采取更加有效的保护措施。东海方面，需要加强海湾、海岛及其附近海域保护，限制海湾填海与填海连岛现象的发生，同时加强重要渔场与水产种质资源保护。长江三角洲和舟山群岛水域必须实行污染物排放总量控制制度才能提高海洋环境质量。南海海域还需加大海洋资源保护力度，严控北部沿岸海域，尤其是河口、海湾海域围填海面积，并在此基础上加快以海岛、珊瑚礁等为保护目标的保护区建设。在制定政策时，应考虑到各种利益的平衡，推动可持续发展方式，实现生态保护与经济发展的良性互动，为保护我国的海洋生态环境做出更大的贡献。

(三)确立海岛保护制度

我国是海洋大国，岛礁数量众多且分布不均。海岛作为中国领土的一个重要部分，对保障国家海洋权益，增强海洋经济，拓展海洋发展空间发挥着重要作用。为保护我国海岛及其周边海域，维护海洋资源与产业经济，2010年《中华人民共和国海岛保护法》开始施行。《中华人民共和国海岛保护法》指出：国务院和沿海地方各级人民政府应当将海岛的保护和合理开发利用纳入国民经济和社会发展规划，采取切实有效措施，加强海岛保护与管理，防止海岛及其周边海域生态系统遭受破坏。该法确立了海岛保护规划、海岛生态保护、无居民海岛权属与有偿使用、特殊用途海岛保护以及监督检查等诸多重要的制度。《中华人民共和国海岛保护法》对保护海洋生态环境和海岛资源、推进海洋产业健康发展、维护国家安全和公共利益、促进海洋经济和环境可持续发展具有积极的意义。

(四)开展海域修复工作

自2009年开始，为了修复受损的自然景观、恢复生态功能、提高防灾减灾能力、提高利用效率，中国沿海地区开始实施海域海岸带整治修复。渔业水域生态修复已经成为各沿海省份的常态化工作。每年都有沿海海洋渔业管理部门进行增殖放流，并不定期地投放人工鱼礁。一些省份如山东每年从省财政拨款用于人工鱼礁建设，河北则专门制定了《河北省水产局人工鱼礁管理办法》，在广东等省，人工鱼礁建设也写入了海洋环境保护规划的重要内容。限渔、禁渔等管制措施和增殖放流、人工鱼礁建设等生物和工程措施，则是中国海洋和海岛生态修复并促进生态系统向良性循环发展的主要手段。此外，针对小岛屿生态系统严重退化的情况，中国还采用了岛屿植被修复、沙滩修复、污染物处理以及可再生能源利用等海岛整治修复技术与方法。通过种植红树林、培育珊瑚礁、重建滨海湿地等方式，中国正在重建或恢复已经退化的典型海洋生态系统。

（五）坚持海洋污染治理

随着人类工业的不断发展，人类所制造的垃圾在海洋中也越来越多。海洋是一个巨大的生态系统，海洋垃圾会随着海洋潮汐以及大气运动不断移动，并逐渐蔓延到整个生物链当中。近年来，相关部门不断加大对于海洋垃圾的研究与治理工作力度。例如，2020年，生态环境部针对海洋工程项目的环境保护准入关口提出了一系列举措，其中包括除国家批准建设的重大项目，全面禁止围填海，并开辟环评审批绿色通道，同时强化海洋倾废监督管理和工业服务。此外，针对国际社会所关心的海洋塑料垃圾治理问题，《"十四五"海洋生态环境保护规划》提出将"推进海洋塑料垃圾治理"作为重点任务，国家发展改革委和生态环境部也分别提出了相关举措，包括塑料生产、销售和使用的源头治理，将海洋垃圾治理工作纳入污染防治专项行动统筹部署等。这些措施旨在建立健全海洋垃圾全生命周期的管理制度，推动海洋垃圾防治工作常态化并形成社会合力。除此以外，《建设项目环境影响评价分类管理名录》的发布，以及综合应用船舶自动识别系统（AIS）、卫星遥感等新技术的开发等，也为海水养殖、排污工程、围填海工程的监督提供了有力的保证。

（六）渔业资源的保护

渔业资源是人类重要的食品来源之一，为加强海洋渔业资源管理和保护工作，自1995年起，中国在东海、黄海和渤海海域开始实施全面的伏季休渔制度，规定某些时间段和区域内禁止捕捞活动。由于此制度所确定的休渔时间通常处于每年的三伏天季节，因此又被称为"伏季休海"。此外，从2015年1月1日开始，农业部（现为农业农村部）规定在黄渤海、东海和南海三个海域全面实行海洋捕捞网具最小网目尺寸制度，禁止使用小于最小网目尺寸的渔网进行捕捞，同时全面禁止制造、销售和使用13种禁用的渔具，如双船单片多囊拖网等。从 2015 年 1 月 1 日起，各级渔业执法机构将对海上、滩涂及港口渔船携带和使用的渔网网目情况以及禁用渔具的使用情况进行执法检查。2020 年，中国海洋渔业资源保护修复工作全面展开，并发布了全年伏季休渔期间专项捕捞许可和捕捞辅助船许可相关事项的通知。该举措完善了海洋渔业资源保护制度，加强了海洋渔业资源保护力度，规范了海洋伏季休渔专项捕捞管理。此外，还首次实施了毛虾专项（特许）捕捞，并继续实施限额捕捞试点，目前已实现了沿海省份全部开展限额捕捞试点的目标。此外，海洋水生生物增殖放流效益显著，增殖放流在修复海洋渔业种群资源、改善海域生态环境、促进渔业增效和渔民增收等方面发挥了重要作用。

第四节　海洋灾害及其对海洋自然资源资产价值的影响

一、海洋灾害概述

（一）海洋灾害概况

海洋灾害是指海洋自然环境发生异常或剧烈变化，导致在海上或海岸发生的严重危害社会、经济、环境和生命财产的事件。海洋灾害主要包括风暴潮灾害、海浪灾害、海冰灾害、海雾灾害、飓风灾害、海啸灾害、赤潮灾害、海水入侵和溢油灾害等，这些灾害严重影响了沿海地区的经济发展与社会公众的生命安全。

海洋灾害具有种类多、影响范围广、发生频率高、破坏性大等特点。因此，海洋灾害的形成是复杂的，且具有时空异质性，大部分与水文、气象气候、地质、生物作用有关。海洋灾害分类方法多种多样，按海洋灾害的成因可分为海洋动力灾害、海洋生态灾害；按海洋灾害的性质可分为海洋气象灾害、海洋水文灾害、海洋地质灾害和海洋生态灾害。本书按照海洋灾害的性质分类进行详细阐述。

海洋气象灾害是热带气旋、强冷空气和温带气旋在气象上发生异常改变或剧烈影响所造成的海洋灾害的总称，又称海洋环境灾害。

典型的海洋气象灾害包括风暴潮、海冰、海雾等。其中，风暴潮多见于夏秋季节，来势猛、速度快、破坏力强；海冰主要分布在我国渤海和黄海北部，温度越低，膨胀力和抗压性就越强；海雾中平流雾的影响最为严重和广泛，多见于春夏季节。

海洋水文灾害主要是由台风、寒潮大风等引发的灾害，主要是海浪灾害。中国沿海地区灾害性海浪形成的主要天气系统有台风型、冷高压型、气旋型、冷高压与气旋配合型四种。

海洋地质灾害包括发生在海域的地质灾害和发生在海岸带的因地质动力活动或地质环境异常变化所造成的海洋灾害。典型的海洋地质灾害包括海啸、海平面上升、海岸侵蚀等。海啸受海底地形、海岸线几何形状及波浪特性影响，海平面上升在海岸带的主要表现是海岸侵蚀和海岸沙坝向岸位移动。

海洋生态灾害是指受陆源污染物排放、海上工程失误和船舶漏油等事故影响所引发的海洋生物数量、种群结构或行为发生异常变化，进而造成的海洋生态系统失衡、海洋环境恶化等现象。典型的海洋生态灾害包括赤潮、绿潮、褐潮、金潮等。1980 年以前，赤潮灾害多发于福建、浙江、辽宁等沿海省份，在此之后，其灾害影响范围逐步拓展到全国沿海地区。

（二）我国海洋灾害总体情况

我国是世界上遭受海洋灾害影响最严重的国家之一。2022 年，我国海洋灾害主要涉及风暴潮、海浪、赤潮三种，灾害发生次数共计为 12 次，死亡失踪为 9 人，造成直接经济损失约为 24.12 亿元。具体而言，从海洋灾害类型来看，风暴潮发生 5 次，造成直接经济损失约 23.79 亿元，占总经济损失的 99%；海浪灾害发生 5 次，造成直接经济损失约 0.24 亿元，死亡失踪 9 人；赤潮灾害发生 2 次，造成直接经济损失 852.75 万元。单次海洋灾害影响最为严重的是"221003"温带风暴潮灾害，造成直接经济损失约 11.30 亿元，是近 10 年影响后果最为恶劣的温带风暴潮灾害。从地区视角来看，山东、江苏、上海、浙江、福建、广东、广西 7 个省（自治区、直辖市）发生海洋灾害，其中，山东省直接经济损失最严重，约 12 亿元，占总直接经济损失的 50%；福建省死亡失踪人口最多，为 6 人，占总死亡失踪人口的 67%。总体来看，2022 年海洋灾害直接经济损失和死亡失踪人口与 2021 年和近 10 年相比，均有所下降。2018~2022 年我国主要海洋灾害如表 2-1 所示。

表 2-1　2018~2022 年我国主要海洋灾害

年份	主要海洋灾害
2018	风暴潮、海浪、海冰和海岸侵蚀
2019	风暴潮、海浪和赤潮
2020	风暴潮和海浪
2021	风暴潮、海浪和海冰
2022	风暴潮、海浪和赤潮

资料来源：笔者根据相关资料整理。

二、海洋灾害的影响

鉴于我国 2018~2022 年主要海洋灾害为风暴潮、海浪、海冰、赤潮和海岸侵蚀，本部分主要对上述海洋灾害进行介绍。

（一）风暴潮

风暴潮产生的原因是热带气旋、温带气旋、海上飑线等剧烈的大气扰动，从而带动海面震荡或非周期性异常升降，表现为受到影响的潮位大大超过了平常潮位，这种现象称为风暴潮。根据风暴的性质，风暴潮通常分为台风风暴潮和温带风暴潮两大类，前者是由于台风所引起的，后者则是由于温带气旋引起的。台风风暴潮主要发生在受到台风影响的沿海地区，台风风暴潮来势凶猛、速度极快、破坏力极强，一般常见于夏季和秋季。温带风暴潮，主要发生在中纬度沿海地区，我国北方海区沿岸较为常见，这种风暴潮增水过程比较平缓，相对于台风风暴潮其增水高度也较低，常见于春秋季节。无论是台风风暴潮还是温带风暴潮，都会给生态环境造成巨大的危害。风暴潮所带来的狂风巨浪，会引起水位暴涨、房屋被淹、船舶倾覆、堤岸决口等情况。同时，受灾地区的地理位置、海岸形状和海底地形、社会以及经济情况等决定着风暴潮灾害对环境的危害程度。在海岸形状呈喇叭口、海底地形较平缓、人口密度较大、经济发达的地区，风暴潮灾害的影响较为严重。

2022年在我国沿海地区发生风暴潮的次数与2019年所发生的风暴潮的次数相同，对比近10年，2022年所发生的风暴潮的次数相对于10年平均值更低，其中有5次为灾害性风暴潮，所造成的直接经济损失为23.79亿元。具体而言，台风风暴潮发生的次数为6次，其发生次数为次低值，仅高于2014年，有4次为灾难性台风风暴潮，灾害发生次数为最低，其所造成的直接经济损失为12.48亿元；温带风暴潮发生的次数为7次，发生次数高于平均值，其中有1次为灾难性温带风暴潮，灾害发生次数为次低值，仅高于2019年，其所造成的直接经济损失为11.30亿元。值得注意的是，"221003"温带风暴潮达到红色预警级别，风暴潮灾害直接经济损失为近10年次低值，为平均值的35%。

（二）海浪

海浪是一种常见的海面波动现象，这种海面波动现象是由风引起的。按照诱发海浪的大气扰动特征来分类，主要包括台风浪、气旋浪和冷空气浪。台风浪是由热带气旋引起的海浪，气旋浪是由温带气旋引起的海浪，冷空气浪是由冷空气引起的海浪。

海浪的周期一般为0.15~25秒，波长为十几厘米到数百米，波高为数厘米到20米，灾难性海浪指的是波高大于6米的海浪。有研究表明，在诸多海洋灾害造成的破坏中，海上自然破坏力有九成来自海浪，只有一成来自海上大风，也就是说，海上常说的"避风"实际上说的是"避浪"。海浪可引起船舶横摇、纵摇和垂直运动。横摇的最大危险在于当船舶自由摇摆周期与海浪周期相近时，出现共振使船舶翻沉。剧烈的纵摇使螺旋桨露出水面，令机器不能正常运转而失控。当海浪的波长与船长相近时，船舶的自重能将万吨巨轮拦腰折断。

当海浪的波高等于或大于6米时，海浪的破坏力可达30~40吨每平方米，从而会对航行在大洋上的大多数船只构成威胁，容易造成恶性海难，它能掀翻船只，摧毁近海海洋工程，给航海、海上施工、海上军事活动、海洋渔业捕捞、近海海洋资源开发、海上航运等带来极大危害，即使在科学技术发达、信息通畅的今天，由海上狂风巨浪造成的海难仍占世界海难的70%。更加具有灾害性的是，在极罕见的气象条件下，海浪的波高可以达到30米以上。在2011年3月11日，海洋灾害就给日本造成了极大的人员伤亡和经济损失，发生在日本东北部海域的 9.0 级地震伴随着巨大的海浪灾害，日本岩手县的海洋观测站观测到的最高海啸波高达到 40 余米。

灾害性海浪可以按照产生它们的大气扰动来加以分类，一般可将灾害性海浪分为由热带气旋造成(包括热带低压、台风和强台风)、温带气旋造成和寒潮大风造成三大类，分别称为台风浪、气旋浪和寒潮浪。2022 年，我国近海共发生有效波高 4 米(含)以上的灾害性海浪过程为 36 次，发生海浪灾害过程 5 次，造成的直接经济损失为 2411.77 万元，死亡失踪为 9 人。海浪灾害发生次数为近 10 年最低，为平均值的 32%。海浪灾害造成的直接经济损失和死亡失踪人口明显低于平均值，分别为平均值的 26% 和 24%。具体而言，冷空气和气旋浪过程发生次数高于平均值，其中台风浪为 12 次，冷空气浪和气旋浪均为 24 次。

据记载，世界上曾沉没于惊涛骇浪中的船舶有 100 多万艘，而仅仅在 1955～1982 年，就有 36 座石油钻井平台被狂风恶浪翻沉。1979 年 11 月，我国的"渤海 2 号"钻井船受寒潮浪袭击而沉没；1980 年在墨西哥湾有 4 座石油钻井平台被"Alle"飓风所引起的海浪摧毁；1983 年 10 月 6 日，美国 ACT 石油公司的"爪哇海"号钻井平台受到波高达 8.5 米的 8316 号台风浪袭击而沉没，船上 81 名工作人员全部遇难；1989 年美国的"海狼峰"号钻井平台被横行两天的"盖伊"台风浪翻沉，导致 500 多人失踪，150 多艘船只沉没，84 人被淹死；1991 年 8 月 15 日，美国 ACT 石油公司大型铺管船"DB29"号在躲避 9111 号台风的航行中被台风浪冲击为两段后沉没，船上人员全部落水。1982～1990 年，中国近海因台风浪翻沉各类大小船只 14345 艘，损坏 9468 艘，死亡失踪 4734 人，受伤近 40000 人，平均每年沉损各类船只 2600 艘，死亡 520 人。这些数据和事件足以说明灾害性海浪的危险性和破坏性。

(三)海冰

海冰灾害指的是由海冰所引起的，影响人类在海岸和海上活动实施和设施安全运行的灾害，特别是会造成生命和资源财产损失的事件。具体的海冰灾害包括航道阻塞、船只及海上设施和海岸工程损坏、港口码头封冻、水产养殖受损等。海冰按照来源可分为两类，一类是由于海水大量丧失热量后冻结形成的；另一种是高纬度和中纬度的沿岸陆地冰滑入海中形成的。一般所说的海冰指前一种，后者往往在海洋里形成冰山，近海漂浮的流冰也有一部分源于河流或陆地。海冰按照存在形式可以分为漂浮冰和固定冰两种。其中，漂浮冰可以分为由海水冻结而成的海冰和大陆上的冰河破裂后流入海中的海冰；固定冰的主要形式是陆冰，它与海岸岛屿或浅滩冻结在一起。

值得注意的是，巨大冰块和冰山漂浮在海洋上，会受风和洋流的推动作用而产生运动，其产生的推力的强度与冰块的大小和流速有关。据 1971 年冬天于我国渤海湾的新"海二并"平台上的观测结果计算可知，一块 6 千米见方，高度为 1.5 米的大冰块，在流速不太大的情况下，其推力可达 4000 吨，足以推倒石油平台等海上工程建筑物。1912 年 4 月发生的"泰坦尼克"号客轮撞击冰山事件，是 20 世纪海冰造成的重大灾难之一，这是海冰运动时的推力和撞击力的最有力证明。海冰对港口和海上船舶的破坏力，不仅表现为推压力，还有海冰胀压力以及冰的竖向力造成的破坏。海冰胀压力指的是海冰温度每降低 1.5 度，1000 米长的海冰就能膨胀出 0.45 米，这种胀压力可以使冰中的船只变形而受损；冰的竖向力指的是冻结在海上建筑物的海冰，受潮汐升降引起的竖向力，往往会造成建筑物基础的破坏。可见，海冰的破坏力对船舶、海洋工程建筑物带来的灾害是极其严重的。

海冰灾害在我国渤海和黄海北部发生较为频繁。根据资料统计，大致每 5 年会发生一次严重和比较严重的海冰灾害，且几乎每年都有局部海区出现海冰灾害。相较于近 10 年，2011 年和 2022 年冬季海冰冰情等级与平均值保持一致，最大分布面积低于平均值，为平均值的 78%。2021 年和 2022 年冬季，我国海冰冰情较常年偏轻，冰级仅为 2.0 级。2022 年整体而言我国渤海和黄海海域受海冰影响不大，在 2 月 17 日海冰分布面积达到最广，为 16647 平方千米，但未造成直接经济损失。

（四）赤潮

赤潮是在特定的环境条件下，海水中某些浮游植物、原生动物或细菌暴发性增殖或高度聚集而引起的水体变色，是一种有害生态现象。按照赤潮生物自身的特性及其对人类和其他生物的影响差异，可将赤潮分为有毒赤潮、鱼毒赤潮、有害赤潮和无害赤潮四种类型；按照赤潮生物暴发式繁殖的海域和由其引发的灾害发生的海域是否相同，可将赤潮分为原发型赤潮和外来型赤潮两种类型；根据赤潮发生海区的环境特征，可将赤潮划分为河口型、海湾型、养殖型、上升流型、沿岸流型及外海型六种类型。

据不完全统计，我国每年因赤潮而造成的经济损失在 10 亿元以上，一次大规模的赤潮所带来的直接经济损失可能达几亿元，如 1998 年发生在广东南部和香港沿海的米氏凯伦藻赤潮，这次赤潮给粤港两地的海水养殖业带来了毁灭性的打击，其所造成的直接经济损失达 5 亿元；2010 年，在中国扇贝最大养殖区秦皇岛昌黎沿海海域发生了持续一个月的大规模赤潮，给当地渔业造成的直接经济损失达数亿元。

对比近十年，2022 年赤潮发生次数高于平均值，累计面积低于平均值，为平均值的 58%。2022 年赤潮在我国海域共发现 67 次，其累计面积为 3328 平方千米，所造成的直接经济损失达 852.75 万元。具体而言，发生有毒赤潮及有害赤潮为 20 次，其累计面积为 730 平方千米。值得注意的是，莆田南日岛东岱、坑口附近海域和平潭流水、苏澳海域的 2 次有害赤潮过程造成福建海水养殖区鱼类和鲍鱼大量死亡，直接经济损失分别为 632.75 万元和 220.00 万元。

1. 赤潮对生态环境的影响

世界沿海各国都有着赤潮灾害的困扰，赤潮已经成为国际社会共同关注的重大海洋环境问题和生态问题，我国也是遭受赤潮严重危害的国家之一。在 20 世纪 90 年代以前，大规模赤潮在我国沿海海域发生频率每年仅为 10 次左右，其灾害影响范围也一般不超过几百平方千米。但进入 20 世纪 90 年代以后，我国近岸海域开始进入赤潮高发期，赤潮问题日趋严峻。近海赤潮的发生频率、波及范围和危害程度呈逐年上升趋势，并且还呈现持续时间不断加长、发生面积不断扩大、有毒有害藻类逐渐增加的特点。据统计，进入 21 世纪以来，我国沿海海域共发生赤潮高达 1200 次以上，累计面积超过 17.6×10^4 平方千米。赤潮频发严重恶化了我国赤潮高发区的海洋生态环境，改变我国生态系统的正常结构和功能，更加严重的是，生态环境一旦失衡恶化，将很难在短期内得到恢复。

造成这种问题的原因之一是水体中的某一些生物的繁殖增长。当水体中的各种理化条件(环境、空间、营养元素)基本适宜某种赤潮藻类生长繁殖时，存在于自然海域中的某一特定的区域内小到几微米，大到几毫米的赤潮生物种(包括营养体或包囊)就会迅速增殖，从而形成赤潮。在此过程中，赤潮生物会吸收海水中大量的二氧化碳并经过光合作用产生养分来自给自足，这会破坏水体中二氧化碳的平衡，升高水体中的 pH 值。更甚之，随着赤潮生物的不断繁殖生长，赤潮藻会漂浮在海面，水体透明度被降低，这会使海洋植物的生长受到威胁，严重危害海洋动植物的生存，破坏海洋中正常的生态平衡。最典型的例子就是东海原甲藻赤潮期间，浮游动物关键种中华哲水蚤的产卵率会显著降低，种群密度明显下降，这些赤潮生物的变化繁殖极大可能改变海洋中的基础食物链，导致近海生态系统和功能的变化。

2. 赤潮对水产养殖的影响

赤潮也会对水产养殖产生一定的影响。随着赤潮的不断发展，有毒赤潮生物体内存在或通过代谢所产生的毒素会危害鱼和虾的正常生长，毒害海洋生物。在消亡阶段，随着细菌分解会产生氨、硫化氢等有毒有害物质，危害鱼、虾、贝类等生物的生命健康。无毒赤潮虽不能直接或间接地产生毒素，危害鱼、虾、贝类等生物的生命健康，但由于赤潮藻过度繁殖，随之分泌的大量黏液会随着水体的流动经鱼类呼吸作用附着在鱼鳃丝表面，堵塞鳃丝，给鱼类带来机械性损伤，使鱼类呼吸系统受阻，造成鱼类生理性缺氧死亡。此外，大量赤潮藻类由于分解作用耗费大量氧气，使水中溶解氧的含量大大降低，鱼类失去氧气的供给，从而窒息死亡，严重影响了海洋渔业的发展。

3. 赤潮对滨海旅游的影响

赤潮生物过度繁殖会改变水色、恶化水质、产生异味甚至有发臭现象，严重影响沿岸海洋景观，尤其是会导致海滨浴场关闭，致使游客无法下水游泳，进而影响近岸海洋旅游业的发展。

4. 赤潮对沿海工业的影响

棕囊藻赤潮是一种严重的有毒有害赤潮，它不仅能分泌溶血性毒素，对水环境和人体健康造成极大的危害，还能够形成黏性胶质囊体黏附鱼类鳃部，造成大量鱼类窒息死亡。此外，大量胶质囊体可能会堵塞核电站的循环水过滤冷却系统，导致核电机组无法及时冷却，严重威胁核电生产安全。2014 年，大量棕囊藻囊体涌入防城港核电站取水口，影响热试进展。

（五）海岸侵蚀

海岸侵蚀是一种灾害性的海岸地质现象，它遍及全球海岸。海岸侵蚀是指海岸地形与海洋动力不相适应而导致泥沙搬运和转移的现象。海岸带地处动态平衡的特殊地理单元，因此海岸侵蚀问题复杂，原因众多。由于人为活动的影响以及全球气候变化，海平面上升加速，这将使海岸淹没和侵蚀范围进一步扩大，程度日益加剧。世界上一些滨海国家多年来一直在关注着海平面的发展和变化，并不断研究其防护对策。同样，我国的海岸线也存在着不同程度的侵蚀问题，其中多数是由河流改道、暴风浪和强潮等自然因素以及人类活动引起的。

海岸侵蚀的直接原因是海岸的泥沙亏损与动力增强，而引起泥沙亏损和动力增强的根本原因主要是自然因素和人类活动。海岸作为一个系统，在稳定状态下，物质和能量的输入输出处于平衡状态。海岸系统的物质基础是泥沙的运移，能量因素是海岸波限、流场、潮汐的作用。造成海岸侵蚀的物质能量机制是海岸泥沙供给减少或由于海岸动力自然加强致使泥沙从海岸系统中丢失。

自 20 世纪 50 年代以来，我国海岸侵蚀逐渐明显。至 20 世纪 70 年代末，除了原有的岸段侵蚀后退，新的侵蚀岸段不断出现并加剧了原有的侵蚀程度。因此，及时研究海岸侵蚀并建设合理的防护工程尤为重要。我国海岸侵蚀长度为 3255.3 千米，其中砂质海岸侵蚀总长度为 2463.4 千米，占全部砂质海岸的 49.5%；淤泥质海岸侵蚀总长度为 791.9 千米，占全部淤泥质海岸的 7.3%。砂质海岸侵蚀严重的地区主要有辽宁省、河北省、山东省、广东省、广西壮族自治区和海南省沿岸，淤泥质海岸侵蚀严重地区主要是河北省、天津市、山东省、江苏省和上海市沿岸。

三、海洋防灾减灾管理措施

近年来，随着人类活动的影响以及全球气候变化，我国海岸地区受到了很多自然灾害的威胁，这些自然灾害包括但不限于海啸、风暴潮、海浪和海岸侵蚀。这些灾害对环境的危害巨大，破坏性极强，如果没有有效的海洋防灾措施，这些自然灾害可能会导致巨大的损失和灾难。不过近年来，我国在海洋防灾技术方面已取得了一些重要进展。

（一）完善海洋灾害预警监测体系

目前，我国完善了一系列监测体系方面的工作，具体包括县级海洋灾害风险评估、海洋灾害综合风险指数生产和发布、推进灾害风险防范成果的运用，以及提高观测监测能力、建设全球海洋立体观测网和海洋观测监测数据共享平台、加强预报预警能力建设、提高应急处置和调查评估能力、强化海洋气候变化监测评估、强化信息化与科技支撑能力建设、加强基层减灾及海洋防灾减灾的宣传工作。

（二）推进海岸带保护修复工程

推进海岸带保护修复工程，严格落实国家围填海管控政策要求，彻底停止新的围填海项目建设，尽可能减少占用海岸线，采取有偿补充或者异地修复的方式，保证岸线不减反增，健全海岸线整治修复责任制度，强化海岸线使用监管。集中力量对重点岸线进行恢复，形成综合恢复模式，并进行复制，采取各种整治手段，努力维护岸线原有形态，构建陆海统筹和标本兼治综合整治格局。积极与沿海地区就海岸线整治和修复技术等方面进行交流合作。

（三）优化海洋观测布局

"十三五"期间，全国基本海洋观测站达到 155 个，各类浮标达到 143 个。新一轮全国海洋观测网规划于 2019 年开始制定，全面融合了观测、监测和调查等业务，此举有助于加强海洋观测的业务化管理，促进海洋观测数据共享，提高数据服务水平，强化地方和部门有关行业的管理，全面整合海洋观测能力与资源普查。海洋气象传真图提供了更全面、实用的资料，涵盖了 2000 海里以上服务信号，为海上航行带来更加精确、及时的气象和海洋信息支持。

（四）评估沿海海水入侵程度

随着中国地下水监测网络的不断完善，并且利用海岸地下水监测资料进行海水入侵风险评价工作已经取得了一定成效。最新评价结果表明，天津市浅层地下水氯离子含量整体呈现"北低南高"的分布态势，海水入侵地带的氯离子含量在每升 1000 毫克以上；海洋入侵高危区多位于东部沿海的滨海新区等区域。在广东省沿海地区特别是珠三角地区，达到或超过海洋入侵标准的监测站点数量接近 50%。这些数据表明，我国一些沿海地区地下水已经面临海洋入侵威胁，必须加强监测与管理工作，有效防治海洋入侵对当地经济与生态环境所造成的负面影响。

（五）开展全国海洋灾害风险普查工作

2020 年，根据《国务院办公厅关于开展第一次全国自然灾害综合风险普查的通知》要求，自然资源部组织开展了一系列的工作，具体包括风暴潮、海浪、海啸、海冰等灾害防治工作、海平面上升等海洋灾害风险普查工作，编制印发《全国海洋灾害风险普查实施方案》，制定出台覆盖海洋灾害风险评估工作、重点隐患排查等 11 项标准规范，为沿海各级海洋灾害调查提供技术指导。另外，普查信息系统及数据平台初步建成，这具体表现在 14 个沿海试点县（市、区）重点隐患排查和危险性评估区划等普查任务有序推进以及山东省日照市岚山普查试点工作"大会战"的顺利完成。

第五节　联合国在全球海洋治理
进程中发挥的作用

一、全球海洋治理体系所面临的问题

20 世纪 40 年代末至 50 年代初，全球海洋治理体系就在以联合国为核心的多方努力下逐渐兴起。随着世界政治格局的加速演变以及全球化进程的推进，完善全球海洋治理的呼声越来越高。然而，受海洋治理主体差异性和客体复杂性的影响，加之国际形势复杂多变，联合国在推进全球海洋治理进程、营造全球海洋治理契约环境、达成全球海洋治理共识等方面仍面临诸多问题与困境。深入剖析当下全球海洋治理所面临的问题和挑战，有助于在世界形势不确定的时代背景下进一步梳理联合国对全球海洋治理的作用和局限，充分调动联合国在全球海洋治理进程中的领导力和协调力。

（一）联合国框架下全球海洋治理碎片化

联合国设置了多个海洋管理组织，难免会出现组织权力交叉或者部门职能重叠的现象，且参加世界海洋管理的不同组织之间通常拥有相同的权限，没有严格的上下级隶属关系。治理体制碎片化现象造成了标准和准则方面的不统一，由此限制了各个机构间的协同合作，以致出现规则执行不到位、存在诸多治理盲区、治理方式存在冲突等负面现象。同时，各国管辖区域的地理分散性也加剧了治理机构和规则碎片化对全球海洋治理体系发展的不利影响。世界范围内共存在着 20 个海洋区域，不同区域治理安排的关注点以及各权益国对自身海洋治理需求的评估难免存在差异。此外，国际组织之间行为宗旨和目标利益的不同也会影响各个组织与机构在全球海洋治理问题上的通力协作，不利于联合国海洋治理工作的有效开展以及各项国际公约的顺利执行。尤其是海洋资源作为国际公共产品，更容易导致"搭便车"行为的发生。

（二）《联合国海洋法公约》存在局限性

在联合国海洋治理体系下，《联合国海洋法公约》扮演着重要角色，为主权国家之间开展海洋治理合作和明确海洋权益范围提供了重要依据。但随着世界百年未有之大变局的加剧演进，《联合国海洋法公约》也逐渐显露出一定的局限性。第一，《联合国海洋法公约》没有对各国保护海洋生态环境的义务进行明确规定，导致部分主权国家在享受海洋开发权益的同时常常忽略对海洋环境的治理与保护，甚至出现"推诿扯皮"的现象，使部分区域海洋治理处于不稳定甚至恶化的状态。第二，《联合国海洋法公约》仅为全球海洋治理秩序提供了一个宏观框架，在部分问题上的规定不够细致，存在许多模糊和空白之处。例如，在海洋生物多样性以及生物遗传资源等重要问题上缺少具体保护方案，国际海事组织牵头制定了 20 多个公约及其议定书来对海洋污染防护治理工作提供补充说明。第三，《联合国海洋法公约》未能充分预见和应对突发状况。全球气候变化导致海平面不断上升，在涉海国家面临领海基站淹没风险的情形下，海洋治理规则是否依然有效；在新冠疫情等极端"黑天鹅"事件影响下如何履行海洋生态养护义务等。

（三）全球海洋治理受到外界不利冲击

海洋恐怖主以及全球气候变暖等问题在威胁世界和平和人类生存的同时，也极大影响了全球海洋治理体系的完善与发展。首先，在索马里地区、孟加拉湾沿岸、马六甲海峡等世界航运货物贸易密集集区域中海盗事件频发，海上恐怖主义所造成的威胁对全球海洋治理体系提出了新的要求与挑战。再者，全球气候变暖引致海平面上升，严重影响了小岛国家的安全，使其领土面积逐渐丧失。同时，气候变化所导致的海水温度上升也威胁着海洋生态系统的稳定性。在此情形下，如何更为全面和有效地保护海洋环境及海洋生态、如何维护国家边界条约的效力、如何保障小岛居民的安全等问题均是未来完善全球海洋治理体系重要关注点。

二、联合国完善全球海洋治理体系的具体途径

当今国际社会发展面临着前所未有的挑战，生态系统失衡、生物多样性退化、海洋环境污染、全球气候上升等诸多问题无不体现出全球海洋治理工作任重且道远。作为权威性较高、代表性和话语权较强的国际组织，联合国在全球海洋治理方面拥有着独一无二的优势。

(一)建构全球海洋治理倡议

第一，制定海洋治理行动指南。在全球海洋治理多年的历史进程中，联合国领导并组织了全球海洋治理规则的建构和完善。2015 年，联合国及其会员国一致通过了面向 2030 年的 17 项可持续发展目标；2019 年，联合国启动"可持续海洋商业行动纲要"，探索如何在保障海洋生态健康的前提下实现经济增长、科技创新和可持续发展；2020 年，联合国正式推进"海洋科学促进可持续发展十年计划(2021—2030 年)"，推动国家间海洋治理经验和资源共享；2021 年，联合国启动了新的利益攸关方进程，来探索、规划和实施可持续发展目标的解决方法。

第二，提供可持续发展经验交流途径和平台。1998 年，联合国为加强国际各方对海洋和气候等方面的学习和对话设立"伙伴关系"办公室，为各国交流研讨科技创新、分享可持续发展经验提供了重要平台；2017 年设立联合国海洋事务特使，协调相关合作方对海洋会议成果的落实以及传播海洋资源可持续利用的发展理念。

第三，加强国际组织对话。20 世纪 70 年代以来，联合国先后召开多次会议，将全球海洋治理的抽象理念逐步发展为具有切实影响力的海洋政策。国际社会对于斯德哥尔摩人类环境会议、里约热内卢联合国环境与发展大会、约翰内斯堡地球峰会等具有里程碑式的会议给予了肯定。联合国作为全球海洋治理理念的主要倡导者，在推动政府部门、民间组织、科学

界和其他利益相关方将可持续发展理念转化为海洋治理行动，并积极开展海洋治理协作方面发挥了积极的指导作用。

（二）强化国际海洋治理秩序

全球海洋治理体制是在以联合国为核心的国际组织的主导下逐步建立与完善的。

第一，加强全球海洋治理立法建设。1958 年联合国召开国际会议，通过并签订了《领海与毗连区公约》《公海公约》《捕鱼与养护生物资源公约》《大陆架公约》，以及 1982 年于牙买加蒙特哥湾签署《联合国海洋法公约》，为全球海洋治理制度体系的完善及发展提供了法律依据。

第二，设立海洋治理规则落实监督部门。为创造公平有效的海洋治理监督框架，联合国设立了国际海事组织（IMO）、国际海洋法法庭（ITLOS）、国际海底管理局（ISA）、大陆架界限委员会（CLCS）、海洋事务和海洋法司（DOALOS）、政府间海洋学委员会（IOC）、联合国环境规划署（UNEP）等一系列涉海机构，为维护国际海洋治理秩序提供了组织保障。

第三，指导涉海组织发展细化国际海洋法。在国际公约和国际组织的指引和监督下，部分沿海区域为呼应国际法的规则和指令，形成了诸多区域性和针对性海洋治理安排，如区域渔业机构、海洋污染防治机制、海洋生态环境养护机制等，对全球海洋治理进入结构调整与秩序变革时代发挥了重要作用。

（三）提高海洋治理主体履约能力

为推动全球海洋治理合作顺利进行，联合国通过多种途径和方式提高治理主体履约能力。

第一，监督海洋生态环境保护义务的履行。通过联合国海洋大会、《联合国海洋法公约》缔约国大会等途径制定全球海洋治理主体履约规则，包括宪章式、框架性的公约和部分专门条约。在国际海底区域海洋矿物的勘探和开发方面，联合国国际海底管理局颁布了"采矿守则"等一系列规则、规章和程序，最大限度减少深海采矿活动对海洋生态环境的不利影响。

第二，指引全球海洋治理的重点领域与调整方向。2017 年 6 月，联合国提出了与全球海洋治理密切相关的九大行动重点领域，包括《联合国海洋法公约》所反映的国际法问题、海洋和沿海生态系统管理、海洋酸化、海洋研究能力建设和海洋技术转让、可持续蓝色经济、可持续渔业等多个方面。同时,《联合国海洋法公约》框架下的国家管辖范围以外区域海洋生物多样性(BBNJ)谈判经过 20 多年的磋商也已诞生,是一份关于国家海域管辖范围外的海洋生物多样性养护和海洋资源可持续开发的具有法律效应的协定,涉及海洋遗传资源分配、环境影响评估、基础管理工具等多项核心议题,为应对海洋危机,自觉履行海洋治理主体义务提供了指引。

第三,组织实施促进海洋和海洋资源可持续发展的具体路径。1995 年,联合国环境规划署倡导的《保护海洋环境免受陆源污染全球行动计划》(简称"全球行动计划")获得通过,并发表了《华盛顿宣言》。全球行动计划是唯一明确提出解决陆地、淡水、沿海和海洋生态系统连通性的倡议,有利于推动海岸、海洋和生态系统的有效管理。2017 年,联合国牵头制定"海洋十年"的行动方案,明确了其愿景、预期成果、面临的挑战、行动框架、管理和协调机制、评价方法等多项内容,为可持续发展计划的切实推进提供了有力支撑。同时通过了《小岛屿发展中国家快速行动方式》(又名《萨摩亚途径》),涵盖气候变化、可持续能源、环境卫生、废物管理等多项内容,为小岛屿发展中国家应对海洋治理困境提供了指导。

在全球海洋治理进程中,联合国以其独特的自身优势发挥了不可替代的作用。在保护主义和单边主义盛行、逆全球化趋势明显的背景下,联合国主导下的全球海洋治理行动将面临新的机遇和挑战,如何维护和完善多边主义全球海洋治理体系显得尤为重要和紧迫。中国作为联合国中的一员,将从多方面全力配合和积极支持联合国在全球海洋治理中的核心地位,推动构建公正科学的全球海洋治理体系,形成海洋命运共同体。

第三章

海洋自然资源
资产核算方法

第一节　海洋自然资源资产实物量、价值量确认和计量

第二节　海洋自然资源负债确认与计量

第一节　海洋自然资源资产实物量、价值量确认和计量

一、海洋自然资源资产实物量概述

(一)海洋自然资源资产

1. 海洋自然资源资产定义

海洋自然资源是自然资源的重要组成部分，是国民经济和社会发展的重要物质财富之一。从理论上讲，海洋自然资源可以用货币计量其价值，能被某一利益主体拥有，并能为其带来经济效益，因此其具有资产的属性。

根据对资产的概念及资源资产与资产的区别的分析，海洋自然资源资产是指由某一组织或个人所控制或拥有的，在一定的认识和经济技术水平条件下，能够进行开发利用，并能给其所有者主体带来一定效益的稀缺海洋资源。根据此定义，海洋自然资源资产可以分为海洋水体资源资产、海洋生物资源资产、海洋矿产油气资源资产、海洋滩涂资源资产、海岛资源资产、海洋景观资源资产、港口岸线资源资产等一系列资产。

2. 海洋自然资源资产特征

(1)再生性和不可再生性。海洋自然资源资产与其他资产不同，海洋自然资源资产中包含生物因素和非生物因素。生物因素可通过繁殖等进行新旧更替，因此具有再生性，代表种类如渔业资源资产。但海洋自然资源资产的再生性不是永续存在的，一旦可再生海洋自然资源资产的数量小于某一定值时，其再生性会大大削弱；如果某种海洋自然资源资产的数量减少至趋于零时，该种海洋生物种类濒临灭绝或已经灭绝，那么该种海洋生物资源的可再生性将永久丧失。非生物因素不可再生，随着消耗的增加数量减少，因此具备不可再生性，如海洋矿产资源等。

(2)效益的多样性。海洋自然资源资产的效益性表现为直接的经济效

益性，通过参与生产、消费、流通领域等实现经济效益。此外，由于海洋自然资源资产的自净功能，通过自身的代谢与物质转换实现生态系统的改善，发挥其生态效益的功能。例如，藻类、浮游植物等海洋植物可以通过自身的光合作用吸收二氧化碳释放氧气；贝类可通过自身进行固碳调节二氧化碳含量；海水具有调节气温的作用；红树林、珊瑚礁和盐沼等可以抵抗风暴潮和海浪摧毁资源；等等。与此同时，海洋资源缤纷绚丽，各种热带鱼、珊瑚、水母、海龟、鲸鱼等极具观赏价值，因此海洋自然资源资产具有观赏性，其观赏价值为社会提供了效益。

（3）流动性和非流动性。海洋自然资源资产的流动能力存在差异，其中既有流动性资产如海洋渔业资源资产，又有非流动性资产，如海底矿产油气资源资产。

3. 海洋自然资源资产实物量核算

海洋自然资源实物量的核算即对海洋相关资源在某一时点的存量情况进行核算。目前应用于海洋自然资源资产实物量核算的方法主要包括 GPS/RS/GIS、通量法、调查与普查法、捕捞法、深部探测（钻孔）法等。

（二）海洋自然生物资源资产

1. 海洋自然生物资源

海洋自然生物资源资产，是指由国家或政府所管辖、拥有并带来社会利益的海洋自然生物资源。我国现存的海洋自然生物资源数量达到 20278种，这些生物属于 5 个生物界和 44 个生物门。这些动物、植物、微生物以及其他非生命物质都具有很高的科学研究价值，同时也为人类提供了大量宝贵的食物及药物等产品。其中动物界最多，12794 个物种；原核生物界最少，229 个物种。海洋自然生物资源包括海洋动植物及其产品、海岸带及近海滩涂湿地生物群落以及海洋渔业设施等。海洋生态系统的平衡通过海洋自然生物资源自身的不断繁殖、生长、衰老和死亡来完成新旧更替使海洋生物种群数量趋于稳定。海洋自然生物资源不仅能够提供食品、工业原料、医药产品等生活资料，而且能为人类带来大量财富，如丰富海洋渔业产量及提高海水养殖效率等。

在人类的生产和消费活动中，通过捕捞和生产海洋动物和海洋植物，不仅可以创造经济收入，还可以满足日常生活的需求，因此海洋自然生物资源具有经济价值；通过对海洋微生物进行人工培养生产生物活性物质以改善生态环境并提高生活质量，其中海洋植物通过光合作用消耗二氧化碳并释放氧气，从而实现固碳和气候调节，海洋微生物则在开发活性物质和治理环境污染方面具有巨大的经济和生态潜力，这体现了海洋自然生物资源的生态价值；同时，海洋自然生物资源所具备的观赏性等为社会提供了文化价值。

（1）海洋水产资源。海洋中蕴含的经济动植物是一种具有生命、自我繁殖和不断更新的海洋资源，统称为海洋水产资源。它具有自然再生产过程与人工培育更新两个基本形式。海洋水产资源的独特之处在于，通过生物个体种和种下群的繁殖、发育、生长和新老替代，实现资源的不断更新和种群的持续补充，同时通过一定的自我调节能力实现数量的相对稳定。海洋水产资源具体分为海洋鱼类、甲壳类动物、哺乳类动物、软体动物以及各种植物。海洋水产资源作为我国海洋产业创收经济效益的主要动力，对其进行实物量核算具有重要意义。

1）海洋鱼类资源。我国海洋鱼类资源种类广泛，目前已记录的海洋鱼类有 3023 种，其中软骨鱼类 237 种，硬骨鱼类 2786 种。在全球海洋渔业中，鱼类资源所占比例高达 88%。这些种类在不同海区均有分布。其中中上层鱼类占海洋渔获量的 20% 左右，主要有鳀科、鲱科、鲭科、竹刀鱼科、胡瓜鱼科、金枪鱼科。中层鱼类包括真鲷、沙丁鱼、带鱼和乌贼等。鳕鱼的产量在底层鱼中居首位，其次则是鲆和鲽类；另外还有一些小型底栖动物，如小黄鱼、沙丁鱼等也是近海重要渔业捕捞对象。从世界范围来看，每年生产的海水鱼总量是陆地生物的两倍多。鱼类中的鲈鱼、鲆鱼、大黄鱼、军曹鱼、鲷鱼、石斑鱼、鲽鱼和卵形鲳鲹是我国主要的海水养殖鱼类资源。

2）海洋甲壳类动物资源。海洋中的甲壳类动物资源占全球海洋渔获量的 5% 左右，其中，以对虾类（如中国明对虾、日本明对虾、凡纳滨对虾）和蟹类（如三疣梭子蟹、锯缘青蟹）为主要品种。其中，南美白对虾、斑节对虾、中国对虾、日本对虾、梭子蟹、青蟹是我国海水养殖的重要海洋甲壳类动物。

3）海洋哺乳类动物资源。海洋中的哺乳动物种类繁多，其中包括鲸目（包括各类鲸和海豚）、海牛目（如儒艮和海牛）、鳍脚目（如海豹、海象和海狮）以及食肉目（如海獭）等，它们的皮毛可用于制革，肉质可供食用，脂肪则可被提取为工业用油。

4)海洋软体类动物资源。海洋软体类动物资源在全球海洋渔获量中占据着7%的份额，是除鱼类外最重要的海洋动物资源。其中包括头足类、腹足类(如皱纹盘鲍)、双壳类(如牡蛎、扇贝、贻贝)以及多种蛤类。①双壳类，因其外表呈现出左右对称的两片贝壳，故被命名为双壳类。主要以软体动物为食，也捕食鱼类等小型生物。该物种广泛分布于海洋生态系统中，仅有极少数栖息于淡水湖泊和江河之中。这一类动物所具备的经济价值不可小觑，通过繁殖可为人们提供大量蛋白质原料。这类动物中以扇贝、贻贝为主，是我国海水类养殖的重要品种。②牡蛎，是一种广泛分布的贝类资源。牡蛎属软体动物门，腹足纲，瓣鳃亚纲，甲壳纲圆贻贝科。中国拥有丰富的牡蛎资源，是牡蛎的发源地。牡蛎不仅营养丰富、口感鲜美，而且药用价值也很高，被列为"八珍"之一。牡蛎肉所含的多种氨基酸、糖原、大量活性微量元素以及小分子化合物，以及其外壳中富含的碳酸钙，共同构成了其独特的营养成分。牡蛎可以通过光合作用吸收二氧化碳并转化为葡萄糖，从而实现能量转换。此外，牡蛎还可以用作饲料添加剂。牡蛎经过2亿年的漫长岁月，在潮间带多变的环境中锤炼出了对温度、盐度、露空和海区常见病原的极强抵抗力，即使在落潮露出水面时，它也能经受住夏季酷热干燥的天气，同时也能成功适应冬季冰冻天气，在离水露空的条件下可存活1~2周甚至1个月的时间。作为一种极具逆境适应能力的水生动物，能够在恶劣的环境下生存，因此也成为养殖的重要物种，在养殖业中扮演着至关重要的角色。在2000余年前，中国南方沿海部分地区的居民已经掌握了牡蛎的养殖技艺。到明代中期以后，北方渔民开始大规模从事牡蛎捕捞和加工业务。目前，福建、广东、山东、广西、辽宁、浙江等地均是牡蛎生产基地的主要产地，而渤海、黄海、东海、南海等海域也是牡蛎生产的重要区域。由于我国海域广阔，海岸线曲折漫长，形成了不同种类和数量的海区。③鲍鱼，属于鲍科腹足纲。迄今为止，全球范围内已探明的鲍科贝类均栖息于海洋之中，但尚未发现任何淡水物种，鲍鱼便是其中之一。鲍鱼在全球各海洋中广泛分布，其地理分布呈现出一个显著的特征，即其种类和资源量在温带、亚热带和热带海域均十分丰富，而在亚热带海域相对稀少，在寒带海域则几乎没有发现鲍鱼的踪迹；不同类型海区鲍鱼的种类组成差异很大，其中海湾型鲍鱼占绝大多数，大陆架型占比较小。鲍鱼自然种群的分布范围在北冰洋海域至今尚未被发现，而太平洋周边海域自然分布量最为丰富，印度洋次之，大西洋则相对较少；在温带至暖温带海域，大型和大中型经济种类的渔业产量相对较高，而全球鲍鱼商业性采捕渔场也主要集中在这一地理区域内。相比之下，热带海域的鲍鱼种类虽然丰富，但多为中小型种，因此规模性渔获产量的形成并不普遍；在太平洋西北部的中国—日本海域、太平洋东北部的美国—墨西哥海域、澳大利亚—新西兰海域以及非洲南部海域，重要经济种类的鲍鱼资源分布呈现出相对集中的趋势。

5）海洋植物。海洋植物是海洋中的自养生物，其通过叶绿素进行光合作用生产有机物，在整个海洋生态系统中起着重要作用，并能直接影响海洋生物种群的组成及其数量变动。海洋中的植物种类繁多，其中以硅藻、红藻、蓝藻、褐藻、甲藻和绿藻等11门海藻为主，这些海藻中有近百种可供食用，同时还含有多种化合物，如藻胶等。

（2）海洋观赏鱼资源。观赏鱼，是指那些色彩斑斓、形态奇特的鱼类，它们被广泛用于观赏。随着经济的发展及人们对生活品质要求的不断提高，观赏鱼在国内外已成为一种非常热门的投资项目，并被越来越多的人关注。在海洋生物资源资产价格评估实务中，其具备较高的价值和广泛的市场认可度，因此成为一个不可或缺的重要组成部分。本部分将从观赏鱼的概念、分类以及价值评估方法等方面进行分析研究，并对我国观赏鱼的发展现状与前景进行探讨。一般而言，观赏鱼可分为温带和热带两大品系，而在日常生活中，我们可以观察到几种常见的鱼类。

1）蓝倒鲷鱼体长20~26厘米，体呈椭圆形，体表湛蓝色，从眼部开始沿背部到尾柄处有一条黑色淡纹。背鳍、臀鳍、尾鳍的边缘镶嵌有一条黑边，尾鳍橙黄色。它们分布于印度洋或太平洋珊瑚礁海域，我国南海也有分布。

2）红横带龙又名蕃王，体呈椭圆形，体长20~30厘米，嘴大，头顶明显隆起，眼睛有一条浅黄色环带，胸鳍浅黄色，背鳍、臀鳍、腹鳍红色，尾鳍银白色，体色常随环境有深浅变化。它们分布于太平洋西部、菲律宾、中国南海的珊瑚礁海域。

3）女王神仙应该说是在所有神仙鱼中颜色最耀眼的。幼鱼时期的女王神仙，体深蓝色并有数条鲜蓝色竖纹，吻部、胸部、胸鳍、腹鳍以及尾鳍为橙黄色，深蓝色的背鳍和臀鳍带宝蓝色的边线。长大后身体两侧及头部蓝纹消失，身体颜色逐渐转为蓝绿色，具有侵略性和毒性。分布在西太平洋珊瑚礁海域，生活在珊瑚礁区1~70米深的海域中，一般在海底扇与珊瑚礁区穿梭。

（3）海洋药物资源。海洋中蕴藏着丰富的药用植物和动物资源，这些珍贵的资源可以被用于治疗各种疾病。在我国，由于历史和经济条件等因素，海洋药物资源开发起步较晚，目前仍处于开发阶段。海洋药物资源可分为传统海洋药物与新型海洋药物。

传统海洋药物资源包括海藻、瓦楞子、石决明、牡蛎、昆布、海马、海龙、海螵蛸等15个生物门类的1667个品种。我国海洋生物种类繁多，其中很多具有较高的药用价值和经济价值。这些具有药用价值的生物资源广泛分布于广袤的海域，其物种数量呈现由北向南逐渐增加的趋势。此外，海洋中存在着许多具有毒性的生物，这些生物也是极为重要的药用资源之一。新型海洋药物资源指的是从生物原料中提取某种物质，并通过化学或生物化学的手段进行加工而制成的药物。

2. 海洋自然生物资源资产实物量核算方法

在对海洋自然生物资源资产进行实物量核算时一般选取抽样调查和全面调查两种方法。

（1）抽样调查。在海洋渔业捕捞统计方面，我国渔业管理部门采用分层抽样和随机取样的调查方法，这类方法主要通过从全部调查研究对象中随机抽选部分单位进行调查，最大限度地反映客观情况，并据此对全部调查研究对象进行估计和推断，从而实现对我国海洋渔业现状的分析评估。为确保分层抽样的准确性，需要在各层之间设置明显的分层标志，同时在层内各单位之间实现相互独立，并按照作业方式进行分类统计，以符合分层抽样调查方法的规定。抽样调查的程序主要包括确定调查区域、抽样调查方法的选择。抽样的调查方法包括框架调查、捕捞努力量调查和渔获物上岸量调查。框架调查的具体内容主要包括年度调查区域内捕捞渔船的船主和其家庭信息、作业方式、渔船型号、功率以及作业日期等。捕捞努力量调查基于框架调查的结果，对本年度渔船捕捞努力量进行抽样调查。根据河流捕捞作业特点和分层抽样要求，采用时间普查、空间抽样的方式进行调查，即在设置抽样点中调查该年度全部时间序列内的生产情况。在满足抽样精度（≥90%）的条件下，制定各作业方式的渔船活动系数（BAC）调查所需样本船的数量。根据得出的BAC值来计算捕捞努力量，公式如下：

$$捕捞努力量=BAC \cdot F \cdot A \tag{3-1}$$

式中：BAC代表船舶活动系数，表示在该月的任何一天任何船舶作业的可能性；F表示所有捕捞地点潜在作业的捕捞单位总量；A表示在该月捕捞活动的总天数。

在基础渔业数据调查中，对于小型渔业，船×天数是表示捕捞努力量一致性的合理方法；渔获物上岸量调查根据渔获物上岸量调查结果计算单位捕捞努力量渔获量（CPUE）。

$$CPUE=\frac{产量}{捕捞努力量} \tag{3-2}$$

优点：耗费的人力、物力和财力少，大量节约调查时间。

缺点：统计数据质量不仅受统计工作各环节的影响，而且受到相关领导、统计人员素质以及数据采集处理技术条件等多种因素的制约。

通过抽样调查的方法得到抽样调查数据进而推断总体数据。

（2）全面调查。全面调查是一项对所有被调查单位进行全面、无遗漏的调查，其主要目的在于获取总体现象相对全面、系统的总量评估指标。海洋捕捞产量统计是我国海洋经济发展的重要基础工作之一，在整个国民经济体系中起着十分重要的作用。《中华人民共和国统计法》《中华人民共和国渔业法》《渔业统计工作规定》是海洋捕捞产量统计制度的法律依据，该制度通过全面的统计调查方式，获取了渔业的基本数据。以全面收集和综合汇总为重点，采用自下而上的层层上报方式，逐级按照行政层级进行上报和汇总。

优点：调查对象范围广，单位多，内容比较全面。

缺点：随着渔业经济结构的演变，全面调查的缺陷直接导致了统计数据的不准确性，与实际生产情况产生了偏差，无法全面反映生产发展的趋势。为了适应新形势下渔业生产发展需要，必须对传统的全面统计分析方法进行改革创新。同时，需要进行全面的报表统计完成渔业统计，但这种方法容易受到人为主观因素的干扰。因此，在渔业资源开发过程中，必须加强对全面统计法的学习，掌握其基本方法和要求。此外，全面的数据收集和综合汇总是全面统计的重要方面，其所涉及的领域广泛，工作量巨大，基础资料和数据收集的随意性较大，存在失真的潜在风险。

(三)海洋空间资源资产

1. 海洋空间资源

作为人类生产和生活必不可少的重要资源，海洋空间资源已然成为海洋资源中重要组成部分。在现代社会中，海洋资源已经不再是单纯意义上的自然资源，而是一种巨大的战略性财富。随着全球经济一体化的加速推进，各国已将海洋资源的开发和利用视为国家发展战略的重要组成部分，并将其视为战略目标之一，特别是在海洋空间资源的开发和利用方面。我国是一个陆地面积广大而海域却相对较小的发展中国家，因此，我们必须大力发展海洋空间资源，以满足日益增长的物质文化需要。海洋空间资源的勘探开发可以通过各种交通运输设施，如港口、航线和海底隧道，以及海上建筑，如渔业生产、捕捞和养殖、海洋旅游观光和人工岛等方式来实现。因此，海洋空间资源是一个非常重要的研究课题。

随着经济的蓬勃发展，对于海洋空间资源的需求日益增长。因此，如何合理有效地使用有限的海洋环境空间资源是当今海洋领域研究的重点。海洋空间资源的勘探、开发和利用方式纷繁复杂，涵盖了多种不同的途径和方式。其中最常见也是利用最多的便是海洋渔业、海洋工程及其他各种用途的海洋空间资源。目前，可供人类利用的海洋空间资源，根据其空间位置的差异，可被划分为海岸和海岛的空间资源、海洋表面的空间资源、海洋水层的空间资源以及海底的空间资源等。我国海域的平均水深高达961米，最大水深则达到了惊人的5559米；海岸线总长达32000千米，其中大陆海岸线长达18000千米，岛屿海岸线则延伸至14000千米之远。此外，还存在着许多具有开发潜力的海洋资源。该地区现有11000余座海岛，其中包括489座居民海岛和7300座面积超过500平方米的岛屿，总面积高达8万平方千米。从目前世界各国在海洋上所取得的成果来看，海洋是宝贵的自然资源之一，也是一个国家综合国力的体现。

2. 海洋空间资源资产

海洋空间资源是海洋空间资源资产的主要来源，然而这些资产与海洋空间资源并不完全等同。海洋空间资源资产包括海洋资源类、海岸带环境类以及与之相关的其他各类资产等。海洋空间资源是海洋空间资源资产的实体存在，海洋空间资源资产则是海洋空间资源的经济和社会价值的体现。但是，并非所有海洋空间资源都具备形成海洋空间资源资产的条件。因此，从概念上讲，海洋空间资源资产是以海洋空间为载体的资产。若将海洋空间资源纳入海洋空间资源资产之列，必须满足以下基本前提条件。

（1）所有权明确。海洋空间资源可以没有明确的归属，如公海内的空间资源。由于海洋空间资源的权属问题是一个复杂的权利和义务关系的分配过程，只有在确立海洋空间资源所有权归属的法律框架下，才能形成具有海洋空间资源特征的资产，因此必须对海洋空间资源资产归属进行明确，确保其归属于某一特定的经济实体。

（2）收益性。海洋空间资源的有效利用是形成海洋空间资源资产的必要前提，只有这样才能为所有者带来实际效益。因此，对海洋空间资源进行合理开发与利用就必须考虑如何使其产生更大的经济、社会、环境等方面的效益。此处所指的效益并非仅限于眼前的经济成果，而是包括了现实和潜在的经济、社会和生态效益。海洋空间资源权就是以海洋资源为对象而产生的一种权利，它是海洋空间规划管理中不可缺少的组成部分。评估海洋空间资源资产的价值，主要考虑其所带来的效益。从这一角度讲，海洋空间资源资产是可交易的财产，其价值量应该以市场价格为基础进行计算。所有者能否从海洋空间资源资产中获益，取决于两个因素：一是其认知能力和科技水平，二是人类对劳动的投入。前者决定着人们对海洋空间资源的利用方式，后者决定着人们使用海洋空间资源后获得的经济利益。海洋空间资源的认知和开发在人类尚未掌握之前，只是一种自然状态，无法带来实际效益，也无法成为一种有价值的资产。只有在具备较高的认知能力和科技水平的前提下，才能对海洋空间资源进行有效的开发和利用，从而为海洋所有者带来实实在在的利益。

（3）稀缺性。海洋空间资源的稀缺性是其成为海洋空间资源资产所必需的基本特征之一。稀缺性反映的是资源供给与需求之间的矛盾，这种矛盾随着人类需求的不断增加而不断演变，成为经济发展过程中不可避免的挑战。从这个意义上讲，稀缺性与海洋权益之间并不是完全对应的关系，它还会表现为一定程度的替代性或互补性。当人类尚未意识到海底空间资源的巨大潜力时，对其需求的降低使海底空间资源的稀缺性未以显现。当人类已经掌握了开发利用海洋资源技术后，才发现其潜在价值并开始进行大规模的开采。随着经济的不断发展和海洋开发能力的不断提升，人们对海底空间资源的功能和价值越来越关注，因此对其需求也在大幅增加。当人类利用海洋开发活动达到一定规模并产生经济效益时，就会使海底空间资源的价值逐步显现。随着时间的推移,海底空间资源的稀缺性日益凸显,逐渐演化为一种具有海洋空间资源特征的资产。

(4)能够可靠计量。海洋空间资源资产能够合理地估计。海洋空间资源只有在同时具备了上述四个条件的情况下才能形成海洋空间资源资产,也就是说只有具有明确的所有权并能给所有者带来效益的稀缺性海洋空间资源,才能形成海洋空间资源资产。

3. 海洋空间资源的分类

海洋空间资源可分为海岛和海域两部分,海域包括海岸线、滩涂和其他海域如图3-1所示。

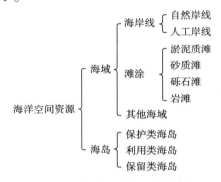

图3-1 海洋空间资源的分类

资料来源:笔者根据相关资料整理。

(1)海岛。

1)海岛的分类。海岛的分类主要根据《国家海洋局关于开展市县级海洋功能区规划编制工作的通知》(国海管字〔2013〕747号)和财政部、国家海洋局《关于调整海域无居民海岛使用金征收标准》(财综〔2018〕15号),划分为保护类、利用类和保留类三类海岛(见图3-2)。

2)无居民海岛概念及分类。《中华人民共和国海岛保护法》中称海岛是指四面环海水并在高潮时高于水面的自然形成的陆地区域,包括有居民海岛和无居民海岛。无居民海岛是指不属于居民户籍管理的住址登记地的海岛。

首先,根据《关于调整海域无居民海岛使用金征收标准》对无居民海岛等别的划分和用岛方式、用岛类型的界定,依据经济社会发展条件差异和无居民海岛分布情况,将无居民海岛分为一等、二等、三等、四等、五等、六等无居民海岛。各等级无居民海岛如表3-1至表3-3所示。

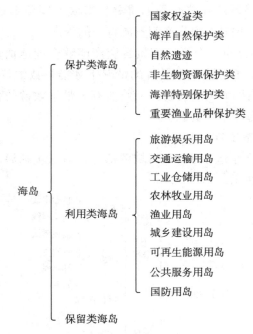

图 3-2 海岛分类

资料来源：笔者根据相关资料整理。

表 3-1 辽宁省、天津市、河北省各等级无居民海岛分布情况

无居民海岛类型	辽宁	天津	河北
一等无居民海岛	—	—	—
二等无居民海岛	大连市（沙河口区、西岗区、中山区）	滨海新区	—
三等无居民海岛	大连市甘井子区		
四等无居民海岛	长海县、大连市（金州区、旅顺口区）、瓦房店市、葫芦岛市市辖区、绥中县、兴城市		秦皇岛市山海关区
五等无居民海岛	东港市、大连市普兰店区、庄河市		唐山市曹妃甸区、乐亭县
六等无居民海岛	锦州市（凌海市）、盘锦市（大洼区、盘山县）		—

资料来源：笔者根据相关资料整理。

表 3-2　江苏省、上海市、浙江省、山东省各等级无居民海岛分布情况

无居民海岛类型	江苏	上海	浙江	山东
一等无居民海岛	—	浦东新区	—	青岛市(市北区、市南区)
二等无居民海岛	—	金山区	—	青岛市(城阳区、黄岛区、崂山区)
三等无居民海岛	—	崇明区	宁波市(北仑区、鄞州区、镇海区)、台州市(椒江区、路桥区)、舟山市定海区	即墨市、龙口市、蓬莱市、日照市(东港区、岚山区)、荣成市、威海市环翠区、烟台市(莱山区、芝罘区)
四等无居民海岛	连云港市连云区	—	海盐县、平湖市、嵊泗县、温岭市、玉环市、乐清市、舟山市普陀区	莱州市、乳山市、威海市文登区、烟台市牟平区、海阳市
五等无居民海岛	连云港市连云区	—	岱山县、温州市洞头区、宁波市奉化区、临海市、宁海县、瑞安市、三门县、象山县	长岛县、东营市(东营区、河口区)、莱阳市、潍坊市寒亭区
六等无居民海岛	连云港市赣榆区	—	苍南县、平阳县	昌邑市、广饶县、利津县、无棣县

资料来源：笔者根据相关资料整理。

表 3-3　福建省、广西壮族自治区、广东省、海南省各等级无居民海岛分布情况

无居民海岛类型	福建	广西	广东	海南
一等无居民海岛	厦门市(湖里区、思明区)	—	广州市(黄埔区、南沙区)、深圳市(宝安区、福田区、龙岗区、南山区、盐田区)	—
二等无居民海岛	泉州市丰泽区、厦门市(海沧区、集美区)	—	东莞市、中山市、珠海市(金湾区、香洲区)	—
三等无居民海岛	福清市、福州市马尾区、晋江市、泉州市泉港区、石狮市、厦门市翔安区	—	茂名市电白区、惠东县、惠州市惠阳区、汕头市(澄海区、濠江区、潮南区、潮阳区、金平区、龙湖区)、湛江市(赤坎区、麻章区、坡头区)	海口市美兰区、三亚市(吉阳区、崖州区、天涯区、海棠区)

续表

无居民海岛类型	福建	广西	广东	海南
四等无居民海岛	福州市长乐区、惠安县、龙海市、南安市	北海市海城区	恩平市、南澳县、汕尾市城区、台山市、阳江市江城区	儋州市
五等无居民海岛	连江县、罗源县、平潭县、莆田市(荔城区、秀屿区)、漳浦县	防城港市(防城区、港口区)、钦州市钦南区	海丰县、惠来县、雷州市、廉江市、陆丰市、饶平县、遂溪县、吴川市、徐闻县、阳东县、阳西县	澄迈县、琼海市、文昌市、陵水县、乐东黎族自治县、万宁市
六等无居民海岛	东山县、福安市、福鼎市、宁德市蕉城区、霞浦县、云霄县、诏安县	东兴市、合浦县	—	昌江县、东方市、临高县、三沙市以及我国管辖的其他区域的海岛

资料来源:笔者根据相关资料整理。

其次,根据其用岛方式分为原生利用式、轻度利用式、中度利用式、重度利用式、极度利用式和填海连岛与造成岛体消失的用岛(部分见表3-4)。

表3-4 岛屿分类

海岛分类	改变海岛自然岸线属性	改变海岛表面积	改变海岛岛体体积	破坏海岛植被
原生利用式	0	0	0	0
轻度利用式	0<指标≤10%	0<指标≤10%	0<指标≤10%	0<指标≤10%
中度利用式	10%<指标<30%	10%<指标<30%	10%<指标<30%	10%<指标<30%
重度利用式	30%≤指标<65%	30%≤指标<65%	30%≤指标<65%	30%≤指标<65%
极度利用式	65%≤指标	65%≤指标	65%≤指标	65%≤指标

资料来源:笔者根据相关资料整理。

最后,无居民海岛又可以根据开发利用项目主导功能定位不同,分为旅游娱乐用岛、交通运输用岛、工业仓储用岛、渔业用岛、农林牧业用岛、可再生能源用岛、城乡建设用岛、公共服务用岛和国防用岛。

(2)海域。海域以海域用途为主要分类依据,根据《全国海洋功能区划(2011—2020年)》,将海域资产分为农渔业区海域、港口航运区海域、工业与城镇建设区海域、矿产与能源区海域、旅游娱乐区海域、海洋保护区海域、特殊利用区海域以及保留区海域。

1）海岸线。海岸线的分类由于目前国家并未出台相关规定，本书采用刘百桥在《中国大陆1990—2013年海岸线资源开发利用特征变化》中提出的海岸线分类，分为人工岸线和自然岸线两个类型：①自然岸线分为基岩岸线、砂质岸线、粉砂淤泥质岸线、生物岸线和河口岸线。②人工岸线分为海岸防护工程、交通运输工程、围海工程和填海造地工程。

2）滩涂。

首先，滩涂的定义。滩涂是指大潮时，高潮线以下、低潮线以上的亦海亦陆的特殊地带。滩涂不仅是一种重要的土地资源和空间资源，而且其本身也蕴藏着各种矿产、生物及其他海洋资源。我国的滩涂主要分布在辽宁、山东、江苏、浙江、福建、台湾、广东、广西和海南的海滨地带，是海岸带的一个重要组成部分。我国海洋滩涂总面积217.04万公顷。

其次，滩涂的分类。根据滩涂所含物质成分的异质性，可将其归为岩滩、沙滩和泥滩三个主要类别；在自然条件下，它们分别受到涨落潮作用、风暴潮作用和波浪作用等多种因素的影响。根据潮汐的位置、宽度和坡度，我们可以将其归为高潮滩、中潮滩和低潮滩三个独特的地貌类型。其中以中潮滩面平坦而平缓，多呈水平状分布在近岸地带的海滩最具代表性，因此也是研究较多的一种岸型。

由于受到潮汐和潮流的影响程度不同，海岸类型呈现出独特的地貌和景观特征。由于岸线变化复杂，受水流的作用以及河流的含沙量等多种因素的综合影响，部分沿岸遭受了水的侵蚀和泥沙淤积，使海岸线向陆地推进；有些海岸呈现出明显的堆积效应，滩涂则呈现出向水域方向延伸的倾向；而另外一些岸因淤积引起坡度增大，使其宽度减小。有些岸因为受到重力侵蚀和潮流的冲淤作用，导致其高度增加，从而形成全新的岸线，进而引起滩面形态的变化；有些海岸线则呈现出相对稳定的状态，滩涂的覆盖范围也表现出相对稳定的特征。因此，对这些岸线进行合理规划，使其保持一定的坡度和宽度，是沿海城市建设中一项重要内容。此外还可以通过对地貌要素进行分析来确定岸滩类型。我国沿海地区遍布着各式各样的海岸形态，它们的性质和用途各异，其中以潮间带为特征的滨海湿地占据较大比重。滩涂作为水产养殖业的重要基地，不仅承载着海洋资源的开发和海洋产业的发展，更是一项无价之宝。

最后，滩涂资源的用途。滩涂资源用途广泛，但其中有五种重要的用途：①开辟盐田。滩涂是发展盐化工原料基地的好场所，滩涂面积广阔、地势平坦，一方面有利于海水的引进，另一方面又方便海水排出析出盐分。②填筑滩涂，解决沿海城市、交通及工业用地问题。这是改革开放以来，解决沿海城市和经济开发区非农业用地问题的重要途径。③发展滩涂水产养殖业。滩涂作为我国养殖业重要养殖场所，其养殖对象种类颇丰，有扇贝、牡蛎、蚶、蛤等贝类及海带等。④滩涂是发展海洋旅游业的重要场所。由于滩涂地质面貌的多样性，无论是沙质海滩，还是泥质滩涂，都可发展具有特色的滨海旅游，为当地实现旅游创收。⑤围海造地，增加耕地面积。我国沿海地区人口稠密、耕地稀少的矛盾尤为突出，通过滩涂的开发利用，有利于增加我国耕地面积，确保粮食安全。

4. 海洋空间资源资产实物量核算方法

海洋空间资源资产实物量核算的实质就是对待核算的海域资源资产进行精确严谨的连续统计过程。其目的是反映某个时间段内海域资源资产存量、流量及其变化状况。

海洋空间资源资产的实物量核算首先要考虑用何种物理单位作为计量单位。对于海洋空间资源资产的实物量核算内容以核算资产面积为主，因此以面积单位作为实物量核算的基准单位，如公顷、亩等。由于海洋空间资源资产的功能性不同，因此在进行实物量核算时，可以按照其功能性的不同进行分类，对每一功能类海域进行核算。

目前，海洋资源资产的研究主要集中在海洋资源资产总量的计算和估值上。为了对海洋资源资产进行实物量计算，我们需要对海洋目标区的面积进行准确、连续的统计，在海洋目标区选择之后，才能获得不同时间点海洋区域的存量信息。接下来，我们必须比较每个时间点的存量变化，并考虑活动因素的影响，得出在给定会计期间内海洋资源资产的流量。此外，由于年份之间存在一定的差异，因此应根据历史信息和统计数据确定相应的调整因子。在编制海洋区域资源资产实物报表时，应坚持先考虑存量后考虑流量的原则，确保资产余额和流量之间的合理平衡。

(四)海洋矿产资源资产

1. 海洋矿产资源

我国 300 万平方千米的蓝色海洋中蕴藏着大量的矿产资源，主要包括油气资源、可燃冰、大洋锰结核、滨海砂矿资源和砂石矿资源。海洋矿产资源前景广阔，如何有效开发和利用海洋矿产资源是解决中国资源短缺现状的关键问题。我国目前仍处于发展中国家阶段，经济发展依靠大量的能源资源，能源供给和需求间存在着不平衡的情况，仍存在能源缺口问题，获取稳定持续的能源供应刻不容缓。作为重要的能源资源，石油与天然气在经济发展中发挥着重要的作用，我国海洋油气资源丰富，因此积极开发海洋油气资源对稳定我国油气资源供应有着重要意义。我国海洋油气资源开发的所有权和控制权仍然由国家把控，核算海洋油气资源资产是防止国有资产流失的重要途径。

海洋矿产资源是海洋中蕴藏的矿物资源的总称，其主要分布在公海部分，位于专属经济区。从广义上讲，海洋矿产资源包括在海底的矿物资源和在海水中的矿产资源。从狭义上讲，海洋矿物资源一般是指海底矿产资源，属于海洋化学资源。海底矿产资源分为沿海砂矿、海底自生矿产和海底固结岩中的矿产。目前，中国开发的海洋矿产资源主要包括石油、天然气和沿海矿砂等。中国海底矿产资源种类丰富，存储量大，具有经济价值的矿产资源主要包括海洋石油资源、海洋天然气资源、滨海矿砂、大洋锰结核。

（1）海洋石油和天然气资源。截至 2020 年，我国近海共发育 10 个新生代沉积盆地，可勘探油气总面积约为 70 万平方千米，但由于油气资源分布不均，勘探程度存在明显差异，勘探技术相对落后，探明程度较低，目前海洋探明率仅有 12.1%。第四次石油资源评测结果显示，海洋天然气剩余技术可采储量占剩余技术可采储量的 52%，海洋石油剩余技术可采储量占剩余技术可采储量的 34%，可见我国海洋油气资源开发仍有巨大的潜力，还需进一步提升开采技术。从资源分布与探明程度来看，我国近海石油地质资源主要集中于渤海湾盆地海域、珠江口、北部湾三大盆地，石油地质资源量累计超过 210 亿吨，占近海的 93%；天然气地质资源主要分布于东海、琼东南、珠江口、莺歌海、渤海湾五大盆地，天然气地质资源量累计超过 17 万亿立方米，占近海的 97%。渤海、东海、南海东部、南海西部已成为我国重要的油气生产基地，但海洋油气整体探明程度相对较低，石油资源探明程度平均为 23%，天然气资源探明程度平均为 7%，且 2020 年，我国海洋石油产量为 5164 万吨，海洋天然气产量为 186 亿立方米，未来海上油气储量产量增长量仍有较大增长空间。

（2）滨海矿砂资源。海洋的海滩及海湾沉积物之中常常蕴藏着大量的钻石、黄金、铂金、石英，以及金红石、锆石、独居石、钛铁矿等罕见矿物。这些矿物一般呈块状或粒状分布于沿海的砂层。由于其在沿海地区形成了丰富的矿物资源，因此被称为"沿海砂矿"。滨海矿砂的经济价值不容小觑，在浅海矿产资源中滨海砂矿的经济价值仅位于石油和天然气之后。我国是滨海砂矿最集中的国家之一，在过去的30年中，中国的滨海地区探明了二十多种砂矿，其中有13种砂矿具有工业价值并已被探明。在中国沿海地区，遍布着191个不同类型的砂矿床，总探明量高达16亿吨，涵盖了60多种不同的矿种，几乎全球所有沿海砂矿的矿物都可以在此发现，其中以海相沉积型为主。钛铁矿、锆石、金红石、独居石、磷钇矿、磁铁矿和砂锡等矿物，具有潜在的工业应用价值。目前我国正在开展有关滨海砂矿地质研究工作。8个成矿带是海滨砂矿的主要分类，它们分别位于海南岛东部、粤西南、雷州半岛东部、粤闽、山东半岛、辽东半岛、广西和台湾北部及西部。其中在沿海11个省区市中，广东砂矿资源最丰富，其储量位居全国第一，而辽东半岛的海岸线是金红石、锆石、玻璃石英和金刚石等矿物质的重要汇集地。

（3）大洋锰结核资源。大洋锰结核资源又被称为深海锰结核或锰矿球、锰矿瘤、锰团块。其存在于海洋深处，具有广泛的应用前景，是海水中含量最高的含氧矿物之一，也是目前世界上最大的天然锰矿床。主要由锰和铁的氧化物以及氢氧化物构成，这类物质含有多种金属元素，如铜、镍、钴等，通常以结核状的形式存在，因此称为结核资源。由于它是海底沉积的特殊矿石，因而具有极高的工业价值。

随着陆地矿产资源的逐渐枯竭和人类对海洋的不断深入探索，大洋锰结核资源逐渐成为各国关注的具有战略意义的重要资源，在不断对大洋锰结核资源的研究和探寻中发现其储量巨大且持续增长，并且逐渐成为一种巨大的潜在金属资源。近年来，全球范围内掀起了开发利用海底锰结核的热潮。相比美国等西方发达国家开始探索和研究大洋锰结核资源的勘探开发和冶炼加工技术时间，我国在该领域起步较晚，但也取得了很大成绩。我国仍要加强对大洋锰结核的研究，培养该领域技术型人才，加快开发大洋锰结核矿产资源的速度。这无论是从发展经济还是从维护国家海洋权益的角度看，都对我国都有举足轻重的战略意义。

2. 海洋矿产资源资产实物量核算方法

海洋矿产资源资产实物量核算主要应用3S技术，其中包括GPS、RS、

GIS。GPS 是指 Global Positioning System（全球定位系统）、RS 是指 Remote Sensing（遥感技术）、GIS 是指 Geographical Information System（地理信息系统）。3S 技术分别是 GPS、RS 和 GIS 的综合使用，人们习惯上将这三种技术合称为 3S。3S 技术是以 GPS、RS、GIS 等空间技术为主要内容，以计算机技术为主要技术载体，用于采集、测量、分析、存储、管理、显示、传播地理空间分布有关数据的一门综合的、集成的信息科学，是构成数字地球、数字海洋的基础。

（1）GPS 在海洋矿产资源资产实物量核算的应用。利用 GPS，可以实现对海洋物探和海洋石油钻井平台的高精度定位。根据海上勘探作业中需要确定震源位置及方位的要求，设计一种由船载仪器与地面测控站组成的双系统定位系统。利用差分 GPS 导航和定位技术，船只按照预定航线，通过人工控制向海底岩层发射地震波，随后接收地震反射波并记录 GSP 定位结果。通过对地震波在地层内的传播特性进行深入分析，探究地层结构，以期发掘石油资源的储存构造。

（2）RS 在海洋矿产资源资产实物量核算的应用。在海洋矿产勘测领域中，RS 技术的应用可以通过对矿区数据进行分析、识别、处理和标绘，获取捕捉对象的形态、构造、组合和分布等信息，从而深入了解矿区的地质成因。在此基础上进行矿产资源勘查工作，可获得更准确的矿床位置、储量大小等相关信息。通过对矿区多个时间段和多个波段的信息进行收集和对比，我们能够深入分析并全面掌握矿区的地质结构。在此基础上利用遥感技术进行矿产资源探测工作，能够快速获取找到矿靶区以及矿体位置。RS 技术能够通过对矿山中普通岩土物质和矿物质的数学变换数据或吸收光谱段变量的差异性量化信息进行有效区分，进而建立 RS 地质寻矿模型并标记异常信息，分析矿藏所在区域。RS 技术以其广泛的勘测覆盖面积和大量的勘查信息而著称，能够从多个角度分析勘查面积内的资源和环境信息，通过对矿区资源和周边环境信息的深入掌握，分析前者对后者的影响原因和潜在影响，从而发挥保护周边生态环境的作用。

（3）GIS 海洋矿产资源资产实物量核算的应用。利用地理信息系统技术，可以实现对海洋矿产资源的全面评估和信息数据的高效集中化管理。目前国内针对海洋矿产资源的相关信息系统已经基本形成，但对于不同海域之间的系统还不够完善，并且缺乏统一的标准体系，导致了大量信息数据的重复录入，造成浪费。通过对海洋矿产资源进行高效的 GIS 技术采集和整理，实现了海洋矿产资源信息数据的集中化管理，从而提升了海洋矿产资源信息数据处理的质量和速度，使人们更加便捷、直观地了解海洋信息，同时也促进了不同区域海洋矿产信息之间的关联性。通过运用 GIS 技术，将各类地质信息大数据，如地理数据库、GPS 数据库、RS 数据库、海洋矿产数据库、化学数据库和物理数据库等，进行综合利用，实时提取评价工作所需的各类信息，并对各类海洋矿产资源进行集中化管理，为海洋矿产资源的评价工作提供了全面的评价依据。

同时，通过运用 GIS，将海洋矿产资源专题数据和 RS 技术所获得的航拍相片与卫星相片进行集成，进而获取海洋矿产资源数据，并结合 GPS 技术进行高精度定位，实现对海洋矿产资源实物量的精准获取。

二、海洋自然资源资产价值量概述

（一）海洋生物资源资产价值量核算

1. 海洋水产资源资产

海洋水产资源资产价格评估主要考虑那些具有经济价值，目前已经大规模开发利用的海洋水产资源。其主要有五个类别：鱼类、贝类、甲壳类、头足类、大型海藻类。其余的海洋生物由于不具备大型开发的商业价值和经济前景，所以在资产价值评估中不做考虑。海洋水产资源价值不仅包括经济价值，还包括生态价值、文化价值和其他价值。

（1）海洋水产资源的经济价值。由于海洋水产资源产量可以维持在相对稳定的水平，属于可持续利用的可再生资源，因而对海洋水产资源资产的价值评估方法可以使用收益还原法进行评估。收益还原法是将待估的海洋水产资源未来正常年收益，以一定的还原率还原，以此估算待估海洋水产资源价值的方法。由于海洋水产资源可再生性，其不仅能够提供现时的纯收益，而且还能期待在未来源源不断地继续取得，将此项随时间延续而能不断取得的纯收益以适当的还原利率折算为现在价值的总额时，它即表现为海洋水产资源的实质经济价值，也是适当的客观交换价值。其公式如下：

$$E_P = \frac{A}{i} = \frac{R-C}{i} \tag{3-3}$$

式中：E_p 为海洋渔业资源资产经济价值；A 为海洋渔业资源资产的评估净价；R 为水产资源开发的年总收入；C 为水产资源开发的年总成本；i 为还原利率。

　　水产资源开发的年收入：

$$R = \sum (Q_{Li} \times P_{Li}) \tag{3-4}$$

式中：Q_{Li} 为第 i 类海洋水产的资源量；i＝1，2，3，4，5，分别代表鱼类、甲壳类、贝类、大型海藻类、头足类；P_{Li} 为第 i 类海洋生物的平均市场价格。

　　由于水产品的市场价格会受运输成本、冷冻成本和物流企业利润等因素影响，因此在选取价格时通常选用海域最临近的水产品市场的水产品批发价格。水产资源的开发成本可将海洋捕捞成本和海水养殖成本分别计算后求和，海洋捕捞成本包括油水冰支出、雇工支出、伙食支出、税费支出、其他支出(码头卸鱼费等)、固定资产折旧等，通过计算从事海洋捕捞人员的单位成本进而计算出海洋捕捞总成本；海水养殖成本＝单位面积海水养殖成本×海水养殖总面积；水产资源开发的年总成本＝海洋捕捞成本＋海水养殖成本。调查显示，其还原率为30%。

　　(2)海洋水产资源的生态价值、文化价值和其他价值。在核算海洋渔业生物资源生态价值、文化价值和其他价值方面，依托于海洋渔业生物资源的经济价值进行核算，根据前人的研究结果，在海洋生态系统中，核算海洋生物资源价值时，其经济价值、生态价值、文化价值和其他价值在海洋生态系统中的计算系数大约分别是0.3、0.5、0.1、0.1。海洋生物资源价值根据价值种类的不同，其核算途径如下：

$$A = A_j + A_s + A_w + A_q \tag{3-5}$$

式中：A 为渔业生物资源价值；A_j 为渔业生物资源经济价值；A_s 为渔业生物资源生态价值；A_w 为渔业生物资源文化价值；A_q 为渔业生物资源其他价值。

$$A = A_j + A_s + A_w + A_q = A_j(1 + s_i + w_i + q_i) \tag{3-6}$$

式中：s_i 为海洋生物要素生态价值计算系数；w_i 为海洋生物要素文化价值计算系数；q_i 为海洋生物要素其他价值计算系数。

　　(3)以 A 海域水产资源资产的经济价值核算为例。核算 A 海域水产资源资产的经济价值采用收益还原法测算海洋水产资源的价值，公式如式(3-3)所示。

其中，根据《2021 中国渔业统计年鉴》数据可知，2020 年 A 海域渔业总产量 1040.45 万吨，渔业经营支出 2.055 万元/人，生产性渔业固定资产折旧 0.145 万元/人，渔业税费支出 0.005 万元/人，单位渔业成本 2.205 万元/人，从业人员 1436006 人，计算得出渔业成本（C）约为 388.56 亿元，取 A 海域四季度平均水产品价格 22000 元/吨，计算得出渔业收入（R）约为 2288.99 亿元，利润（A）为 1900 亿元，取还原率值（i）为 30%，计算得出海洋水产资源的经济价值（E_p）为 6333.33 亿元。

（4）以 A 海域海洋水产资源资产的生态价值、文化价值和其他价值核算为例。

根据公式 $A = A_j + A_s + A_w + A_q$ 计算得，海洋渔业生物资源的生态价值（A_s）为 3166.67 亿元，海洋渔业生物资源的文化价值（A_w）为 633.33 亿元，海洋渔业生物资源的其他价值（A_q）为 633.33 亿元。

综上，海洋渔业生物资源资产价值（A）为经济价值、生态价值、文化价值和其他价值之和，共计 10766.66 亿元。

2. 海洋药物资源资产

海洋药物资源资产的价格评估可以采用市场价格法，通过将各类药物资源量和市场平均价格的乘积求和，计算得出海洋药物资源的价值量。由于海洋药物资源具有普遍的交易性，同时市场的供求关系决定了海洋药物资源的价格，这种价值会随着供给和需求的变化而波动，当海洋药物资源的供给小于需求时，市场价格升高，价值也随之水涨船高；当海洋药物资源的供给大于需求时，市场价格下降，价值也随之缩水。因此，市场价格法在一定程度上反映了海洋药物资源的市场价值。公式如下：

$$V_M = \sum (Q_{Mi} \cdot P_{Mi}) \tag{3-7}$$

式中：Q_{Mi} 为第 i 类海洋药物资源的资源量（千克）；P_{Mi} 为第 i 类海洋生物的平均市场价格。

在利用市场价格法核算海洋药物资源的价值时我们需要注意以下几点：

（1）由于海洋药物资源具有流动性，因此在评估海洋药物资源海域范围时，必须覆盖捕捞（养殖）水产资源的主要分布区，包括其栖息地、产卵场、索饵场以及洄游通道等，确保评估的全面性和准确性。

（2）海洋药物资源的组成多以海洋动物和海洋植物为主，这类生物在不同时期具有不同的成熟度，成熟度在一定情况下也会影响其价格。具体表现为随着生物的成熟，其价格也将呈现上升的态势，为了避免成熟度所带来的价格波动，我们在选取市场价格进行核算时，需要对构成某一类海洋药物资源群体的成熟度进行差异化的修正，确保单位市场价格的准确性。

（3）由于市场价格的获得具有时滞性，我们需要获得的当下数据无法实时进行统计，那么在这种情况下，我们可以考虑采用邻近年份的数据进行替代，但考虑到价格的通货膨胀程度，如果直接用邻近年份的价格进行核算，存在不准确的情况。因此我们需要对邻近年份的市场价格进行修正，常见的办法包括消费者价格指数修正和生产者价格指数修正，这两种方法的使用需要根据目标海洋药物资源的种类不同进行选择。当海洋药物资源主要应用于消费阶段时选取消费者价格指数进行价格的修正，而当海洋药物资源用于投入生产阶段时选取生产者价格指数进行修正。公式如下：

$$PC_1 = PC_2 \cdot PPI_1 / PPI_2 \tag{3-8}$$

式中：PC_1 为需修正年份的单位价格或单位成本；PC_2 为相邻年份的单位价格或单位成本；PPI_1 为需修正年份生产者价格指数；PPI_2 为相邻年份的生产者价格指数。

3. 海洋观赏鱼资源资产

观赏鱼的价格也采用市场价格法进行评估。在对观赏鱼资源资产价格评估时公式如下：

$$V_N = \sum (Q_{Ni} \cdot P_{Ni}) \tag{3-9}$$

式中：Q_{Ni} 为第 i 类海洋观赏鱼资源的资源量（千克）；P_{Ni} 为第 i 类海洋观赏鱼的平均市场价格。

在获取海洋观赏鱼的平均市场价格时需要对资产进行市场询价，市场询价需要遵循生长期、体型、色彩、品种的原则，同时对同一规格、同一品种不同市价差价进行分析对比，找到共同点，按照实际确认取价标准（一般取价按询价的价格下调8%~12%），不得突破市场价，最终确定观赏鱼取价参数。

在观赏鱼资源资产价值评估过程中需要考虑其特殊的价格影响因素，包括健康指数和流行度指数。健康指数是对某条观赏鱼外观形态是否良好、生态状况能否正常的反映，具体数值一般可以用专家意见法得出；流行度指数即某种观赏鱼的市场流行状况及趋势的反映，一般也用专家意见法得出。

(二)海域使用权价格评估

本书将海域使用权的价格评估分为海域使用权基准价格评估、宗海使用权价格评估和一次性海域使用权价格评估。宗海是指被权属界线所封闭的一个用海单元或者虽属同一权属单位但划分为不同使用类型的各个用海单元。一次性海域是指由于填海工程等的施工周期较短，一旦工程完成，海域的整体或部分将发生性质转变，从原本的海域转变为陆域，因此，这类用海的有偿使用和使用权出让具有短暂的海域性质和永久性的海域性质改变。所以，将此类情况的海域使用权称为一次性海域使用权。根据海域使用权的分类不同采取不同的价格评估方法，而在海域使用权评估上，两者也有相似之处，如两者的基准价格评估和使用权价格评估原则。

1. 海域使用权价格评估的原则

为保证海域使用权价格评估结果的客观性、公正性，应遵循以下基本原则：适用原则、合理原则、功能补偿原则、适度原则。

(1)适用原则是指海域使用权价格评估要具有普遍适用性，这种普遍适用性意味着针对不同功能的海域，海域使用权价格评估都可以适用。但由于海域的功能不同，对应的收益也不同，因此在海域使用权价格评估上需要进行调整，确保海域使用权评估的准确性。

(2)合理原则是指贡献分配的合理。海域收益是资本、劳动、经营管理、技术、海域和其他资源等多种生产要素共同作用的结果。测算海域使用权价格应在海域总产品中相应扣除非海域要素的贡献值，做到贡献分配的科学合理。

(3)功能补偿原则是指由于海洋经济的战略地位逐渐凸显，海域的开发利用程度进一步向深度、广度发展。但海域的开发利用必然伴因海洋的某些环境功能、公共用途和其他用海类型受到限制甚至是损害。因此，海域使用权价格评估，除考虑各类用海自身经济效益，还要顾及对环境和其他产业置换的补偿。

(4)适度原则是指海域使用权价格的评估需要具备合理性，合理性既包括对国家拥有该海域所有权益的合理性又包括对具有海域开发权的开发商的合理性；既要保护海域的生态情况，又要最大限度实现海域开发的经济属性。

2. 海域使用权价格评估的影响因素

（1）海洋生态环境质量。海洋生态环境质量情况对海域使用权价格有明显的影响作用，当海洋生态环境质量较好时，会吸引更多的海洋产业发展，如滨海旅游业、水产业等，从而导致海域使用权的需求增加，海域使用权价格也会随之上涨；相反，当海洋生态环境质量较差时，该片海域的开发需求下降，海域使用权价格也会下降。

（2）海洋经济发展状况。随着海洋经济的发展，对海域使用权的需求也会增加，陆地空间资源的不断缩小，使人们将更多的关注转向海洋，海洋经济发展得越迅速，对海域使用权的需求就越大，而海域使用权的供给是定值，因此海域使用权价格也会增加。

3. 海域使用权的基准价格评估

海域使用权价格是指一定年期内海域使用权价格及其附属用海设施和海上构筑物价格的总和。在海域评估中，该价格指的是在正常市场条件下一定年期的海域使用权未来纯收益的现值及其附属的用海设施和构筑物价格的总和。海域使用权的价格评估方法包括收益法、成本法、假设开发法、市场比较法和基准价格系数修正法等。本部分将阐述收益法、成本法、假设开发法和市场比较法的海域使用权价格评估，基准价格系数纠正法将在宗海使用权价格评估中进行详细阐述。

（1）收益法。收益法又称为收益还原法，该理论的依据将预期收益折现得到现值，在对海域使用权价格评估中所指的是将海域使用权的预期收益以一定折现率折现，得到海域使用权价格。一般情况下，人们在使用某一海域时，目的是在正常情况下获得该海域的收益，并期待在未来数年内持续不断地获得该利益。因此，对海域进行估价，就需要计算海域的净收益或价值。如果将未来获得的纯收益以适当的还原利率贴现，并在评估时间内得到一个货币总额（现值），那么将该货币总额存入银行，就能够源源不断地带来与该收益相等的收入。如果把这样产生的货币总量折算成一定数量的资产即海域使用权，则其价值就等于该海域使用权的价格。该货币额度即海域使用权所对应的理论价值。

运用收益还原法进行海域使用权基准价格评估时，关键是要确定被评估海域的预期收益额、收益期限和适用的折现率。设某海域使用权基准价为：

$$P_e = \frac{a_1}{1+r_1} + \frac{a_2}{(1+r_1)(1+r_2)} + \cdots + \frac{a_n}{(1+r_1)(1+r_2)\cdots(1+r_n)} \quad (3-10)$$

式中：a_1，a_2，$\cdots$，a_n 为海域在某一用途下逐年收益；r_1，r_2，$\cdots$，r_n 为各年折现率；n 为海域使用年限。

假设折现率不变，各年收益分别为 a_n，则：

$$P_e = \sum_{i=1}^{n} \frac{a_i}{(1+r)^i} \tag{3-11}$$

假设收益率、收益都不变，则：

$$P_e = \frac{a}{r}\left[1 - \frac{1}{(1+r)^n}\right] \tag{3-12}$$

其中，样本海域收益可以从海域使用的总收入中扣除各生产要素的补偿费用和非海域资源资产收入后的余额进行核算。由于样本海域根据企业类型可以划分为经营性海洋企业和生产性海洋企业，两者的海域收益计算方法不同，经营性海洋企业的海域收益为样本海域经营总收入与样本海域经营总费用的差值扣除样本海域的其他资产收入，生产性海洋企业的海域收益等于样本海域生产总产品与样本海域生产费用的差值扣除样本海域的其他资产收入。

还原率的确定可以通过安全利率加风险调整值法进行计算。这里的安全利率是指一年期定期存款年利率，多以估价期日执行的央行公布的一年期利率作为安全利率。风险调整要考虑样本海域面临的投资风险，包括自然灾害风险和市场风险。还原率的计算公式为还原率＝安全利率＋风险调整。

（2）成本法。海域使用权成本法的核算适用于处于开发阶段的海域，这一阶段海域使用权的价格为所有开发成本的和，开发成本包括海域取得费、海域开发费、海域开发利息、海域开发利润和税费等。但如果使用该方法评估的海域使用权价格是有限年期海域价格时，将用成本法核算出的海域使用权价格乘海域使用年期修正系数。

（3）假设开发法。假设开发顾名思义，表示并未实际进行开发的情况。该方法适用于待开发海域和打算再次开发海域的使用权价格评估。假设开发法评估海域使用权价格的原理是在测算出海域开发完成后的总价值基础上，扣除预计正常开发成本和利润确定海域价格。由于该方法使用条件为未开发海域，因此在核算海域开发完成后的总价值时应考虑可以实现海域利益最大化的途径，同时估算合理的开发周期，并将成本投入平滑地计入各时期。公式如下：

$$P = V - C - I \tag{3-13}$$

式中：P 为海域使用权价格；V 为海域预计开发后的总价值；C 为海域开发时的预计成本；I 为海域开发后的利润收入。

（4）市场比较法。市场比较法是基于市场还原法的一种方法，该种方法通过对市场还原法进行修正，获得目标核算海域使用权价格。采用市场比较法核算海域使用权价格具体过程是选取与目标海域相似、区域相近或者功能相同的海域作为替代海域，替代海域需要满足其能在市场上进行交易的条件，且替代海域的使用权价格可以通过市场价格还原法进行核算。为了确保核算的准确性，替代海域尽量选取 3 个或 3 个以上。市场比较法核算海域使用权价格的公式如下：

$$P = P_T \cdot k_1 \cdot k_2 \cdot k_3 \tag{3-14}$$

式中：P_T 为替代海域的使用权价格；k_1 为交易情况的修正系数；k_2 为期日修正系数；k_3 是使用年期修正系数。

由于所选替代海域可能存在特殊的交易情况，为避免交易情况特殊所带来的不确定性，需要对交易情况进行修正；同时，替代海域的交易时间与目标海域交易时间存在时间差，为了消除交易时间的差异，需要对期日进行修正。这里可以选取消费者价格指数或者生产者价格指数进行修正；此外，替代海域和目标海域的使用年期不同，为了消除这部分影响，需要使用年期修正系数。

4. 宗海使用权价格评估

（1）宗海使用权价格的特征。

1）特殊性：由于宗海本身受周围环境、陆域社会经济发展情况、所处纬度、自然条件等影响，其具有明显的特殊性，因此在进行宗海使用权价格评估时应充分考虑其特殊性。此外，根据宗海的用途不同，宗海使用权价格也表现出明显的差异。

2）时效性：宗海使用权价格所反映的是某一特定时间点宗海使用权价格的水平，其效用仅在特定时间段内得以发挥。由于受诸多因素影响，宗海里存在着各种不确定性因素，使海域收益和价格具有模糊性，从而导致了海域使用权价格评估结果与实际发生情况有较大差距。随着海域市场的演变、周边自然社会经济条件的变迁以及宗海自身资源和环境状况的演变，海域所获得的收益和价格也会波动。

3）文化性：对于宗海使用权价格的评估，必须以科学的海域经济和环境评价理论为基础，遵循科学的评估路线，并根据海洋功能区划所确定的最佳使用方式，准确地反映海域使用所带来的客观收益和价格。通过对海域资源价值构成及其影响因素的分析，建立海域资源价值估算模型和方法，从而实现宗海使用权价格评估的科学化和规范化。宗海使用权价格的确定，是对评估机构和评估人员的经验、技巧和价值观取向的综合考量，从而反映出其作为一种评估价格的本质特征。

（2）基于基准价格修正法的宗海使用权价格评估。基准价格修正法是一种先确定海域使用权的基准价格，再根据海域的不同使用类型和级别对海域的基准价格进行修正，从而得到目标海域使用权价格的方法。对基准价格修正的依据主要是相关海域的因素优劣度评判标准表和对应的修正系数表。同时考虑目标宗海的区域因素和个别因素，确定宗海使用权价格相对于基准价格的修正幅度。

在完成海域分类定级和基准价格评估工作的基础上，基准价格修正法是一种快速、经济的宗海评估方法。海域的区位差异理论是其理论基础，与分类定级近似，但不同的是区位差异理论适用于微观区域差异的分析，因此应强调主导因素，较少考量全面因素。评估基准价格修正法的准确性取决于对宗海使用权价格影响因素的深入分析和修正体系的设计，其中包括分因素优劣度评判标准表和对应的修正系数表，以及对完善度和精确度的综合考虑。评估程序与方法如下：

第一，收集并整理宗海及其周边海域和所在地的自然、社会、经济数据，以备后续研究之需。通过分析，建立待估宗海图上要素与相应区域内其他图件之间的对应关系。列举待估宗海的位置、四至、面积、用途、使用方式、使用单位、使用权取得方式、所在地海域级别、基准价格以及各种因素的指标值，全面评估该海域的情况。

第二，对各项因素进行综合评估，确定它们的优劣。运用模糊综合评价法建立模型计算出各宗海在不同等级下的隶属函数值。收集待评估宗海所在地所拟定的海域优劣程度评估标准表和对应的修正的系数表，以供评估之用。根据评判结果，可以判断该区域是否具备开发条件，以及如何合理开发利用。若目标地没有或者不具备成熟的评估标准和修正系数，这时宗海评估机构和评估人员需要进一步探讨和研究多种因素与宗海使用权价格的相关关系，从而自行确定因素的优劣度评估标准和修正系数。通过逐项对照掌握的宗海各因素和评判标准，我们可以明确各因素对事物的影响方向，包括正负。

第三，确定各因素修正系数后，将各因素修正系数累加，即可计算出某宗海使用权价格的总修正幅度。采用公式如下：

$$K=\sum_{i=1}^{n}k_i \qquad (3-15)$$

式中：K 为某宗海使用权价格总修正幅度(±%)；k_i 为宗海第 i 个因素的修正系数值；n 为影响宗海使用权价格的因素。

第四，确定宗海使用年期修正系数。对按年度计算的宗海使用权价格，一般直接利用年使用权基准价格，进行因素修正，无须做年期修正。对多年期使用权价格评估时，需要确定宗海使用年期修正系数。

年期修正系数公式为：

$$y=\frac{1-\dfrac{1}{(1+r)^n}}{1-\dfrac{1}{(1+r)^N}} \qquad (3-16)$$

式中：y 为宗海使用权价格使用年期修正系数；n 为宗海实际使用年限；N 为该类用海法定最高使用年期(当基准价海域使用年期调整为最高年期时)；r 为折现率。

第五，确定期日修正系数。考虑到基准价格制定后，由于海域使用权价格水平随时间推移会发生相应变化，确立时间和评估时间之间存在时间差，因此在进行宗海使用权价格评估时，需要对基准价格做期日修正。公式为：

$$T=\frac{P_{st}}{P_s} \qquad (3-17)$$

式中：T 为期日修正系数；P_{st} 为宗海所在区片海域的基准价格；P_s 为与基准价格对应的区片海域在宗海评估年海域使用权价格平均水平。

第六，对交易条件进行调整的系数。基准价格反映的是各级海域在正常获取海域使用权的情况下，海域使用权价格的平均水平，这是一个重要的参考指标。同时，随着海域使用权流转规模的不断扩大，也必然产生大量的宗海用面权转让和租赁活动。随着海域使用权市场的不断发展，宗海的交易形式将呈现出多元化的趋势，除了传统的申请审批方式，还将涌现出拍卖、招标等具有市场化特征的交易模式；不同用途宗海法人之间的土地使用权价格差异较大，且具有一定程度上的可替代性。除了一级市场的出让方式，还会出现二三级市场交易，如转让、转租等，以及各种形式的海域使用权流通，如抵押、典当、诉讼、改制等，从而导致宗海使用权价格评估的多样化。因此，在对宗海使用权的价格进行评估时，需要根据不同的交易条件进行相应的调整。计算公式为：

$$m = \frac{P_{sc}}{P_s} \qquad (3-18)$$

式中：m 为交易条件修正系数；P_{sc} 为宗海所在区片海域的基准价格；P_s 为基准价格对应的区片海域中与评估宗海相同交易条件使用权价格平均水平。

第七，确定待估宗海使用权价格。根据上述各项修正系数，对基准价格进行修正，可对宗海使用权价格进行评估，公式为：

$$P_e = P_s \cdot (1 \pm k) \cdot y \cdot T \cdot m \qquad (3-19)$$

5. 一次性海域使用权的价格评估

（1）价格形成机制。

1）一次性海域使用权的出让必须具备的一定条件。

条件一：海域有偿使用是以一定时期内的收益作为基础的。在评估填海工程用海价格时，必须综合考虑填海造地等工程对海域性质的影响，不仅要考虑工程进行期间的海洋代价，还要全面评估其对海域现实和潜在的经济、社会、生态效益的综合补偿。同时，还应注意到海域综合效益是一种非货币性的价值形态，其计量方法与其他资产一样也有不同。海洋产业经营所能获得的全部现时和预期的潜在经济效益，以及海域特有的生态和社会功能的效益，都应该被视为海域综合效益的重要组成部分，因此，这个价格应该比现实经济效益更具吸引力。若海域的综合性效益大于或等于此前提下的一次性土地使用权价格，就可认为该海域是一次性使用。若以海域的综合效益为前提，假设一次性使用权价格为准，则海域出让必须满足至少一次使用权价格。在我国目前的海域有偿使用制度中，对海域的价值没有明确界定，只规定了以年平均地价计算出的土地出让金作为海域开发费用。对于海域综合效益的补偿估价而言，应当将一次性海域出让价格的下限作为评估标准。由于限制条件的存在，无论是从技术还是经济的角度来看，那些远离海岸、深度过深、辽阔无垠的海域都无法满足填海造地的要求。

条件二：应当确保土地售价和开发费用之间的合理差异得到充分考虑。目前，我国沿海城市普遍采用围海造地的办法来扩大陆地面积，缓解城市用地紧张矛盾，提高城市建设投资效益。由于不同沿海地区的社会经济发展水平、工资和物价水平的差异，以及近岸滩涂地貌、地质和水深等因素的多样性，填海的实际成本和土地开发后的售价也存在着差异。因此，对填海造陆项目而言，其预期土地售价应该根据当地社会经济发展状况及海域资源禀赋确定，并考虑可能出现的风险因素，以使投资获得较好的收益。通常情况下，在固定的土地价格、工资和物价水平下，填海工程随着与岸线距离的增加和水深的增加，其开发成本不断攀升，而预期的土地售价和开发成本之间的差距逐渐缩小，最终导致在临界深度以下，填海工程因亏损而无法继续进行。反之，当开发成本大于预计土地售价时，则会出现"无米下锅"的现象。在特定的开发成本和水深条件下，填海工程的预期土地售价因未来土地用途的不同而异，故而土地售价和开发费用之间的差异也是显而易见的。因此，从长期来看，填海成本是高于开发收益的。一般而言，位于市中心附近的海岸线上，用于填海造地以供繁华地段的房地产开发之用，其土地售价高昂，用于海域补偿的价格也相应高昂。如果将城市中心海岸线以上部分作为永久性用地，则可使海域开发费用降到最低限度，从而达到节省投资、降低成本的目的。然而，由于预期土地售价和开发费用的差异，导致海域补偿价格不断攀升，这一现象一直存在。如果没有一个合适的标准来确定开发成本，那么开发费用将成为影响土地售价最重要的因素。在考虑一次性海域价格时，需要综合考虑土地售价和开发费用之间的合理差异，确定其上限。因此，预期土地售价和开发费用的合理差价是一次性海域价格的上限。假设填海工程完成后土地可期望的售价为 P_L，工程开发费用合计为 D，则 P_L-D 与 P_g 相比的较小值，是一次性海域价格另一必要条件。

综上所述，对一次性海域使用权价格的规范，必须考虑对海域综合效益补偿和土地售价与开发费用差价这两方面的制约。所以，一次性海域使用权价格评估基本公式应为：

$$P_s \begin{cases} P_L-D, & 当\ P_L-D>P_g \\ P_g, & 当\ P_L-D<P_g \end{cases} \quad (3-20)$$

式中：P_s 为一次性海域使用权价格，单位为元/公顷或元/亩；P_L 为预期土地售价，单位为元/公顷或元/亩；D 为填海工程费用，单位为元/公顷或元/亩；P_g 为填海工程用海综合效益，单位为元/公顷或元/亩。

2）一次性海域使用权的出让必须明确的附加限制条件。考虑到填海工程用海价格受地区社会经济水平、土地用途、水深等多种条件的影响，一次性海域使用权价格的评估必须明确一些附加限制条件。

第一，$P_L-D>P_g$。因为土地售价与开发费用的差价若不能满足海域综合效益的补偿，则填海得不偿失，填海工程不可行。得不偿失不仅指经济上的亏损，还包括没有获取到环境功能、社会功能和预期潜在收益。

第二，考虑土地用途对围填海价格影响。

（2）一次性海域使用权价格评估步骤。确定价格适用范围划分，一次性海域使用权价格适用范围如下：适宜填海的海域范围，填海工程用海定级范围，沿海行政区界。

首先，收集相邻陆地部分的土地价格资料。一次性海域多以填海工程为主，填海工程结束后所形成的土地将来的出售会受到相邻地市的地价影响，因此需要收集沿海市、县社会经济发展基本情况资料。同时，填海工程后的土地未来的使用功能、土地等级、利用规划、供求等因素也将会影响土地价格，因此需要提前了解以上影响价格的因素。

其次，了解填海工程的费用情况，需要收集和分析填海工程资料。这其中包括沿海地区填海工程规划和费用预算、可行性分析报告等资料。同时，需要对一次性海域的工程选址、涉及面积、边界位置、海洋底质、海洋地形、水深、海流、各项工程费用有详细的了解。

最后，对海域综合效益补偿价格分析，计算填海工程用海土地售价与开发费用差价。参照各级填海工程用海预算可行性报告和开发费用、售价预测资料，计算各级用海在不同用途土地售价条件下，售价与开发费用的差别，并根据某一用途条件下土地售价与开发费用差价，进行填海工程用海价格测算。

（三）滩涂资源资产价格评估方法

1. 收益法

（1）原理。通过预测滩涂盈利期内的未来收益，并选择适当的折现率，将其转化为评估基准日的现值，进而将各期未来收益现值相加，从而高效地计算待估滩涂在一定时点、一定产权状态下的价格。

收益法的理论基础在于对某一特定滩涂的预期收益原理进行深入探究，揭示其潜在的经济价值和影响。滩涂是一种特殊类型的土地资源。滩涂所具备的自然生长能力和可持续利用特性，赋予了其极高的价值、稀缺性和不可替代性，彰显着其独特的自然属性。由于滩涂资源本身所具备的这些特征，使其成为一种重要的资产，而被广泛地应用于各种经济活动中。通常情况下，人们会利用某一特定的滩涂，以期在正常情况下获得该滩涂的收益，并期待在未来数年内持续获得该收益。将所获得的未来收益以适当的折现率贴现至现值评估时间，并将其存入银行的货币总额中，将持续带来与该收益相等的回报，这种预期收益额大于或小于当前滩涂实际投入的货币金额之和。因此，滩涂的实际价值是由其理论价值减去预期收益额所产生的结果，这是滩涂开发和利用的必然结果。

滩涂是一种特殊的经济资源，滩涂的实际价值是由它的经济性质和社会属性决定的。如果我们将滩涂的实际价值视为一种资产进行核算，那么它的实际价值就相当于滩涂的理论价值加上预期收益的总和。滩涂的理论价格与滩涂的现实价格之间存在一定差异，这是由滩涂的自然属性决定的。在进行滩涂价格评估时，明确被评估滩涂的预期收益额、收益期限以及适用的折现率，是运用收益还原法的必要前提，这一步骤至关重要。

（2）计算公式。假设滩涂使用年期有限，滩涂年收益、收益率均不变，则：

$$P = \frac{a}{r}\left[1 - \frac{1}{(1+r)^n}\right] \tag{3-21}$$

式中：P 为滩涂价格；a 为该滩涂的收益；r 为滩涂折现率；n 为滩涂使用年期。

假设折现率不变，各年收益分别为 a_i，则：

$$P = \sum_{i=1}^{n} \frac{a_i}{(1+r)^i} \tag{3-22}$$

（3）折现率的确定。折现率作为收益还原法评估滩涂价格的重要因素，折现率的值将影响滩涂评估价格的大小，当折现率的值较大时，滩涂的评估价格将会低于其实际价格；当折现率较小时，滩涂的评估价格将会高于其实际价格。同时，折现率受投资风险影响，投资风险越大折现率越高，反之亦然。投资风险的大小主要受滩涂的类型制约，当滩涂未来投资用于风险较大的海洋产业时，投资风险大，折现率随之增加，相反折现率变小。因此，要充分考虑折现率，目前已知的折现率的确定方法主要有三种：市场提取法，安全利率加风险调整值法，各种投资及其风险、收益率排序插入法。

1）市场提取法。市场提取法是通过对市场上相同或相似滩涂的收益和价格之间的比例进行比较，获取更准确的数据。这种方法在我国海域使用权估价中被广泛运用。由于这种方法具有随机性，常常会导致评估结果产生偏差。在实际工作中，经常有一些偶然因素造成市场价格偏离真实的收益和价格，从而使评估值产生偏差。为了避免偶发事件的发生，常常需要对多个案例进行深入探究，获取它们的平均回报和定价。在本书中，我们提出了一种全新的市场提取方法，用于评估滩涂的收益和价格。该方法通过计算每一个案例的收益与定价比率来确定待估滩涂资产价值及其相应的价格。挑选出至少四个最近发生的交易案例，这些案例在类型和性质上与待估滩涂相似，随后以案例的平均收益和价格比率作为折现率。再根据每个案例所涉及的不同时间点的收益数据，计算出待估物的收益与价格比值的均值。通过将此结果纳入模型，我们能够推算出待估滩涂资产的价值，并进行相应的评估。由于滩涂资源的特殊性，其价值是一个相对于其他自然资源而言较高的数值。但在滩涂资源市场条件尚未成熟的情况下，该方法并不具备普适性。

2) 安全利率加风险调整法。本书选用我国规定的安全利率，主要是银行一年期定期存款利率或者是三年期、五年期国库券的利率，由于这类资产的风险较小，因此选取该类资产的利率作为安全利率。同时，为了保证各种投资所获得的社会平均收益相同，不存在超额收益情况，在各种形式的投资中安全利率应该保持一致。本书通过对各年安全利率进行比较分析，建立了一个简单模型来计算安全利率。风险利率可以通过贴现法求得，也可直接用安全利率来代替。由于市场风险的存在，不同投资所面临的市场风险不同，市场风险较大的其收益和亏损都会较大，市场风险小的其收益和亏损都较小，因此不同风险投资产生的收益存在差异。为了避免这部分差异，需要以安全利率为基础并进行风险补偿，这也是折现率不同的主要原因。安全利率等于折现率加风险损失，也就是风险损失与折现率之和，其表达式如下式所示：

$$折现率=安全利率+风险利率 \qquad (3-23)$$

3) 各种投资及其风险、收益率排序插入法。这种方法使用的条件是，滩涂资源资产的折现率可通过经验判断其大致范围。然后，通过将各种类型的投资收益率按其大小从低到高排序，将滩涂折现率与该范围进行比对，从而确定滩涂折现率的具体数值。

2. 剩余法

这一种方法被称为假设开发法，是成本法的一种。假设开发法是将已投入建设使用的土地使用权在其未来的某一时段内按市场价格计算出土地权属价值和投资回报率，从而确定土地使用权的评估值。填海类项目滩涂的价格可以通过剩余法进行计算，该方法基于填海造地后土地价格扣除全部开发成本等费用后，得出某一滩涂的价格。

由于滩涂填海造陆后，滩涂将与毗邻陆地接壤，毗邻陆地价格将是影响滩涂价格的重要因素。因此，了解毗邻土地的基准价格、售卖价格、配备设施的建设费用以及相关基础设施配套的数据资料，能够准确推算出滩涂填海造地工程结束后新增土地的出让价格，该出让价格即滩涂使用权人所获得的总收益。

但是，如果滩涂使用权人不填海造地，而是由其开发使用，土地价值会发生下降，这部分区域的土地价格将会低于其他地块上的土地价格。这种情况下，假设开发法的使用则是在假设填海造地后，滩涂使用权人所获得的土地并未进行出售，在进行相同的开发活动时，必须在邻近地区购买相似的土地，直接购买土地则会带来一定的成本。由于相邻地区之间存在着巨大差异，这种差异性必然会导致土地交易中出现溢价和折价现象，进而影响土地市场的正常运行。因此，在进行填海造地前，我们可以将相邻地区的土地价格与之进行对比，以便更好地评估土地资源的价值。这样就可以利用邻近区域内现有的土地资源来提高土地收益。根据可取代的准则，以不同时期相邻土地间的地价作为参照，对相邻土地进行替代。当相邻土地的地价相等时，我们可以采用类似的方法来评估填海造地所带来的增量效益，并通过数学公式推导出一个简单实用的计算公式。推算滩涂使用者所获得的利益，可为我们提供有力的数据支撑。计算公式如下：

$$滩涂使用权价格 = 开发后土地价格 - 滩涂开发成本费用 \quad (3-24)$$

开发后土地价格的确定可选取毗邻地区土地的价格估算，但值得注意的是，毗邻土地的选取需要与滩涂填海造地后的用途一致或者类似，这样确定的滩涂使用权价格才会比较准确。

3. 成本法

与海域使用权价格的成本法类似，原理不再赘述。计算公式如下：

$$P = K + C + R + S + T + D \quad (3-25)$$

式中：P 为滩涂价格；K 为滩涂取得费；C 为滩涂的平均开发成本费用；R 为滩涂的合理利润；S 为滩涂的利息；T 为滩涂的税费；D 为滩涂增值收益，指在滩涂开发利用过程中或交易过程中发生的价格的上升和超额利润的增加。

4. 市场比较法

与海域使用权价格的市场比较法类似，原理不再赘述。计算公式如下：

$$P = P_B \cdot A \cdot B \cdot C \cdot D \qquad (3-26)$$

式中：P 为目标滩涂使用权价格；P_B 为比较滩涂使用权价格；

$$A = \frac{目标滩涂价格指数}{比较滩涂情况指数}；\quad B = \frac{目标滩涂日期价格指数}{比较滩涂交易日期价格指数}；$$

$$C = \frac{目标滩涂区域因素条件指数}{比较滩涂区域因素条件指数}；\quad D = \frac{目标滩涂个别因素条件指数}{比较滩涂个别因素条件指数}。$$

（四）无居民海岛资源资产价格评估方法

1. 评估原则

无居民海岛价格评估应该在相关科学理论的指导下，结合无居民海岛的资源价值类型特点，在评估过程中保持客观公正，确保评估结果的科学性和准确性。评估原则的合理运用是保证无居民海岛价格评估科学合理进行的重要保证。为此，无居民海岛价格的评估应遵循四个原则。

（1）合法原则。无居民海岛资源价值评估应依据合法原则，一方面，评估人员应遵守无居民海岛相关的法律法规，依法进行评估活动；另一方面，对评估对象的使用、处分（交易、抵押及合资等）等行为均应依照现有相关法规等进行必要的论证和评价。

（2）替代原则。利用类型相似、位置邻近、同一供需圈内的无居民海岛，其空间资源价值应该比较接近，因此，无居民海岛资源价值评估应遵循替代原则，评估结果不得明显偏离具有替代性质的无居民海岛空间资源的正常价格。

（3）区域差异性原则。由于各区域社会经济发展水平和无居民海岛资源禀赋不同，对无居民海岛开发利用的需求程度存在很大差异，进行无居民海岛资源价值评估时需要考虑区域差异性原则。

（4）定价适度原则。无居民海岛的开发利用尚处于起步阶段，评估结果的高低对于无居民海岛开发利用具有重要的意义。评估值过高，会挫伤使用者的积极性，造成无居民海岛资源的闲弃和荒废；评估值过低会导致使用者盲目、过度开发，造成无居民海岛生态环境和资源的破坏，以及国有资源资产的流失。因此，无居民海岛资源价值评估应当遵循定价适度原则。

2.评估方法

有关无居民海岛资源资产价格评估方法主要包括市场比较法和成本法，下面对这两种方法进行具体介绍。

（1）市场比较法。市场比较法基本公式：

$$P = P_B \cdot K_1 \cdot K_2 \cdot K_3 \cdot K_4 \cdot K_5 \qquad (3-27)$$

式中：P 为目标空间资源使用权价格；P_B 为比较空间资源价值；K_1 为交易情况修正系数；K_2 为交易时间修正系数；K_3 为目标区域因素修正系数；K_4 为个别因素修正系数；K_5 为使用年期修正系数。

由于交易过程中的一些交易因素或者非正常交易会导致交易价格出现偏差，为了消除对比较空间资源资产成交价格偏差的影响，我们需要对交易情况进行修正，因此引入将成交金额调整为正常金额的系数。交易过程中的影响因素包括但不限于市场信息不对称的交易、寻租行为、道德风险、受债权债务关系影响的交易，以及存在特殊动机的交易等。对这些交易进行交易情况修正时，必须考虑到这些因素可能引起的差异程度以及它们与正常交易情况下不同的特征，否则将会导致交易金额的偏差过大甚至产生严重的后果。目前，无人居住的海岛交易市场缺乏规范，存在着信息不对称和巨大的寻租空间，因此，要充分考虑这些因素对比较空间资源的交易金额的影响，从而避免产生偏差。

由于成交日期和估价时点存在时间差，成交日期的价格和估价时间的价格会因为时间差的存在而估值不准确。因此，为了消除时间差对估价的影响，需要对交易时间进行调整，消除不同交易时间所带来的价格波动。无居民海岛作为一种自然资源和旅游资源，具有特殊的社会、环境及经济效益。市场供求对房地产和无人居住的海岛的空间资源市场价值产生着巨大的影响。由于没有固定的评估对象，因此，在交易日期间，无居民海岛的市场价格与市场上同类其他资产的交易价格之间存在差异。本书通过分析无居民海岛价值的决定因素，构建了基于交易日期修正的无居民海岛价值评估模型。在交易日期，可以运用房地产价格指数、房地产价格变动率以及估价人员对市场情况的判断和实践经验的积累等多种方法进行调整。在无居民海岛交易案例中，可根据不同类型的案例分别选用不同的评估基准。若以房地产价格指数为评估基准日，则建议选择评估时间较接近的评估案例，并收集其月平均涨幅相差月数。

由于选取的比较海岛与目标海岛所处外部环境存在差异，为了消除外部差异导致的价格不同，需要对区域因素进行修正，保证比较对象与目标待估对象所处相同的外部环境。区域因素主要包括经济发展情况、基础设施配套程度、社会环境、人口流动、交通便利程度等。在无居民海岛使用权的评估中需要考虑的区域因素主要包括经济发展状况、潜在经济增长因素和基础设施配套水平等，考虑以上需要修正的因素，将海岛所在的区域与目标评估海岛所在的区域各项因素进行比较，计算各个区域因素条件指数再进行分析。

由于每个无居民海岛都是在自然条件下形成的，无居民海岛间各不相同，其个别因素十分多样化。因此，选取比较海岛时尽量选择有较多相同因素的对象，其中需要充分考虑海岛的海拔、形态、水文、位置（经纬度）、面积、岸线、地质地貌、生态、自然灾害发生频率等。进行个别因素修正时，应将比较实例和待估对象的个别因素进行比较，计算出其个别因素条件指数和个别因素修正系数。

（2）成本法。成本法估价的原理是以购买者作为视角，分析购买者对使用功能相近的产品所愿意支付的货币数量，该货币数量即为待估对象价格。因此，采用成本法对无居民海岛价格进行评估时，需要以建造或开发无居民海岛所需各项费用之和作为价格的称量基础，同时考虑利用和经营无居民海岛所能收获的正常利润以及其中涉及的税金支付。作为对市场比较法估价的补充，当无法通过市场判定方式直接得出待估对象的市场价格时，可以通过成本法分析待估对象有哪些构成部分，分别计算各个构成部分的价格再加总得到待估对象的总价。成本法的公式为：

$$P = P_0 + C + I + R \qquad (3-28)$$

式中：P 为评估对象空间资源价值；P_0 为毗邻地区相同面积的土地或海域使用权取得成本；C 为建造类似用途房地产或人工岛工程成本；I 为建造类似用途房地产或人工岛所需资金成本；R 为建造类似用途房地产或人工岛项目利润。

关于评估对象所在的县（市），若评估对象为海岛，则通常被视为海岛的行政区划所在县（市）或距离陆地最近的县（市）；相邻区域内建设用地范围不同，则可能存在土地价格差异。可参考基县（市）公布的准地价或海域使用金征收标准，获取同等面积的土地或海域使用权所需的成本。在进行土地估价时，必须考虑相邻两个地块之间的相互关系，即不同类型地块间的空间位置差异及相互之间对土地价格影响程度等因素。为了确定建造类似用途房地产或人工岛的工程成本，必须参考项目所需的工程量以及周边同类或相似项目的工程费用单价。

建造类似用途房地产或人工岛所需的资金成本，指的是项目建设所需资金中的贷款利息，这些利息所代表的是资金的时间价值，也就是贷款资金的使用成本。在建造同类用途房地产时，由于不同地区、同一城市以及相同区域内存在着不同时期的利率差异，因此贷款利息也应按不同情况进行核算。计算贷款利息需要考虑建设工期、投资进度以及各期贷款利息率的综合因素。不同时期的利率水平对建造同类用途房地产或人工岛会产生较大影响。为了计算建造类似用途房地产或人工岛项目的利润，需要综合考虑项目投资总量以及项目所处行业的平均利润水平。

3. 通常估价方法运用于海岛价格评估的局限性

（1）市场比较法用于无居民海岛价格评估的局限性。市场比较法依赖选取适当的比较案例，同时为了对交易价格进行合理的调整对估价人员的实践经验要求较高。在我国目前的市场条件下，采用此法能够使评估结果更接近真实价格。市场比较法具有高度的现实性和说服力，为相关者提供了有力的支持和指导。它可以弥补市场法、收益法等方法存在的缺陷。然而，该法仅适用于那些市场平稳、交易案例丰富的区域。对于那些在一定时间内没有发生过大规模交易事件的区域而言，无法应用该方法。此外，这些交易案例所提供的信息具有高度的可靠性和合法性，同时也具备与待估对象完全可替代的特点。因此，在无居民海岛估价时必须采用此法对其价值进行评估。使用市场比较法来估算无人居住海岛的价格，需要深入了解无人居住海岛交易市场行情，收集大量交易实例，并选择与待估海岛相关和可替代性的案例进行修正。在确定了待估海岛的价格后，可以通过比较不同方法得出的结果来判断待估海岛价格是否合理。但是，目前还未形成成熟的无居民海岛交易市场，因此在交易过程中存在着比较严重的信息不对称问题和寻租行为，可以选取的比较海岛案例较少，可以选择的与目标待估海岛类似的比较海岛更少，所以该方法目前的使用仍存在局限性，无法准确判断无居民海岛的估价结果是否合理，影响了无居民海岛的评估结论。因此，在海岛交易市场尚未获得充分的发展和机遇。

在我国，目前还没有专门针对海岛的交易市场，一般都是以周边海域为基准来计算海岛价值的。但是，随着我国对海洋开发利用的程度不断加强，对海岛资源的需求日益增长，未来海岛的交易市场将不断活跃，这将促进各种交易法规的出台，未来海岛的交易将更透明，交易案例也会不断增多。目前，在我国海岛交易中使用的方法主要有成本法、收益法和市场比较法三种。随着政府对海洋经济的日益重视以及海岛交易市场建设的健全和交易信息的公开透明，使用市场比较法将会是一种更为合理的评估方法。

（2）成本法用于无居民海岛价格评估的局限性。在房地产估价实践中，成本法以投资成本为视角，对土地价值进行考察，然而其估价结果常被视为偏低，因此在选择该方法时需要慎重考虑。成本法主要适用于对具有一定区位条件的房地产或其他资产的估价。在评估缺乏市场依据和收益资料的房地产或其他资产时，成本法可能是唯一可行的方法。本书通过一个案例分析了采用成本法测算海岛价值的可行性。若运用成本法计算海岛价格，则需要明确海岛的利用类型，并以类似建造和估算海岛利用类型的工程所需费用为依据，推算海岛的价值。若假定建造工程的造价相同的话，则可以通过比较有无居民海岛重置费差异来判断是否存在差异。然而，由于无人居住的海岛规模较大，重置工程费用的计算变得异常烦琐，因此无人居住海岛的重置费用并不像单纯的房地产重置费用那样有许多可供借鉴的经验。另外，对于没有实测过的无居民海岛，由于测量成本高，很难准确地估算出其总价值。对无人居住海岛价格进行成本法评估时，通常只考虑了某一特定用途的无人居住海岛的价值，而未充分考虑无人居住海岛在最佳利用方式下的使用价值，因此其估价结果往往低于实际海岛价值。因此，我们建议将该方法的估价成果应用于其他估价方法的验证，确保其准确性和可靠性。

（五）海洋矿产资源价值量核算

1. 海洋石油、天然气资源价值量核算

由于海洋石油、天然气资源的不可再生性，在一定时期内海洋自然资源的矿产资源总储量是不变的，矿产资源总量为已发现的地质储量与未发现的资源量之和，但随着勘探技术的不断提高，矿产资源的累计探明技术可采储量不断增加。在根据《联合国资源框架分类》（UNFC）纳入我国矿产资源资产账户的矿产资源分类表中的资源量、基础储量和储量类别，核算我国海洋矿产资源实物量，我国查明资源储量是资源量与基础储量两者相

加之和。资源量是指未经钻探工程验证，通过油气成藏地质规律研究和地质调查，推算的油气数量。基础储量是指查明矿产资源的一部分，它能满足现行采矿和生产所需的指标要求（包括品位、质量、厚度等），是经详查、勘探所获控制的、探明的并通过了可行性研究、预可行性研究。在对海洋石油资源进行核算时可采用海洋自然资源资产价格评估的市场价值法和收益还原法进行评估。

（1）市场价值法。海洋石油、天然气资源资产的价值量可以采用市场法进行评估，此方法通过现实的市场交易行情及价格信息来考察人们对石油、天然气资源的支付意愿，以此计算其价格，市场价值法可信度高，简单易行，可操作性强。同时，海洋石油、天然气资源资产在现实中有明显和普遍的市场及交易，满足利用市场价值法的条件和前提，因此该评估方法具有很好的适用性。

根据海洋资源资产价格评估值=参照物的市场价调整系数，对海洋石油资源资产价值进行计算：

$$P = P_e \cdot Q \cdot R \qquad (3-29)$$

式中：P 为资源总储量价值；P_e 为资源单位采储量价值；Q 为资源储量；R 为资源回收率单位为%。

对于资源单位采储量价值：

$$P_e = F - C \qquad (3-30)$$

式中：F 为资源单位市场价格；C 为资源单位开采成本。

资源储量：

$$Q = Q_0 + Q_1 \qquad (3-31)$$

式中：Q_0 为资源量；Q_1 为基础储量。

（2）收益还原法。收益还原法是通过预测海洋石油、天然气资源盈利期内的未来收益，选择适用的还原率，将未来收益折现成评估基准日的现值，用各期未来收益现值累加之和，求待估海洋石油天然气资源在一定时点、一定产权状态下价格的一种方法。

根据收益还原法的理论依据，使用收益还原法对海洋油气资源价值评估的原理就是将未来可以通过油气资源获得的收益值以贴现率进行贴现得到当下的油气资源现值，而未来的收益值与将一笔钱存到银行所能获得的利息值相同，因此所选的本金金额即油气资源现值。

运用收益还原法进行海洋石油、天然气资源评估时，关键是要确定被评估资源的预期收益额、收益期限和适用的还原率。通过估算被评估海洋石油、天然气资源资产在未来的预期收益，采用适宜的折现率（本金化率）折算成现值，然后累计求和，得出被评估海洋石油、天然气资源资产价格的评估方法。计算公式如下：

$$P = \sum_{i=1}^{n} \frac{R_i}{(1+r_1)(1+r_2)\cdots(1+r_n)} \qquad (3-32)$$

在海洋石油、天然气资源资产价值评估中，假设资源开发年纯收益不变、开采年限有限、评估资源有限年期价值，计算公式如下：

$$P = \frac{A}{r} \cdot \left[1 - \frac{1}{(1+r)^m} \right] \qquad (3-33)$$

式中：P 为资源价值；A 为资源开发年纯收益；r 为还原利率；m 为资源可开采年限。

（3）还原率的确定。这里的还原率的确定与滩涂使用收益还原法确认使用权价格的还原率（折现率）的确定方法相同，不做过多赘述。

2. 滨海矿砂资源资产价值评估

滨海矿砂资源资产与海洋油气资源类似，由于其不可再生性，在一定时期内滨海矿砂的资源总储量是不变的。在核算滨海矿砂资源时可以采用市场价值法中的当前租金收益法（I）。该方法认为矿产资源价值核算的本质，即从矿产品销售利润中分离出矿产资源租金（租金即矿产资源自身价值，小于等于矿产资源权益金）。矿产资源价值来自能够满足人类需求的效用属性，是由自然价值和劳动价值组成，由马克思劳动价值理论和效用价值理论等共同决定的复合价值，其价值构成分为五项：

第一项是因稀缺性而产生的矿产资源自身价值（自然价值）；第二项是矿产资源资产权益价值，即生息资本价值（资源所有者收益），由劣等资源（边际资源）出让收益（资源机会成本）和资源级差等构成（按资源年耗竭量计算）；第三项是凝聚在矿产资源资产中的无差别人类劳动价值，即矿产资源开采获取价值；第四项是环境价值，包括环境损害和净化价值，即为防止污染与维护生态功能而支付的费用，以及破坏生态造成的外部成本损失；第五项是资源耗竭价值，即弥补未来效益损失、实现资源可持续利用的代际补偿成本。矿产品价格是由劣等资源的边际成本决定的，开采优等、中等资源与开采劣等资源相比会有单位收益的增加，可以获取高于社会平均投资收益的超额利润，这笔利润就是资源级差。由于优等资源稀缺性及所有权的存在，开采者在取得优等资源采矿权的同时，不得不把级差交给资源所有者(矿产资源价值补偿及资源税)。因此，矿产资源价值的所有者收益，等于资源稀缺性租金与资源级差租金之和。

其市场评价的基本模型为：

$$矿产资源价值=单位矿产资源价值×资源总量 \qquad (3-34)$$

由于矿产品的市场销售价格就是单位矿产品的销售收入，因此单位滨海矿砂资源价值公式如下：

$$单位滨海矿砂资源价值=单位矿砂产品销售价格×销售利润率×$$

$$资源自身价值占销售利润的比例×资源利用系数 \qquad (3-35)$$

$$滨海矿砂资源耗竭价值=单位矿砂产品价格×销售利润率×$$

$$资源自身价值占销售利润的比例×矿砂资源年度耗竭总量×$$

$$资源利用系数 \qquad (3-36)$$

$$矿砂资源价值=单位矿砂产品价格×销售利润率×$$

$$\left[\frac{(矿产品销售利润-资本收益)}{矿产品销售利润}\right]×矿砂资源总量×资源利用系数$$

$$(3-37)$$

由于矿产在开发利用中的各个阶段和环节都会存在消耗和损失，因此，当矿产产品作为核算对象时，需要考虑资源利用系数，避免开采、加工、冶炼等过程中发生的矿产资源损失对价格的影响。矿产资源和矿产产品核算的对象不同，资源利用系数的含义也不同。如果核算的对象是储量，就不使用回采率或假设回采率为1；资源核算对象是查明资源储量时就需要使用回采率。因此，矿产资源储量价值和查明资源储量价值的计算模型分别为：

$$矿砂资源储量价值=单位矿产品价格×销售利润率×$$

$$\left[\frac{(矿产品销售利润-资本收益)}{矿产品销售利润}\right]×储量总量×选矿或选冶综合回收率$$

$$(3-38)$$

$$查明资源储量价值=单位矿产品价格×销售利润率×$$

$$\left[\frac{(矿产品销售利润-资本收益)}{矿产品销售利润}\right]×查明储量总量×回采率×$$

$$选矿或选冶综合回收率 \qquad (3-39)$$

运用市场价值评价法可以简单快捷地计算出矿产资源价值量中的自然价值、权益价值和耗竭价值，而矿产资源价值构成中的"环境价值"以资源环境补偿费替代,因以市场实际价格为标准,说服力较强。但缺陷是该方法只考虑了自然资源的直接使用价值,未能考虑间接使用价值、非使用价值等外部成本及矿产资源获取环节的无差别人类劳动价值(矿产资源价值界定),具有一定的局限性。

3. 以 A 海域石油资源资产价值核算为例

A 海域的石油资源丰富,根据《2022 年中国海洋经济统计公报》数据,目前估计石油地质储量超过 300 亿吨,累计探明可采储量(Q)约为 152 亿吨,采用市场价值法评估,公式如式(3-29)所示。

单位海洋石油采储量价值(P_e)值为 1750 元/吨,假设回收率 R 为 30%,计算得 A 海域石油资源价值量为 79800 亿元。

4. 以 A 海域天然气资源资产价值量核算为例

根据《2022 年中国海洋经济统计公报》数据,A 海域天然气资源的估计储量(Q)为 700 亿吨,采用市场价值法评估,公式如式(3-29)。

单位海洋天然气采储量价值(P_e)为 2351 元/吨,假设还原率 R 仍为 30%,采用市场价值法估计,计算得 A 海域天然气资源价值量为 493710 亿元。

三、海洋自然资源资产核算表

海洋自然资源资产核算表根据海洋资源的特性,在编制海洋自然资源资产表时将账户分为实物量账户和价值量账户,直接呈现实物量和价值量的变动情况,海洋自然资源资产分为海洋生物资源资产、海洋矿产资源资产和海洋空间资源资产。根据海洋自然资源资产的分类及实物量与价值量核算设计海洋自然资源资产核算表(见表3-5)。

表 3-5　海洋自然资源资产核算表

资产	期初余量		本期增加量		期末余量	
	实物量	价值量	实物量	价值量	实物量	价值量
海洋生物资源资产						
水产资源资产						
药物资源资产						
其他资源资产						
海洋矿产资源资产						

续表

资产	期初余量		本期增加量		期末余量	
	实物量	价值量	实物量	价值量	实物量	价值量
石油天然气资源资产						
滨海矿砂资源资产						
海洋空间资源资产						
海域						
海域使用权						
宗海使用权						
一次性海域使用权						
滩涂						
无居民海岛						

第二节　海洋自然资源负债确认与计量

海洋自然资源负债是指由于开发利用海洋自然资源导致的不可预测、不可控的环境污染或生态破坏所需承担的现时义务，这里强调"不可预测、不可控"以区别于海洋自然资源费用。基于海洋自然资源负债的内涵，可以理解其具有几个特点：①海洋自然资源负债是现时义务，即在现行条件下需要承担其海洋生态环境恢复原状的义务；②海洋自然资源负债是由过去持续的用海行为、经营活动或其他事项引起的；③海洋自然资源负债确认的前提是，开发利用海洋自然资源最终对海洋生态环境或人类健康等造成了实质性的损害；④海洋环境污染或生态破坏是不可预测、不可控的。

海洋自然资源负债分为海洋自然资源过度耗减负债、海洋自然资源环境破坏负债和海洋自然资源生态损害负债。

海洋自然资源过度耗减负债的认定与海洋资源本身的可再生能力与海洋自然资源利用的各项政策红线等方面相关。海洋自然资源利用超过各项政策红线的政策过耗导致海洋自然资源过度耗减，形成海洋自然资源过度耗减负债。对于可再生资源，资源过度耗减是指由于人类过度开发利用，资源未及时得到更新和补充而导致的统计期内资源总量减少；对于不可再生资源，资源过度耗减是指技术或管理落后造成不必要的资源浪费。

海洋自然资源环境破坏负债是指在海洋自然资源开发利用过程中造成的生态环境破坏超出了海洋生态系统自净能力。由于对海洋自然资源开发利用可能对多种资源造成负面影响，如对海洋矿产资源的开发会造成海水水体污染，影响海水水质、海洋沉积物质量和海洋生物质量等，因此将环境破坏负债作为整体进行核算。

海洋自然资源生态损害负债是指使海洋生态系统的生态服务价值受到影响。

海洋生态系统服务是流量概念，是人类从海洋生态系统获得的效益，包括海洋供给服务、海洋调节服务、海洋文化服务和海洋支持服务。海洋生态系统服务价值是指一定时期内海洋生态系统服务的流量价值，包括海洋供给服务价值、海洋调节服务价值、海洋文化服务价值和海洋支持服务价值。

海洋供给服务：一定时期内海洋生态系统提供的物质性产品和产出，包括食品生产、原料生产、氧气生产。

海洋调节服务：一定时期内海洋生态系统提供的调节人类生存环境质量的服务，包括固碳、气候调节、废弃物处理和海岸防护。

海洋文化服务：一定时期内海洋生态系统提供的文化性产品的场所和材料，包括休闲娱乐和景观价值。

海洋支持服务：保证海洋生态系统提供供给、调节和文化三项服务所必需的基础服务，包括物种多样性维持和生态系统多样性维持。

一、海洋自然资源负债实物量的核算

(一)海洋自然资源过度耗减负债的实物量计量

1. 海洋生物资源

海洋生物资源可以通过自我更新、自我增殖而实现永续利用，所以属于可再生资源。在合理利用条件下，种群数量可以得到不断补充，达到相对稳定的数量。理论认为，当收获量等于增长量时，海洋生物资源种群数量达到稳定状态，而最大持续产量意味着海洋资源种群增长率达到极大。因此为保持海洋生态资源可再生性，最大收获量等于种群增长率极大条件下的种群增长量。若人类对海洋生物资源的获取量超过其恢复能力，则认为其过度耗减。实际捕捞量超过根据最大持续产量所制定的捕捞红线即认定为海洋资源过度耗减负债的实物量。

2. 海洋矿产资源

海洋矿产资源作为不可再生资源，其开发利用应严格按照矿产资源开发利用红线，超过红线部分即认定为海洋矿产资源过度耗减负债，耗减性负债确认依托行政制度，由自然资源管理部门分级行使。自然资源部关于矿产资源节约与综合利用评价指标体系，选取开采回采率、选矿回收率、矿产资源综合利用率，作为评价矿产资源开发利用效率的重要技术经济指标。因此，可以采用"三率"作为矿产资源过度耗减的标准，将矿产资源开发中低于"三率"要求而导致的矿产资源损失量计为矿产资源过度耗减负债实物量。

3. 海洋空间资源

海洋空间资源属于占用型非再生资源，若用海项目退出使用海洋空间后，该空间依然能保持自然属性，则不形成负债；若海洋空间自然属性完全改变，则形成负债，如通过围填海使原有海域或海岸线消失。基于以上分析，通过海域面积减少量和海岸线长度减少量统计海洋空间资源负债实物量。

（二）海洋自然资源环境破坏负债的实物量计量

环境破坏负债核算是指核算一段时期内人类活动对环境质量有负面影响的实物量和价值量。环境破坏负债的实物量核算要根据不同的开发活动采用不同的核算方法，如发生海洋溢油会使海水水质、海洋沉积物质量和海洋生物质量受到影响。根据《海洋生态损害评估技术导则》，以海洋溢油为例阐述环境破坏负债的实物量核算。

1. 海洋溢油对海水水质影响

核算海水水质时，要根据现场调查以及历史调查资料对溢油事故发生前后水质状况进行综合详细分析，把海面油污（油膜）监测资料和石油类监测资料与背景值做比较，并用标准值进行评估，分析其对海水质量的潜在影响。对持续时间较长的溢油事故可以通过数据同化方法把不同时间阶段现场监测结果简化为同一时间阶段监测结果来评价海水质量的影响范围和程度。海水影响范围以现场监测结果为基础，结合数值模拟和遥感技术等相关技术进行综合判定，海水中石油类浓度明显大于背景值和海水油膜覆盖范围。海水环境受损程度实物量计量是依据影响范围、海水油膜或者石油类浓度超标值以及海水中石油类几乎恢复到背景值所需时间等因素而决定的。

2. 海洋溢油对海洋沉积物影响

核算海洋沉积物影响范围及损害程度确定：以现场调查和溢油鉴别为基础，应全面、详细地反映溢油事故发生前和溢油事故发生后的沉积物的质量状况及溢油事故发生后沉积物石油类含量超出背景值的程度并以标准值进行评价。海洋沉积物溢油影响范围为海洋沉积物石油类含量显著高于背景值的范围。海洋沉积物的受损程度的实物量计量根据影响范围、海洋沉积物石油类含量超标准值及基本恢复至背景值的持续时间等综合分析确定。

3. 海洋溢油对海洋生物质量影响

核算海洋生物影响范围及损害程度确定：结合现场调查和调访情况分析确定海洋生物是否受到影响，以现场调查和调访情况及相关资料分析确定受损程度。海洋生物影响范围为海洋生物发生显著变化的区域。应以现场调查和历史资料为基础，全面、详细地反映溢油事故前及溢油事故后的生物种类、生物量、生物密度、生物质量、经济与珍稀及保护动物的变化情况，尤其应关注生物卵和幼体畸形率的变化及关键生态位生物的变化。可通过历史资料的综合比较，采用背景比较分析方法确定其变化情况。应采用定量或半定量的方法分析，难以定量的可采用专家评估的方式取得。海洋生物质量受损程度的实物量计量由生物体石油烃含量超标准值和背景值综合分析确定。

(三)海洋自然资源生态损害负债的实物量计量

由于海洋自然资源生态损害负债实物量计量过程包含在海洋自然资源生态损害负债的价值量核算中，因此详细计量过程在本部分不再赘述。

二、海洋自然资源负债价值量的核算

(一)海洋自然资源过度耗减负债

1. 海洋生物资源

通过核算政府部门需要支付的对海洋生物资源过度开发或不合理耗用，超过了自然资源的承载能力的那一部分成本确认海洋生物资源过度耗减负债，即通过对海洋生物资源进行增殖放流、建设人工鱼礁，恢复鱼类生物资源种群数量，未来需要支付的增殖放流和人工鱼礁建设费用就是政府的当期负债。

2. 海洋矿产资源

负债实物量是矿产开采过程中的浪费量，可按市场价格法计算负债价值量。

3. 海洋空间资源

基于海域面积减少量和海岸线长度减少量统计海洋空间资源负债实物量，并以对应海域使用金总额计算负债价值量。

 案例

A 海域资源过度耗减负债价值核算

为了恢复渔业资源以及改善生态环境，2013~2017 年，A 海域隶属省份大力开展增殖放流工作。在该省主要海域放流规格大于 3.0 厘米的优质经济鱼苗 6345.32 万尾，放流规格大于 1.0 厘米的虾苗 14.3 亿尾。放流珍稀濒危水生野生动物海龟 2208 只、中国鲎 70.5 万只、中华鲟 1300 尾等。按照水产市场价格，估算此次增殖放流共花费 3.78 亿元。此次增殖放流花费是为了改善当地海域的生物资源情况、鱼类生物资源种群数量，因此根据资源过度耗减负债价值核算方法，此次需要支付的增殖放流费用就是政府的当期负债，因此 A 海域资源过度耗减负债的价值量即此次增殖放流花费金额，约 3.78 亿元。

(二)海洋环境破坏负债

海洋环境质量由海水水质、海洋沉积物质量和海洋生物质量三项指标反映，其等级分别可划分为四等、三等和二等。三项指标质量下降形成海洋环境破坏负债，并以保持或恢复上述指标原有状态所付出的代价核算负债价值量。以海水水质为例，当海水水质红线被突破，水质未达标，政府需要治理海水水质同时加强陆源污染物排海监管，海水水质治理和陆源污染物排海监管所需要的资金确认为政府负债的价值。海洋环境破坏负债的价值计量大多采用恢复费用法和防护费用法，通过采用虚拟治理成本进行核算，环境损害价值量核算方法因环境污染的阶段的不同而有所差异。环境污染一般分为"污染排放—环境质量下降—环境损害发生"三个阶段。在污染排放阶段一般用污染治理成本法进行核算，这是指根据目前的治理技术和水平充分处理排放到环境中的污染物所需要的支出，计算时一般选用的指标为虚拟治理成本。假设前提是如果所有污染物都得到治理，环境退化便不会发生，为恢复海水水质，政府拟投资金额即当期海洋环境破坏负债价值。

 案例

A 海域环境破坏负债价值核算

在核算 A 海域环境破坏负债价值时，以当地发生的一起海洋溢油事故为例，该起海洋溢油事故内容如下：某"S"货船，在 A 海域触礁溢油从而导致 A 海域海洋渔业遭受损失，在此次事故中"S"货船所应赔付的金额为恢复 A 海域渔业在此次触礁溢油的环境破坏负债价值。A 海域隶属省份海洋与渔业司法鉴定中心根据船舶油污污染特点，对事发水域进行了采点取样，根据相关国家标准，确定水质和海洋生物损失情况，并出具《海洋与渔业司法鉴定中心司法鉴定意见书》，对此次事故造成海洋渔业损失评估为 5987.3 万元，该赔偿金额为 A 海域环境破坏负债的价值量数值。

（三）海洋生态损害负债

1. 海洋供给服务价值损失量评估

海洋供给服务价值量的损失为损失的海洋生态系统服务未能提供给人类各种生态物质产品的服务价值，包括渔业生产价值和氧气生产价值，计算公式如下：

$$MPV_L = V_{SL} + V_{O_2L} \tag{3-40}$$

式中：MPV_L 为海洋供给服务价值损失量；V_{SL} 为渔业生产价值损失量；V_{O_2L} 为氧气生产价值损失量。

（1）渔业生产价值损失量。渔业生产价值损失量包括占用渔业水域的海洋生物资源价值量损害评估，污染物扩散范围内的海洋生物资源价值量损害评估，水下爆破对海洋生物资源价值量损害评估和电厂取排水卷载效应的鱼卵、仔稚鱼、幼鱼价值量损害评估。由于不同原因造成的渔业生产价值损失的不同，其评估方法也不同：①对于占用渔业水域造成的海洋生物资源价值的损失采用市场价值法进行评估，通过生物资源平均市场价格和评估海域的鱼类数量的乘积进行核算。②由于污染物扩散导致的海洋生物资源价值量的损失评估，一种是污染物浓度增量区域存在时间少于 15 天的一次性损害，另一种是污染物浓度增量区域存在时间超过 15 天（含 15 天）的持续性损害。对于一次性损害的海洋资源价值量损失评估仍使用市场价值法进行核算，而对于持续性损害的价值量评估是在一次性损害的价值量损失评估的基础上考虑污染物浓度增量影响的持续周期数的。③水下爆破工程也会对海洋生物资源进行损害，爆破涉及的爆破距离、起爆药量、冲击波峰值压力和致死率等都是影响海洋生物资源价值损害量的因素。④电厂取排水卷载效应的鱼卵、仔稚鱼、幼鱼损害评估也通过市场价值法进行核算。具体核算方法如表3-6所示。

表3-6　渔业生产价值损失量评估

造成损失原因	方法	渔业生产价值损失量核算公式		主要内容
占用渔业水域	市场价值法	$V_i = P_i \cdot D_i \cdot S_i$		式中：P_i、D_i分别为被评估海洋生物资源的市场价格和生物资源密度；S_i为第i类生物占用的渔业水域面积或体积
污染物扩散	市场价值法	一次性	$V_i = P_i \cdot \sum_{j=1}^{n} D_{ij} \cdot S_j \cdot K_{ij}$	式中：D_{ij}为污染物浓度j增量区的i类生物资源密度；S_j为污染物增量区面积；K_{ij}为第j类浓度增量区第i类生物资源损失率；n为某一污染物浓度增量分区总数；P_i为第i种类生物资源平均市场价格
		持续	$V_{Mi} = V_i \cdot T$	式中：V_i为第i种类生物资源一次平均损害价值量；T为污染物浓度增量影响的持续周期数（以年实际影响天数除以15）
水下爆破工程	市场价值法	$V_i = P_i \cdot \sum_{j=1}^{n} D_{ij} \cdot S_j \cdot K_{ij} \cdot T \cdot N$		式中：K_{ij}为第j类影响区第i种类生物致死率；T为第j类影响区的爆破影响周期数；N为15天为一个周期内爆破次数累计系数，爆破一次，取1.0，每增加一次增加0.2；其余变量同上
电厂取排水卷载效应	市场价值法	$V_i = P_i \cdot D_i \cdot Q \cdot T_i$		式中：P_i为第i种类生物资源平均市场价格；D_i为评估区域第i种类生物资源平均分布密度、Q为电厂年取水总量；T_i为第i种类生物资源全年出现的天数占全年的比率

资料来源：笔者根据相关资料整理。

当生物资源损害评估无法采用上述 4 种办法进行计算时，可由有经验的专家组成评估组对生物资源损失价值量进行评估。专家组成员须经省级及省级以上渔业行政主管部门审核同意。评估程序如下：首先，选取了解评估海域的生物学专家，组成评估专家组；其次，专家组根据调查目标制定详尽的调查方案；再次，进行现场调查，执行调查方案，收集评估海域的生物资源数据和资料，如果本地区的数据和资料收集存在困难，可以采用邻近地区的生物数据进行替代；最后，根据选定的评估方法，编写评估报告。

（2）氧气生产价值损失量评估。氧气生产价值损失量评估主要考虑由于生态损失造成浮游植物和大型藻类无法生产氧气的价值。氧气生产价值损失采用替代成本进行评估，公式为：

$$V_{O_2L} = Q_{O_2L} \cdot P_{O_2} \cdot 10^{-4} \tag{3-41}$$

$$Q_{O_2L} = Q'_{O_2} \cdot S \cdot N \cdot 10^{-3} + Q''_{O_2} \tag{3-42}$$

$$Q'_{O_2} = 2.67 Q_{PP} \tag{3-43}$$

$$Q''_{O_2} = 1.19 Q_A \tag{3-44}$$

式中：V_{O_2L} 为由于生态损失造成氧气生产损失的价值量，单位为万元/年；Q_{O_2L} 为减少的氧气生产物质量，单位为吨/年；P_{O_2} 为人工生产氧气的单位成本，单位为元/吨；Q'_{O_2} 为单位时间单位面积海域浮游植物产生的氧气量，单位为毫克/（米²·天）；Q''_{O_2} 为大型藻类产生的氧气量，单位为吨/年；Q_{PP} 为浮游植物的初级生产力，单位为毫克/（米²·天）；Q_A 为大型藻类的干重，单位为吨/年；S 为生态受损海域面积，单位为平方千米；N 为时间天数。

 案例

A 海域氧气损害负债价值量核算

氧气生产价值损失评估主要考虑由于生态损失造成浮游植物和大型藻类无法生产氧气的价值。根据 A 海域实际生态受损海域面积，核算该受损海域面积本应产生的氧气价值，氧气生产价值损失采用替代成本进行评估，公式如式(3-41)至式(3-44)所示。

采用叶绿素 a 法和 VGPM 遥感模型估算浮游植物的初级生产力，由于不同海域的浮游植物的初级生产力存在差异，因此选取平均值作为 A 海域浮游植物的初级生产力计算的数值，浮游植物的初级生产力（Q_{PP}）约为 1196.88 毫克/（米²·天），单位时间单位面积海域浮游植物产生的氧气量

(Q'_{O_2}) 约为 3195.67 毫克/（米^2·天），A 海域生态受损面积（S）约为 11660 平方千米，时间天数（N）为 365 天，大型藻类的干重（Q_A）约为 4383.8 吨/年，大型藻类产生的氧气量（Q''_{O_2}）约为 5216.722 吨/年，计算得减少的氧气生产物质量（Q_{O_2L}）约为吨/年，人工生产氧气的单位成本（P_{O_2}）的数值取 0.26元/立方米，最终计算得氧气生产损失价值量（V_{O_2L}）为 23.65 亿元/年。

2. 海洋调节服务价值损失量评估

海洋调节服务价值损失为由于海洋生态系统受损后，所导致通过其内在的各种生理生态过程和系统功能的调节作用，为人类提供的各种生态效益和防灾减灾的服务价值遭受损失的部分，包括固碳价值、气候调节价值、废弃物处理价值和海岸防护价值，公式为：

$$MRV_L = V_{CO_2} + V_W + V_{SW} + V_{DR} \qquad (3-45)$$

式中：MRV_L 为海洋调节服务损失价值量，单位为万元/年；V_{CO_2} 为损失的固碳价值，单位为万元/年；V_W 为损失的气候调节价值，单位为万元/年；V_{SW} 为损失的废弃物处理价值，单位为万元/年；V_{DR} 为损失的海岸防护价值，单位为万元/年。

（1）固碳价值损失量。

$$V_{CO_2} = Q_{CO_2} \cdot P_{CO_2} \cdot 10^{-4} \qquad (3-46)$$

式中：V_{CO_2} 为损失的固碳价值，单位为万元/年；Q_{CO_2} 为固碳物质量，单位为吨/年；P_{CO_2} 为二氧化碳排放权的市场交易价格，单位为元/吨。

$$Q_{CO_2} = Q'_{CO_2} \cdot S \cdot N \cdot 10^{-3} + Q''_{CO_2} + Q'''_{CO_2} \qquad (3-47)$$

$$Q'_{CO_2} = 3.67 Q_{PP} \qquad (3-48)$$

$$Q''_{CO_2} = 1.63 Q_A \qquad (3-49)$$

$$Q'''_{CO_2} = (Q \cdot P_S \cdot C_S + Q_t \cdot C_t) \times \frac{11}{3} \qquad (3-50)$$

式（3-47）至式（3-50）中：Q_{CO_2} 为固碳物质量，单位为吨/年；Q'_{CO_2} 为单位时间单位面积海域浮游植物固定的二氧化碳量，单位为毫克/（米^2·天）；S 为生态受损海域面积，单位为平方千米；N 为时间天数；Q''_{CO_2} 为大型藻类固定的二氧化碳量，单位为吨/年；Q'''_{CO_2} 为贝类固定的二氧化碳量，单位为吨/年；Q_{PP} 为浮游植物的初级生产力，单位为毫克/（米^2·天）；Q_A 为大型藻类的干重，单位为吨/年；Q 为贝类湿重，单位为吨/年；P_S 为贝类贝壳干重与贝类湿重的比值为干壳重系数，无量纲；C_S 为贝壳中碳的平均含量，单位为%；Q_t 为贝类软组织干重，单位为吨/年；C_t 为贝类软组织中碳的平均含量，单位为%；$\dfrac{11}{3}$为贝壳含碳量换算成含二氧化碳量的系数。

 案例

A 海域固碳价值损失量核算

A 海域固碳价值损失量的核算主要考虑受损海域面积中的浮游植物、大型藻类、贝壳应固碳的价值，采用替代成本进行评估，公式如式(3-46)所示。

A 海域浮游植物的初级生产力与上节计算 A 海域氧气损害负债价值量核算的取值相同，Q_{PP} 为 1196.88 毫克/(米^2·天)，单位时间单位面积海域浮游植物固定的二氧化碳量(Q'_{CO_2})为 4392.55 毫克/(米^2·天)，A 海域生态受损面积(S)约为 11660 平方千米，时间天数(N)为 365/年，大型藻类的干重(Q_A)约为 4383.8 吨/年，大型藻类固定的二氧化碳量(Q''_{CO_2})为 7145.59 吨/年，贝类湿重(Q)为 151550 吨/年，贝类贝壳干重与贝类湿重的比值为干壳重系数(P_S)取 0.64，贝壳中碳的平均含量(C_S)为 11.4%，贝类软组织干重(Q_t)为 16670.5 吨/年，贝类软组织中碳的平均含量(C_t)取值为 43.87%，计算得贝类固定的二氧化碳量(Q'''_{CO_2})为 67358.27 吨/年，最终固碳物质量共计约为 1.8×10^7 吨/年，二氧化碳排放权的市场交易价格约为 55 元/吨，损失的固碳价值量为 9.9 亿元/元。

(2)气候调节损失价值量。气候调节价值是因为海洋生态系统有使沿海地区冬暖夏凉气候的调节服务功能以及温度与海温之间有温度差所传递热量的价值。海洋生态系统受到损失时，由于气候调节不平衡而产生的热量价值损失，叫作气候调节损失价值量。气候调节服务损失的价值量用替代成本法(人工调节气温成本)来评价。海洋对大气放热增加温度和利用空调耗电产热增加室内温度的作用是相同的，同理海洋吸收大气中的热量来降低温度和利用空调耗电制冷来降低室内温度的作用是一样的。因此，可通过空调耗电量来代替评估海洋调节气候所产生的热量。气候调节损失价值量是通过经验公式推算得到的，空调能效比为国家标准空调二级能效均值。计算公式如下：

$$V_W = (W_S \cdot P_E)/(\gamma \cdot 10^9) \tag{3-51}$$

式中：V_W 为气候调节损失价值量，单位为亿元/年；W_S 为气候调节损失物质量，单位为千瓦时/年；P_E 为空调耗电的电价，单位为元/千瓦时；γ

为空调能效比，取国家标准中空调二级能效的平均值 3.25。

气候调节损失物质量采用海气界面感热通量的块体法计算公式进行评估，公式为：

$$W_S = A \cdot \sum_{i=1}^{365} Q_i \qquad (3-52)$$

$$Q_i = \rho_a \cdot C_{pa} \cdot C_h \cdot (T_{Wi} - \theta) \cdot V_{10i} \qquad (3-53)$$

$$\theta = T_{ai} + 0.0098 \cdot Z_r \qquad (3-54)$$

$$\rho_a = \frac{p \cdot 100}{(\theta + t_{ok}) \cdot r(1.0 + 0.00061 \cdot q_a)} \qquad (3-55)$$

$$e_a = 6.112 \cdot \exp\frac{17.67 \cdot t}{t + 243.5} \qquad (3-56)$$

式（3-52）至式（3-56）中：W_S 为气候调节损失物质量，单位为千瓦时/年；A 为生态受损海域面积，单位为 10^6 平方米；Q_i 为第 i 日海气感热通量，单位为千焦/（天·平方米）；ρ_a 为海气界面湿空气密度，单位为 10^6 平方米；C_{pa} 为空气定压比热容，取 1004.67，单位为焦耳/（千克·开氏度）；C_h 为海气感热交换系数，取 1.176×10^{-3}，无量纲；T_{Wi} 为第 i 日海水表层平均温度，单位为开氏度；θ 为第 i 日海面上 2 米高度的大气位温，单位为开氏度；V_{10i} 为第 i 日距海面上 10 米高度的平均风速，单位为米/秒；T_{ai} 为第 i 日海面上 2 米高度的平均气温，单位为开氏度；Z_r 为气温观测高度，取 2 米；p 为标准大气压，取 1008.0，单位为兆帕；t_{ok} 为摄氏温度转化为开氏温度的换算常数，取 273.16；q_a 为海气界面 10 米处空气比湿，单位为克/千克；r 为干空气气体常数，取 287.1，单位为焦耳/（千克·开氏度）；f 为第 i 日海面上 2 米处平均相对湿度；e_a 为大气饱和水汽压，单位为兆帕；t 为第 i 日海面上 10m 高度平均气温（℃）。

（3）废弃物处理价值损失量。废弃物处理价值损失量主要是指由于海洋生态系统受损所导致的原生态系统提供的吸附、转化和降解排海废水和主要河流入海污染物的服务价值的减少。废弃物处理损失价值量采用替代成本法（工业废水、生活污水以及主要河流入海的污染物治理成本）进行评估，公式为：

$$V_{SW} = Q_{SWT} \cdot P_W \cdot 10^{-4} \qquad (3-57)$$

式中：V_{SW} 为损失的废弃物处理价值，单位为万元/年；Q_{SWT} 为损失的废弃物处理物质量，单位为吨/年；P_W 为人工处理废弃物的单位成本，单位为元/吨。

损失的废弃物处理物质量公式为：

$$Q_{SWT} = Q_{WW} - (Q_{COD} + Q_{NH_3-N}) \times 20\% + Q_{WT} \qquad (3-58)$$

式中：Q_{SWT} 为损失的废弃物处理物质量，单位为吨/年；Q_{WW} 为工业废水、生活污水的排放总量，单位为吨/年；Q_{COD} 为工业废水、生活污水中的 COD 污染物排放总量，单位为吨/年；Q_{NH_3-N} 为工业废水、生活污水中的 NH_3-N 污染物排放总量，单位为吨/年；($Q_{COD} + Q_{NH_3-N}$) 为工业废水、生活污水通过河流、沟渠入海过程中滞留在途中的总量，单位为吨/年，按 20% 的滞留率计算；Q_{WT} 为主要河流入海的总量，单位为吨/年。

（4）海岸防护损失价值量。由于海洋生态系统中的红树林、珊瑚礁、盐沼等典型生态环境可以减轻风暴造成海水淹没海岸带的经济损失价值和减轻海浪造成毁损岸堤的经济损失价值，包括直接损失和间接损失。而当海洋生态系统受到损毁时，红树林、珊瑚礁和盐沼无法对海岸带和岸堤进行保护，所造成的海岸防护价值的损失形成了海岸防护损失价值量，其价值量评估方法采用成本法进行评估，具体表现为海岸防护价值损失量等于海洋系统生态减轻风暴潮与海浪造成的海岸带淹没、岸堤损毁的直接和间接经济价值。而减轻的这部分价值通过采用无海洋生态系统保护下本应该造成经济价值的损失量和有海洋生态系统保护下造成的经济价值损失量的差额进行核算。两个部分的价值损失量分别使用成本法进行计算。风暴潮所导致的海岸带防护价值的损失主要指风暴潮的发生使海岸带上的财物被海水淹没造成直接和间接经济损失，通常通过衡量损失的财物价值计算；海浪造成的岸堤损毁价值通常采用恢复岸堤的成本进行价值核算。公式为：

$$V_{DR} = V_{ZD} + V_{ZI} + V_{LD} + V_{LI} \qquad (3-59)$$

$$V_{ZD} = V_{ZD0} - V_{ZD1} \qquad (3-60)$$

$$V_{ZD0} = \sum_{i=1}^{n} \sum_{j=1}^{m} A_{ZD0_{ij}} \cdot P_{ZD0_{ij}} \cdot \varphi_{ZD0_{ij}} \qquad (3-61)$$

$$V_{ZD1} = \sum_{i=1}^{n} \sum_{j=1}^{m} A_{ZD1_{ij}} \cdot P_{ZD1_{ij}} \cdot \varphi_{ZD1_{ij}} \qquad (3-62)$$

$$V_{ZI} = V_{ZD0} \cdot k_{ZD0} - V_{ZD1} \cdot k_{ZD1} \qquad (3-63)$$

$$V_{LD} = V_{LD0} - V_{LD1} \qquad (3-64)$$

$$V_{LD0} = \sum_{i_1=1}^{n} \sum_{j_1=1}^{m} L_{LD0_{ij}} \cdot P_{LD0_{ij}} \cdot \varphi_{LD0_{ij}} \qquad (3-65)$$

$$V_{LD1} = \sum_{i_2=1}^{n} \sum_{j_2=1}^{m} L_{LD1_{ij}} \cdot P_{LD1_{ij}} \cdot \varphi_{LD1_{ij}} \qquad (3-66)$$

$$V_{LI} = V_{LI0} \cdot k_{LI0} - V_{LI1} \cdot k_{LI1} \qquad (3-67)$$

式（3-59）至式（3-67）中：V_{DR} 为海岸防护损失价值量，单位为万元年；$i_1 = 1，2，3，\cdots，n$ 为评估年发生的第 i 次风暴潮；$j_1 = 1，2，3，\cdots，m$ 为海岸带上的财物类型，包括粮食作物、蔬菜作物、花卉作物、水果作物、养殖水产品、餐饮住宿用地、旅游用地、加工企业用地、制造企业用地、交通运输企业用地、电力企业用地、电信企业用地和其他用地等；k_{ZD1}、k_{ZD0} 分别为有无红树林、珊瑚礁、盐沼等保护情况下，评估年风暴潮造成海水淹没的海岸带的间接经济损失占直接经济损失的百分比（%）；V_{LD1}、V_{LD0} 分别为有无红树林、珊瑚礁、盐沼等保护情况下，评估年海浪造成毁损岸堤的直接经济损失，单位为万元/年；$L_{LD1_{ij}}$、$L_{LD0_{ij}}$ 分别为有无红树林、珊瑚礁、盐沼等保护情况下，第 i 次海浪造成毁损第 j 类岸堤的长度；$P_{LD1_{ij}}$、$P_{LD0_{ij}}$ 分别为有无红树林、珊瑚礁、盐沼等保护情况下，第 i 次海浪造成毁损第 j 类岸堤的修建成本；$\varphi_{LD1_{ij}}$、$\varphi_{LD0_{ij}}$ 为有无红树林、珊瑚礁、盐沼等保护情况下，第 i 次海浪造成毁损第 j 类岸堤的损害系数；$i_2 = 1，2，3，\cdots，n$ 分别指评估年发生的第 i 次海浪灾害；$j_2 = 1，2，3，\cdots，m$ 分别指岸堤的类型；k_{LI1}、k_{LI0} 分别为有无红树林、珊瑚礁、盐沼等保护情况下，评估年海浪造成毁损岸堤的间接经济损失占直接经济损失的百分比（%）；V_{ZD}、V_{ZI} 分别为红树林、珊瑚礁、盐沼等减轻风暴潮造成海水淹没海岸带的直接经济损失和间接经济损失，单位为万元/年；V_{LD}、V_{LI} 分别为红树林、珊瑚礁、盐沼等减轻海浪造成毁损岸堤的直接经济损失和间接经济损失，单位为万元/年；V_{ZD1}、V_{ZD0} 分别为有无红树林、珊瑚礁、盐沼等保护情况下，风暴潮造成海水淹没海岸带的直接经济损失，单位为万元/年；$A_{ZD1_{ij}}$、$A_{ZD0_{ij}}$ 分别为有无红树林、珊瑚礁、盐沼等保护情况下，第 i 次风暴潮造成海岸带上第 j 类财物被海水淹没的面积；$P_{ZD1_{ij}}$、$P_{ZD0_{ij}}$ 分别为有无红树林、珊瑚礁、盐沼等保护情况下，第 i 次风暴潮造成海岸带上第 j 类财物的资产密度；$\varphi_{ZD1_{ij}}$、$\varphi_{ZD0_{ij}}$ 分别为有无红树林、珊瑚礁、盐沼等保护情况下，第 i 次风暴潮造成海岸带上第 j 类财物的损害系数。

3. 海洋文化服务价值损失量评估

$$MCV_L = V_{ST} + V \qquad (3-68)$$

式中：MCV_L 为海洋文化服务价值损失量；V_{ST} 为休闲娱乐价值损失量；V

为景观价值损失量。

（1）休闲娱乐价值损失量。休闲娱乐价值损失量主要是指以自然海洋景观为主体的海洋旅游景区损失的价值，通过旅游景区的数量多少，采取不同的方法进行评估，多以 8 个旅游景区为界，若评估海域旅游景区少于 8 个，则采用分区旅行费用法或个人旅行费用法进行评估；若评估海域旅游景区多于 8 个，则采用收入替代法进行评估。休闲娱乐价值损失量的评估方法如表 3-7 所示。

表 3-7　休闲娱乐价值损失量评估方法

评估方法	公式	内容	补充
分区旅行费用法	$V_{ST} = \sum \int_0^Q F(Q)$	通过问卷调查数据回归拟合得到的旅游需求函数 $F(Q)$，通过微积分进行核算	调查问卷应包括旅行者出发地、旅游次数、旅行费用、家庭收入等调查项目
个人旅行费用法	$V_{ST} = (\overline{TC} + CS) \cdot P$	通过总费用和消费者剩余的累计数进行核算	式中：$\overline{TC}$ 为单个游客旅行费用的平均值，单位为元/人；CS 为单个游客的消费者剩余，单位为元；P 为旅游景区接待的旅游总人数，单位为万人/年
收入替代法	$V_{ST} = \sum_j^m \sum_i^n (V_{Tj} \cdot F_{ji})$ $F_{ji} = \dfrac{P_{ji} + Q_{ji}}{2}$ $P_{ji} = \dfrac{L_i}{\sum_i L_{ji}}$ $Q_{ji} = \dfrac{D_i}{\sum_i D_{ji}}$	通过将相邻海域的旅游收入进行景区海岸线长度系数和景区级别系数调整进行核算	式中：P_{ji} 为景区海岸线长度系数；Q_{ji} 为景区级别系数；L_i 为评估海域内第 i 个海洋旅游景区的海岸线长度；$\sum_i L_{ji}$ 为第 i 个海洋旅游景区所在市（县）j 的主要海洋旅游景区海岸线长度总和；D_i 为评估海域内第 i 个海洋旅游景区的景区级别分值；$\sum_i D_{ji}$ 为第 i 个海洋旅游景区所在市（县）j 的主要海洋旅游景区级别分值总和

资料来源：笔者根据相关资料整理。

（2）景观价值损失量。景观价值损失是指原本具有美学和观赏价值的海洋景观由于遭受破坏和污染，导致其无法提供本身的美学体验和观赏价值。景观价值损失量通常采用已知开发的滨海旅游景区的休闲娱乐价值量估算未被开发的相同等级的旅游资源的景观价值量的损失量。公式为：

$$V = V_U \cdot \sum_{i=1}^{5} D_i \qquad (3-69)$$

$$V_U = \frac{V_{ST}}{\sum_{i=1}^{5} N_i D_i} \qquad (3-70)$$

式（3-69）和式（3-70）中：V 为景观价值损失量，单位为万元/年；V_U 为单位等级生态旅游资源价值量，单位为万元/年；D_i 为生态旅游资源的级别分值，5 级赋值 5 分，4 级赋值 4 分，3 级赋值 3 分，2 级赋值 2 分，1 级赋值 1 分；$\sum_{i=1}^{5} D_i$ 为不同生态旅游资源的总分值；V_{ST} 为休闲娱乐价值，单位为万元/年；N_i 为 i 级生态旅游资源的数量，i 取 1，2，3，4，5，分别代表一级生态旅游资源数量、二级生态旅游资源数量、三级生态旅游资源数量、四级生态旅游资源数量和五级生态旅游资源数量。

4. 海洋支持服务损失价值量评估

海洋支持服务损失价值量为海洋生态系统提供的海洋保护物种数、在当地有重要价值的海洋物种以及国家级、省级的自然保护地的价值，包括物种多样性维持服务价值和生态系统多样性维持服务价值。物种多样性维持服务价值损失用 V_{SSD} 表示，主要是指由于海洋生态系统遭到破坏而使海洋生态系统中提供海洋保护的种类数量减少的价值和对本地具有重要价值的海洋种类失去的价值。大多采用待评价海域邻近行政区城镇人口对于海域海洋保护物种和本地具有重要价值海洋物种支付意愿进行核算；生态系统多样性服务维持价值损失用 V_{SED} 表示，主要是指因海洋生态系统遭受破坏而使海洋生态系统所提供的国家级和省级海洋自然保护地丧失土地的价值，本书采用评价区域邻近行政区城镇人口来评价区域海洋自然保护区，对海洋特别保护区与水产种质资源保护区付出意愿进行评价。公式为：

$$MSV = V_{SSD} + V_{SED} = \sum WTP_j \cdot \frac{P_j}{H_j} \cdot \omega + \sum WEP_j \cdot \frac{P_j}{H_j} \cdot \omega \qquad (3-71)$$

式中：MSV 为海洋支持服务价值损失量，单位为万元/年；V_{SSD} 为物种多样性维持服务价值损失量，单位为万元/年；V_{SED} 为生态系统多样性维持服务价值损失量，单位为万元/年；WTP_j 为物种多样性维持支付意愿，即评估海域内第 j 个沿海行政区以家庭为单位的物种保护支付意愿的平均值，单位为元/（户·年）；WEP_j 为生态系统多样性维持支付意愿，即评估受损海域内第 j 个沿海行政区以家庭为单位的保护区支付意愿的平均值，单位为元/（户·年）；P_j 为评估海域内第 j 个沿海行政区的城镇人口数，单位为万人；H_j 为评估海域内第 j 个沿海行政区的城镇平均家庭人口数，单位为人/户；ω 为被调查群体的支付率。

三、海洋自然资源负债核算表

海洋自然资源的负债类别包括对资源的过度消耗、对环境的破坏以及对生态系统的破坏。可再生资源的过度捕捞或开采已经超越了海洋的最大可持续产量，或者对不可再生资源的开采超过了预期的开采量，同时在开采过程中造成了资源的浪费，这就是所谓的资源过度消耗。海洋自然资源过度耗减科目主要包括海洋生物资源过度耗减、海洋空间资源过度耗减和海洋矿产资源过度耗减等。

环境损害是指因海洋开发利用导致对生态环境构成威胁的行为，其中一方面包括直接破坏生态环境，另一方面是指破坏生态环境的生产能力和恢复能力。海洋开发利用的主要途径包括海水养殖、海洋石油勘探开发等，这些产业活动产生的废弃物通过河流、排污、倾倒、扩散等方式进入海洋环境后，对环境的生产能力和恢复力造成了破坏，从而导致了环境的损害。由于环境破坏无法直接核算，需要借助海洋的质量指标进行核算，包括海水水质质量下降、海洋沉积物质量下降和海洋生物质量下降等。

生态破坏是指因海洋经济发展对自然生态环境进行人为干预所致的损害。在核算期内，人类对海洋资源的不合理开发和利用导致了生态系统服务价值的减弱或丧失，表现为海洋岸线侵蚀、滨海湿地、滩涂等占用造成的平抑波浪和风暴潮能力下降、美学体验降低等。这种生态破坏主要可分为供给服务、调节服务、文化服务和支持服务等类别，根据以上不同类别核算生态破坏负债的实物量和价值量。

根据海洋资源负债的分类及实物量与价值量核算，设计海洋资源负债核算表（见表3-8）。

表 3-8　海洋资源负债核算表

负债	期初余量		本期增加量		期末余量	
	实物量	价值量	实物量	价值量	实物量	价值量
资源过度耗减						
海洋生物资源过度耗减						
海洋空间资源过度耗减						
海洋矿产资源过度耗减						
环境破坏						
海水水质质量下降						
海洋沉积物质量下降						
海洋生物质量下降						
生态损害						
海洋供给服务受损						
渔业生产功能受损						
氧气生产功能受损						
海洋调节服务受损						
固碳功能受损						
气候调节功能受损						
废弃物处理功能受损						
海岸防护功能受损						
海洋文化服务受损						
休闲娱乐功能受损						
景观功能受损						
海洋支持服务受损						
物种多样性维持服务受损						
生态系统多样性维持服务受损						

资料来源：笔者根据相关资料整理。

第四章

我国海洋自然资源
资产监管现状

第一节　我国海洋自然资源资产管理体制

第二节　我国海洋自然资源资产管理的职责和权限

第三节　我国海洋自然资源资产管理立法情况

第一节　我国海洋自然资源资产管理体制

一、海洋自然资源资产管理体制的内涵

随着我国工业化和现代化进程的不断加快、自然资源供需矛盾的日益增加以及国有资产的大量流失严重影响了海洋自然资源的永续利用和生态文明的绿色发展。在上述严峻形势下，2013年11月12日，党的十八届三中全会通过了《中共中央关于全面深化改革若干重大问题的决定》，明确提出要"健全国家自然资源资产管理体制，统一行使全民所有自然资源资产所有者职责"。海洋资源作为自然资源的重要组成部分，系统深入研究其资产管理体制的建立与改革，对人类社会的生存与发展具有重要意义。

在中国古代，"体制"指的是组织形式的规则和制度，主要是国家政权组织制度，表现为中央集权制。在《辞海》中对"体制"一词的解释是，"国家机关、企事业单位在机构设置、领导隶属关系和管理权限划分等方面的体系、制度、方法、形式等的总称"。管理体制则是管理系统的结构和组成方式，即采用特定的组织方式以及将这些组织方式进行合理有机的整合，从而实现管理的预设目标和任务。海洋自然资源资产管理体制就是在此基础上形成的。具体而言，海洋自然资源资产管理体制是在了解国家海洋资源基本情况、掌握国家海洋立法情况、梳理国家海洋资源总体规划、维护国家海洋权益以及坚持海洋生态环境保护的基础上建立的，是国家机关通过立法机构和政府部门来实现管理机构设立、隶属关系和职权划分、规则体系运行等各方面的总称。

人类进行海洋管理活动已有数千年的历史。社会生产力的扩张以及人类需求的提高使海洋自然资源的战略地位越来越重要，由此引发的资源利益冲突也在日益加剧。为避免领海主权争端以及进行海洋资源管理，沿海国家和国际组织纷纷依据联合国1982年第三次海洋法会议所决议的《联合国海洋法公约》开展海洋管理活动。然而，许多学者将海洋自然资源资产化管理局限于海洋行政管理，或者政府将人类的海洋实践活动作为主要管

控对象，忽视对海洋自然资源本身的常态化管理。实际上，海洋自然资源资产管理更像是一种综合管理活动，既包括对所辖海域的政治、经济和生态等方面的协调，又涉及对人类的海洋开发利用活动的管控，将与海洋相关的各种人类活动，以及与这些人类活动相关的外界海洋环境看作一个生态综合体，通过协调管理机制的推进与优化来寻求海洋自然资源资产保护与开发的最优解法。

二、我国海洋自然资源资产管理体制的现状

我国幅员辽阔，海洋资源储量丰富、种类繁多，特征多样等特点导致海洋自然资源资产管理成为一项复杂的系统工程。总体来看，我国海洋自然资源资产管理体制在1998年政府机构改革的基础上，又经历了几次重大变革，基本形成了中央与地方相结合的自上而下的多级海洋自然资源资产管理体制，是一种集权制与分散制相结合、双重领导与垂直领导机制并行、政府管理与行业管理互补的综合运行机制。

首先，从海洋行政管理角度来看，包括海洋管理体制和海洋执法体制两部分。海洋管理体制是指行使国家管理职能的有关国家机关在管理海洋事务过程中，进行行业、专业管理的部门体系，主要涉及陆上管理机关的涉海管理活动。例如，全国人民代表大会及其常委会制定的规范性文件，为海洋自然资源资产管理提供了法律依据与原则性规定；国务院、地方人大及其常委会和民族自治机关等颁布关于海洋功能区划、海洋资源开采、海洋环境保护等方面的使用管理条例，进一步为海洋自然资源资产经营提供了法律参考；自然资源部作为国务院组成部门，统一行使自然资源资产所有者职权，下设海洋战略规划与经济司、海域海岛管理司和海洋预警监测司等组织机构，负责拟定国家海洋发展战略，统筹协调海洋重大事项并监督实施；财政部、国家发展改革委等部门共同维护海洋资源规范化管理，为海洋管理活动提供资金、操作依据和制度保障；沿海省、市(地)、县三级人民政府积极推进地方立法，因地制宜出台涉及海洋自然资源资产化管理和海洋生态环境保护等方面的规章制度。海洋执法体制则是指进行执法活动的执法队伍体系，主要涉及海洋执法队伍的海洋执法活动，如中国海警局和中国海事局。目前，我国尚未设立专门的海洋自然资源资产管理机构。

其次，海洋功能区划和资产产权制度是海洋自然资源资产管理体制的两大基础，也是海洋资源管理部门需要关注的重点。海洋资源合理高效开发主要依托明确的所有权制度，贯穿生态文明建设的整个过程，是生态文明建设的根本制度。通过对海洋资源进行确权登记，可以有效管护和监测海洋自然资源资产，促进海洋自然资源资产的有效配置和保值增值。海洋功能区划是资源分类、用途管制和海域管理的基础，是可持续开发利用海洋资源、有效保护海洋生态环境的法律依据。通过实施海洋功能区划，使围填海、过度捕捞等影响海洋自然属性的开发活动得到合理控制，海洋污染防治工作得以推进，海洋环境灾害和突发事件应急机制得到加强，海洋生态环境和生物多样性得到保护，海洋可持续发展能力得到显著提高。另外，海洋自然资源的市场交易制度、离任审计制度、统计核算制度等也是制度体系构建的重要内容。总体上看，我国海洋资源管理制度体系虽已较为完整，但目前部分制度还处于初期建设阶段，仍需根据新时代海洋自然资源资产管理要求不断完善和发展，如海洋自然资源资产市场经营体系。

同时，在海洋自然资源资产化管理体制建设进程中，源头治理、有序开发、破坏修复三大核心环节缺一不可，海洋环境管理体制也在逐步发展。其中涉及的海洋环境保护制度、有度有序开发制度、有偿使用制度、生态补偿制度等是海洋自然资源资产环境管理实践的关键制度，只有相互配合、协同发展才能实现对海洋资源的持续开发利用和保护等重要管理目标。目前，我国海洋资源环境与生态管理的核心主体是生态环境部，负责陆地与海洋中生态维护以及各类污染物排放监管与行政执法，逐步构建起以政府为主导、企业为主体、社会组织和公众共同参与的海洋生态环境治理体系。2022年，生态环境部分别开展了水质检测、健康状况监测和环境状况监测，涉及1359个海洋环境质量国控点位、230个入海河流国控断面、457个直排海污染源、24个海洋生态系统、56个海洋倾倒区、20个海洋油气区、35个海洋渔业水域和32个海水浴场，总体海洋生态环境质量状况呈现稳中向好趋势。

综上，海洋自然资源资产管理体系的实践运行离不开体制、法制、监督、服务等多重保障的协助。其中，体制保障为开展海洋自然资源资产管理提供全局支撑和宏观框架，法制保障为政策的有效落实和海洋资源的合理开发利用提供了保证，监督保障有助于上述核心环节的顺利推进，服务保障则是保证资金落实、人员配备和政府职能转变的关键。

三、我国海洋自然资源资产化管理存在的问题

经济高质量发展是关乎中华民族伟大复兴强国战略的必由之路，而海洋资源开发与资产化管理是这必由之路上的关键一招，同时也是党中央的命题作文。在海洋资源开发过度、环境保护不足、生态功能衰弱等严峻形势下，我国统筹推进全民所有自然资源资产管理体制，探索开展所有权委托代理试点。但随着我国海洋自然资源资产管理的不断完善和深入，其存在的问题也逐渐凸显。

（一）海洋自然资源资产所有权落实不到位

一方面，海洋资源所有者的地位尚未完全清晰。基于《中华人民共和国民法典》《中华人民共和国海域使用管理法》《中华人民共和国野生动物保护法》《中华人民共和国海岛保护法》等我国现行的法律法规可知，海洋自然资源资产归国家所有，由国务院行使所有权。但目前我国仍普遍存在着海洋自然资源资产所有者管理不到位、各类产权之间的界定不明确等现象，导致了行为主体缺失、开发利用过度、监管成本上升等一系列问题。同时，委托代理机制和分级管理的实施，使国家所有权逐步被异化为部门或地方行使。另一方面，产权收益流失严重。管理实践中的权属不清和权责不明使大量海洋资源被无偿无度使用，各相关利益主体间缺乏协调，造成海洋资源配置效率的降低以及海洋自然资源资产的浪费。巨大的海洋资源开发利用收益被转化为地方、集体或个人的利益，产权收益大量流失。

（二）海洋自然资源资产市场化经营体系不成熟

成熟的海洋自然资源资产交易市场能最大限度地开发利用海洋自然资源资产。《中华人民共和国海域使用管理法》等规定我国海洋资源的使用权可通过行政审批及招拍挂等市场手段获取，但权属交易自由化实践在现实操作中仍受到一定的政策限制。基于我国国情，虽然海洋自然资源资产有偿使用制度开始推行，但大部分海域使用权或无居民海岛使用权仍以申请审批为主，政府代表全民所有，未能体现真正的市场化经营。此外，虽然部分地区出台了招拍挂等方式的市场化经营政策，但相配套的管理制度及

海洋自然资源资产公共交易平台尚未健全或统一，使海洋自然资源资产的使用权、占有权、处置权、所有权、收益权等流转体制不成熟，严重制约了海洋自然资源资产的开发利用效率，一定程度上损害了国家作为海洋自然资源所有者的收益。

（三）海洋自然资源资产监管体系不健全

由于涉及海洋自然资源资产管理的部门众多，仅海洋行政执法事务就包括了海警、海事及渔政等相关管理部门，监管职能分散且重复交叉，容易出现监管执行缺位、相互推诿等问题。一方面，海洋自然资源资产管理部门众多，各部门间缺少协调规划，容易产生少批多用、以批代管、用途变更等问题；另一方面，海洋资源资产管理部门监管职能分散甚至重复使监督管理工作不到位，从而出现政策落实不彻底、资金使用不合理、部门之间相互推诿等问题。此外，我国海洋自然资源资产开发利用绩效考核制度尚不完善，在以 GDP 为导向的地方官员"晋升锦标赛"模式下，地方政府往往将经济效益置于首位，加上社会舆论监督参与不足，从而导致海洋资源开发的外部监管较弱，损害海洋生态系统的平衡与自我修复能力，影响海洋自然资源资产的可持续利用。

（四）海洋政策法规建设不完善

法治建设是我国开展海洋自然资源资产化管理工作的基础。面对海洋资源的复杂多样和海洋资源开发利用需求的日益增长，我国海洋法治建设工作仍处于发展阶段。一方面，在当前分级分类管理的法律制度框架下，海洋缺乏基本法、专项立法不健全，结合海洋资源特点和区域发展情况的法律法规细则还不完善，如法律法规对市场交易关系的调整功能；另一方面，各部门制定的海洋自然资源资产化管理的配套细则存在明显的政策化和利益化倾向，缺少综合统一性，区域海洋管理立法保守，给海洋行政管理和执法带来诸多不便。再者，现行法律法规更注重对海洋资源开发利用的行为规制，对于海洋生态环境保护和可持续发展等方面的相关条文较为宏观，实际操作性不足。

四、完善海洋自然资源资产化管理体制的建议

目前，我国海洋自然资源资产管理体制仍需丰富和完善，这不仅关乎

着自然资源部统一行使全民所有自然资源资产所有者职责，更关系到我国新时期海洋自然资源资产管理的整体变革。海洋自然资源作为自然资源的重要组成部分，海洋自然资源资产管理也要顺应时代的需求，通过进一步增强海洋自然资源资产的顶层设计和综合管理实践，促进海洋经济持续发展和海洋生态文明建设。因此，为完善海洋自然资源资产管理体制，提出四项建议。

（一）夯实所有权统一行使的工作基础

第一，对海洋自然资源资产进行科学分类是开展海洋自然资源资产化管理工作的首要步骤。鉴于海洋自然资源资产具有自然和社会的双重属性，需要根据其属性、形态、功能等展开多级分类。第二，明晰海洋自然资源资产产权是保障资源使用权、收益权、处置权等权责的重要前提。应加快完善海洋自然资源资产产权体系，推进海洋自然资源资产的确权登记工作，划清不同权利主体之间的界限，促进海洋自然资源资产所有权、使用权和监管权的分离，解决实践操作中的权属不明、权责不明、监督不力等问题。第三，完善海洋自然资源资产的分级管理机制，促进全民海洋自然资源资产所有者职能的统一使用。第四，推进海洋自然资源资产统计核算体系建设。以海洋自然资源资产负债表的编制为基础，结合 SNA 2008、SEEA 2012 等国际核算经验，综合实物核算和价值核算、存量核算和流量核算、分类核算和综合核算，构建出科学统一的海洋自然资源资产价值核算体系。

（二）促进海洋自然资源资产市场化配置

第一，建立科学的海洋自然资源资产所有权委托代理机制，明确中央与地方的财权事权划分，调动海洋自然资源资产管理工作的积极性。第二，完善海洋自然资源资产收益管理机制，在维护所有者权益的基础上，加强海洋自然资源资产收益征缴和支出结构管理工作，合理规划收益分配及海洋资源开发科技创新与海洋环保投入等资金的使用。第三，建立海洋自然资源资产价格体系，是市场机制有序运行的重要前提。根据海洋自然资源资产的属性和价值类型，结合海洋自然资源资产的时空特征和区域分布，建立科学的资产价值评估制度和评估程序。第四，构建海洋自然资源资产流转交易统一平台。作为一种公共自然资源交易平台，海洋自然资源资产交易平台为拥有明确所有者的海洋资源提供价值评估、转让咨询、作价出资等市场配置服务，同时将政府职能与市场经营相分离，对于我国海洋自然资源资产的监督和市场经营体系的健康发展具有重要作用，能够充分发挥社会主义市场经济的能动性。

（三）完善海洋自然资源资产管理监管体系

健全的海洋自然资源资产监管体系是落实所有者权益、监督所有者义务的重要保障，包括内部监督和外部监督两个层面。第一，内部监督是指海洋自然资源资产所有者自发进行组织治理结构优化的行为。股东会对董事会的任命选取和职责权限进行审查，董事会会对高管进行任用、激励和解聘，以保证海洋自然资源资产经营策略的合理性。同时，公司的监事会也会监督企业高管的职责履行。第二，外部监督是指由政府部门、相关利益者和社会公众共同进行监督的过程。当前，我国正处于所有权、使用权、监督权逐步分离的阶段，其间权力寻租和滥用、海洋资源的无序无度无偿开发、海洋生态环境破坏等行为防范和规避均离不开政府和其他集体或个人的有效监督和规范管理。第三，监管体系的完善也离不开相关专业人员和先进监管技术的支持。积极培养海洋资源专业领域的研究人员，同时借助人工智能、大数据、区块链和3S等先进技术手段推进数据共享，实现海洋自然资源资产的全面动态监管。

（四）形成海洋自然资源资产管理法律制度体系

全面推进法治化建设是保障我国海洋自然资源资产化管理的重要支撑。第一，完善海洋法治建设综合化。强化相关法律法规的协调性，减少法律条文之间的重叠或冲突，增强关于海洋自然资源资产的法律规范性。基于国家安全、社会经济发展、公众健康、生态文明等角度从国家层面上推进海洋自然资源资产综合化管理立法的进程，完善海洋综合管理体制。第二，明确与细化各海洋管理部门职责和权限，提高各部门间的关联性与相对独立性，实现协调且有序的海洋自然资源资产分类分级管理。第三，构建起系统完备的海洋自然资源开发与海洋生态环境保护法律体系，严格做到"有法可依、有法必依和执法必严"，实现海洋事业的可持续发展。第四，组建统一海洋执法队伍等。立足海洋执法队伍，继续加强执法力度，积极收集有争议的海洋权益的第一手数据资料，从而为正当获取有争议的海洋权益提供证据。

第二节 我国海洋自然资源资产
管理的职责和权限

2018年《深化党和国家机构改革方案》对我国海洋行政管理体制进行了深化变革，将原国家海洋局等相关功能并入自然资源部，同时将海洋执法队伍纳入海洋管理体制改革进程。目前，我国初步形成了中央政府统一管理和地方各级政府分级管理相结合的海洋行政管理体制，呈现"自然资源部—各直属职能部门—地方海洋行政管理机构"的海洋行政管理格局。海洋行政体制包括海洋管理体制和海洋执法体制，上述部委、直属机构与执法队伍行使的就是行政职权。

一、海洋管理队伍的职责和权限

海洋管理体制是指在管理海洋事务过程中行使国家管理职能的专业部门体系，如原国土资源部、公安部、原农业部、交通运输部、工信部、原环境保护部、国家发展改革委、外交部、国防部、海关总署、原国家安监总局、原国家质监总局、原国家旅游局、原国家林业局等国务院部委、直属机构等。我国海洋行政管理领导体制主要由国家海洋委员会、海洋行政主管部门和地方行政管理机构构成，主要涉海职责和权限如表4-1所示。

表4-1 我国海洋管理机构及主要涉海职责和权限

机构名称	职责分工
国家海洋委员会	研究制定国家海洋发展战略、统筹协调海洋重大事项
原国土资源部（国家海洋局）	加强海洋综合管理、生态环境保护和科技创新制度机制建设，推动完善海洋事务统筹规划和综合协调机制；统一管理中国海警队伍；海域使用管理、海洋生态环境保护、海洋科技、海洋国际合作、海洋防灾减灾及维护海洋权益等职责；承担国家海洋委员会的具体工作
国家发展改革委	审批海洋经济规划等重要涉海规划；提出包括海洋能在内的能源发展战略和重大政策；研究拟订能源发展规划，实施对石油、天然气、煤炭、电力等行业的管理，指导地方能源发展建设等

续表

机构名称	职责分工
外交部	代表国家维护国家主权、安全和利益；调查研究国际形势、分析各领域外交工作的重大问题；负责对外缔结条约，参与国家重大涉外法律案件等；牵头或参与拟订海洋与陆地边界相关政策，指导协调海洋对外工作，承担海洋划界、共同开发等相关外交谈判工作；等等
原环境保护部	对全国海洋环境保护工作实行指导、协调和监督，并负责全国防治陆源污染物和海岸工程建设项目对海洋污染损害的环境保护工作等
交通运输部	组织拟定并监督水路行业规划、政策和标准；负责海运管理、海港管理和海上救助打捞等方面的市场监管、交通安全与应急监管、财政资金划拨、运输信息化建设等
原农业部	主管包括海洋渔业在内的农业与农村经济发展政策、发展战略、发展规划、业务指导、防灾减灾等
原国家旅游局	负责包括海洋旅游业在内的发展方针、政策和规则拟定并监督实施，旅游市场开发与完善等旅游业管理工作
原国家林业局	负责沿海湿地等生态建设与管理，组织、协调、指导和监督全国湿地保护及开发利用等工作

资料来源：笔者根据相关资料整理。

（一）国家海洋委员会

2013 年 3 月，在第十二届全国人民代表大会中提出设立国家海洋委员会作为我国最高层次的海洋事务统筹和协调机构，其职能包括研究制定国家海洋发展战略和统筹协调海洋重大事项两个部分。2013 年 6 月，《国务院办公厅关于印发国家海洋局主要职责内设机构和人员编制规定的通知》指出，要求国家海洋委员会将工作内容交由国家海洋局承担，负责海洋战略规划与经济开发、海洋政策法制及海岛权益保护、海上维权安保、海洋环境保护、防灾减灾、海域综合管理、海洋科技发展及国际合作交流。国家海洋局下设战略规划与经济司来负责国家海洋委员会的日常办公司工作。直至 2018 年《深化党和国家机构改革方案》的出台，国家海洋的相关职能被统一纳入自然资源部，但并未取消国家海洋委员会，对外依然保留国家海洋局牌子。

（二）海洋行政主管部门

2018 年以前我国海洋行政主管部门为国家海洋局，2018 年改革之后直至目前，我国海洋行政主管部门为自然资源部。由此，我国将海洋、土地、矿产等自然资源的管理职责全部纳入自然资源部。此外，除海洋行政管理部门，其他部门如生态环境部等也承担了部分海洋管理事务。在自然资源部内设机构中，包括海洋战略规划与经济司、海洋预警监测司、海域海岛管理司、国际合作司(海洋权益司)等职能部门。

海洋战略规划与经济司负责拟订海洋发展、深海、极地等海洋强国建设重大战略并监督实施，拟订海洋经济发展、海岸带综合保护利用、海域海岛保护利用、海洋军民融合发展等规划并监督实施，承担推动海水淡化与综合利用、海洋可再生能源等海洋新兴产业发展工作，开展海洋经济运行综合监测、统计核算、调查评估、信息发布工作。

海洋预警监测司负责拟订海洋观测预报和海洋科学调查政策和制度并监督实施；开展海洋生态预警监测、灾害预防、风险评估和隐患排查治理，发布警报和公报；建设和管理国家全球海洋立体观测网，组织开展海洋科学调查与勘测；参与重大海洋灾害应急处置。

海域海岛管理司负责拟订海域使用和海岛保护利用政策与技术规范，监督管理海域海岛开发利用活动；组织开展海域海岛监视监测和评估，管理无居民海岛、海域、海底地形地名及海底电缆管道铺设；承担报国务院审批的用海、用岛的审核、报批工作；组织拟订领海基点等特殊用途海岛保护管理政策并监督实施。

国际合作司(海洋权益司)负责拟订自然资源领域国际合作战略、计划并组织实施；承担双多边对外交流合作和国际公约、条约及协定履约工作，指导涉外、援外项目实施；负责外事管理工作，开展相关海洋权益维护工作，参与资源勘探开发争议、岛屿争端、海域划界等谈判与磋商；指导极地、公海和国际海底相关事务；承担自然资源领域涉外行政许可审批事项。

(三)地方行政管理机构

地方行政管理体制主要涉及沿海地区政府中主要涉海事务的职能部门，本部分就省级行政部门的职责和权限展开详细阐述。2018 年以前，我国地方行政管理机构可分为三种：①海洋和渔业相结合的行政管理体制，具有两种管理职能，受国土资源部和农业部渔业局的双重领导；②综合地矿、国土和海洋的国土资源管理体制；③地方海洋行政管理部门和国家海洋局相结合的地方海洋行政管理体制。

2018 年改革之后，我国地方海洋行政管理体制为顺应时代发展也进行了相应的变化，主要形成了三种体制模式：①在中央机构统一集中管理的前提下，沿海各省份成立省级自然资源厅，同时下设海洋战略规划与经济处、海洋预警监测处、海域海岛管理处等职能部门，如福建、浙江、江苏、广东等省份；②结合资源与规划设立"自然资源规划厅"等类似机构，下设海洋预警监测处、海域海岛管理处等职能部门，如天津和上海；③秉持"一个机构，两块牌子"的原则，实现自然资源与海洋并重，如河北和山东。

二、海洋执法队伍的职责和权限

（一）海洋执法体制阶段梳理

海洋执法体制是指拥有海上及涉海区域执法权的执法队伍体系，以中国海警局、中国海事局等为主导的海洋执法活动队伍。我国海洋执法体制的变革大致可分为三个阶段。

1. 分散海洋执法体制阶段（2013 年之前）

这一阶段执法主体及职能设置较为分散，不能有效地实施海洋执法综合管控，海洋执法队伍主要有五支，包括中国海监、中国海事、中国海警、中国渔政和中国海关，被称为"五龙闹海"。中国海监部门隶属原国家海洋局，于 1998 年经中共中央机构编制委员会办公室正式批准后成立，负责查处侵犯我国海洋权益、损害海洋环境、扰乱海洋秩序、违法使用海域等违法违规行为。中国海事又称"海上交警"，是原交通部的直属机构，于 1998 年 11 月经国务院批准成立，主要职责是负责海上和港口出现的一些相关交通和环境的事宜，包括拟订和组织实施国家水上安全监督管理工作、防治船舶污染、检验船舶及海上设施、管理通航环境和通航秩序等。中国海警于 1979 年组建，隶属公安部边防部，负责维护沿海治安、打击偷渡、贩毒和海上抢劫等违法犯罪活动。农业部渔业局成立于 1988 年，而后为了综合管理渔政渔监执法队伍，农业部渔业局设立了"中国渔政指挥中心"作为渔政渔监执法部门，主要职责是养护水生生物资源、维护海域环境和水域生态环境、监督管理和保护渔业资源，以及对渔业船舶制造、水产养殖等进行监督和管理，并时刻维护国家海洋权益。

2. 综合海洋执法体制起步阶段 (2013~2018 年)

党的十八大以后，机构改革陆续推进，我国逐步对上述分散执法队伍进行整合。此举体现了海上执法的综合化管理，但这一阶段的海洋行政管理体制改革尚不成熟，存在着领导权限划分、执法职能重叠等问题。其中，中国海监、中国海警、中国渔政和中国海关四支队伍合并为中国海警局，接受原国家海洋局的领导和公安部的业务指导，下设海警司令部、海警政治部、海警后勤装备部，共同开展海上执法活动，具体职能和权限如表 4-2 所示。

表 4-2 中国海警机构设置及主要职责和权限

机构名称	部门设置	职责分工
原国家海洋局	海警司令部	又称海警司，组织起草海洋维权执法的制度和措施，拟订执法规范与流程，承担统一指挥调度海警队伍开展海上维权执法活动具体工作，组织编制并实施海警业务建设规划、计划，组织开展海警队伍业务训练等
	海警政治部	又称人事司，承担机关和直属单位的人事管理、机构编制、教育培训工作，拟订海洋人才队伍建设规划和政策。组织起草海警队伍党的组织建设，干部队伍建设的政策规定，指导开展思想政治工作，承担海警队伍干部考核、任免等工作
	海警后勤装备部	又称财务装备司，承担机关和直属单位预决算、财务、国有资产管理工作。起草并组织实施海警队伍基建、装备和后勤建设的规划、计划，拟订经费、物资、装备标准及管理制度，组织实施装备物资采购

资料来源：笔者根据相关资料整理。

3. 综合海洋执法体制发展阶段 (2018 年之后)

2018 年以后，我国海洋行政执法体制又进行了两次大变革。首先，将原国家海洋局领导下的海警队伍全部划分到武警队伍之中，相关部门职能一并转移，由中央军委统一领导，进一步提升我国海洋执法能力。2018 年6 月，第十三届全国人大常委会通过了《关于中国海警局行使海上维权执法职权的决定》，提出要组建中国人民武装警察部队海警总队，命名为"中国海警局"，由其统一行使海上执法权力。其次，将农业农村部的渔船检验与监督管理职责划入交通运输部，实现船舶与监管的统一。目前，我国海洋执法队伍执法能力逐渐加强，主要为中国海警和中国海事两大组织，各自拥有相应的职责和权限，共同维护国家各项海洋利益和权益。

（二）中国海警与中国海事

1. 中国海警

2018年6月22日，第十三届全国人民代表大会常务委员会提出将中国海警专隶中国人民武装警察部队海警总队，统一履行海上维权执法职责，包括海上安全保卫、行政执法、犯罪侦查、国际合作等。2020年1月1日，中国海警执法证正式启用。2021年2月1日《中华人民共和国海警法》开始施行，在中国共产党的领导下开展海上安全保卫，维护海上治安秩序，打击海上走私、偷渡，在职责范围内对海洋资源开发利用、海洋生态环境保护、海洋渔业生产作业等活动进行监督检查，预防、制止和惩治海上违法犯罪活动等基本任务。目前，在沿海地区，按照行政区划和任务区域编设了海区分局和直属局，按属地和区域等级设置省级海警局、市级海警局和海警工作站，具体编制情况如图4-1所示。

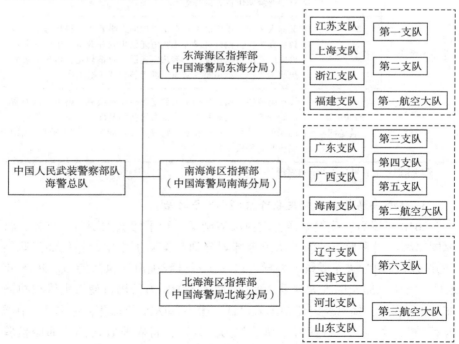

图4-1 中国人民武装警察部队海警总队体制编制情况

资料来源：笔者根据相关资料整理。

近年来，中国海警与地方及其他涉海职能部门不断加强协作交流，开展联合执法，全面提升海上执法综合化、规范化水平。2021 年，天津、河北、浙江、山东、广东、海南等多地海警与驻地相关部门通过开展联合执法、座谈交流、签订协议等方式，提升海上执法规范化水平，全面履行海上维权执法职责。2022 年，中国海警局与各级海警机构部署开展"净海 2022"海上走私专项打击行动，共查获涉嫌走私案件 471 起，案值约 21.8 亿元。中国海警局联合工业和信息化部、生态环境部、国家林业和草原局开展为期 2 个月的"碧海 2022"海洋生态环境保护和自然资源开发利用专项执法行动。其中，在海上禁毒方面，全年共缴获毒品 1.12 吨、制毒物品 1.2 吨，打掉特大制贩毒团伙 3 个，抓获犯罪嫌疑人 37 名；在反走私反偷渡方面，全年共破获走私案件 471 起，案值约 21.8 亿元，抓获各类偷渡人员 1219 名；在海上治安管理方面，全年共查处侦破各类治安管理类案件 1600 余起；在海洋资源环境保护和资源开发利用领域，全力打击整治，查获盗采海砂、非法倾废、破坏岸线、损坏海缆等违法犯罪案件 671 起；在海洋渔业执法领域，全年破获非法捕捞水产品案件 214 起，查处渔业行政案件 525 起。此外，中国海警局联合农业农村部、公安部于 2023 年 5 月 1 日开展海洋伏季休渔专项执法行动，为进一步强化伏季休渔监管，维护海洋渔业资源开发秩序，促进渔业高质量发展和现代化建设提供了重要保障。

2. 中国海事

中国海事是在原中华人民共和国港务监督局、中华人民共和国船舶检验局的基础上合并组建形成的海上交通执法监督队伍，履行水上交通安全监督管理、船舶及相关水上设施检验和登记、防止船舶污染和航海保障等行政管理与执法职责。具体职责主要包括统一管理水上交通安全和防治船舶污染，调查、处理水上交通事故、船舶污染事故及水上交通违法案件；负责船舶、海上设施检验、发证、资质审核等行业管理以及船舶适航和船舶技术管理；负责外国籍船舶出入境及在我国港口、水域的监督管理；管理通航秩序、通航环境；负责航海保障工作，管理沿海航标、无线电导航和水上安全通信；负责有关海事业务国际组织事务和有关国际合作、交流事宜，依法维护国家主权；组织编制全国海事系统中长期发展规划和有关计划，负责全国海事系统统计和行风建设工作；等等。

中华人民共和国海事局实行垂直管理体制，共有 17 个直属单位，除了北海航海保障中心、东海航海保障中心和南海航海保障中心，还涉及黑龙江、河北、天津、上海、辽宁、山东、浙江、福建、广东、广西、海南和长江、深圳、连云港 14 个直属海事局。此外，中国海事局内设机构共 21 个，包括办公室、政策法规处、计划装备处、财务会计处、人事教育处、通航管理处、船舶监督处、危管防污处、船舶检验管理处、船舶技术规范处、船员管理处、安全管理处、航海保障管理处、执法督察处、科技信息处、国际合作处、审计处、党组工作部、宣传处、纪检办公室、机关党委办公室。

第三节　我国海洋自然资源资产管理立法情况

一、我国海洋自然资源资产管理立法阶段梳理

自 1949 年中华人民共和国成立起，特别是 1978 年改革开放之后，我国以更加积极的态度参加各项国际海洋事务、进行海洋科学研究经验交流、推进海洋生态环境保护等，在坚持和平共处五项原则的基础上认真履行中国承担的海洋领域的国际义务，促进海洋和平利用与合作开发，充分展现大国风采。总体来看，我国海洋自然资源资产化管理立法主要经历了三个阶段，分别为缺失阶段、起步阶段和发展阶段。

海洋自然资源资产化管理立法缺失阶段为中华人民共和国成立之初到 2002 年之前。在这一阶段我国百废待兴，关于海洋自然资源资产化管理的法治建设还是空白，对海洋资源开发以及海洋自然资源资产化管理的重要性仍缺少足够的认识，相关海洋立法主要是基于政治及外交的需要。1954 年与 1975 年的宪法中对海洋权益的维护甚至只字未提；1953 年，政务院发布了《中华人民共和国海港管理暂行条例》，对港区划定、港务区职责进行了规定；1958 年，在政治建设以及外交的强烈需求下，全国人民代表大会及其常委会通过了《中华人民共和国政府关于领海的声明》，首次对领海宽度进行了规定；1964 年，国务院颁布了《外国籍非军用船舶通过琼州海峡管理规则》，认定琼州海峡为我国内海，由我国行使一切主权。而后随

着改革开放时代的到来，《中华人民共和国海洋环境保护法》、《中华人民共和国领海及毗连区法》和《中华人民共和国专属经济区和大陆架法》等国家基本法陆续颁布，逐步推动海洋事业上升为国家战略发展层面，为海洋自然资源资产管理法治建设奠定了基础。

海洋自然资源资产化管理立法起步阶段为 2002～2012 年。2002 年《中华人民共和国海域使用管理法》的正式实施，掀起了我国海洋自然资源资产化管理的新篇章。2007 年 3 月通过的《中华人民共和国物权法》、2010 年 3 月起施行的《中华人民共和国海岛保护法》以及 2010 年 6 月财政部、国家海洋局印发的《无居民海岛使用金征收使用管理办法》等，均是维护社会主义市场经济秩序、完善海洋自然资源资产管理体系的进一步探索。

海洋自然资源资产化管理立法发展阶段为 2012 年至今。2012 年，我国社会发展正式步入新时代，"全面依法治国"理念不断深入人心，我国海洋自然资源资产化管理法治建设进入加速发展时期。2012 年 3 月国务院批准了《全国海洋功能区划（2011—2020 年）》、2015 年 8 月国务院印发《全国海洋主体功能区规划》、2020 年 10 月自然资源部发布的《海域价格评估技术规范》实施、2022 年 3 月自然资源部出台《关于加强自然资源法治建设的通知》。关于海岛开发、海域使用、海域价格评估、海洋资源保护等方面的法律法规不断涌现，逐步完善起我国的海洋自然资源资产化管理法律体系。

二、我国现行涉海立法总体情况

我国现行立法体制是在中央集权统一领导下的中央和地方两级多层次立法体制。在以习近平法治思想为指引，坚持全面推进依法治国的基础上，深入贯彻科学立法、民主执法，使我国在海洋立法领域深化改革工作稳步推进，取得重要突破，为促进海洋立法和改革相协调做出巨大贡献。立法是指享有立法权的主体根据特定的流程和规则，在职责权限内进行制定、认可、修订、解释、补充、废止法的活动。立法主体主要包括两个层级，分别是全国人大及其常委会、国务院和国务院各部门等中央层级及地方人大及其常委会和地方人民政府等地方层级。特别需要注意的是，地方层级的立法主体在管辖范围内行使立法权时不得与现行宪法、法律、行政法规和上级地方性法规相冲突。完善成熟的立法是国家法治建设成果的重要检验标志，有助于推动国家治理体系和治理能力现代化，实现全面依法治国。

(一)新兴海洋领域立法有所突破

近年来我国为加强长江流域生态保护、海南自由贸易港建设等新兴领域立法，推行了一系列重大改革措施。《中华人民共和国长江保护法》充分贯彻新发展理念，明确新发展格局，为黄河等其他流域的海洋生态环境保护与修复提供了法律保障。《中华人民共和国海南自由贸易港法》将党中央关于建设海南自由贸易港的决策部署从战略思想层面转化到法律示范层面，是重要的具有中国特色的制度创新。

(二)涉海立法程序和立法体制不断完善

我国立法机关切实加强了立法草案起草和论证的公开性与透明度，扩大民众参与的广泛性与代表性，多方面提升了立法工作的计划性与整体部署能力。在《中华人民共和国海南自由贸易港法》《中华人民共和国海警法》《中华人民共和国海上交通安全法》等法律的起草和立法过程中，通过延长意见征集时间、开展座谈会和论证会等多种途径来深化社会公众在立法过程中的参与程度，有效增强了立法的普遍性、及时性、系统性和可操作性。

(三)地方涉海立法工作有序开展

作为中国涉海立法建设的重要组成部分，地方立法在保障宪法、法律、行政法规等有效贯彻执行的过程中扮演着重要角色。地方政府根据海域特色及当地经济发展状况来制定一系列更为详细、更具针对性和更为有效的地方性法规或规范性文件。例如，深圳利用特区立法权优势，在保证实效性和针对性的前提下进行海洋管理制度创新，颁布了《深圳经济特区海域使用管理条例》等地方性法规，进一步提升了海洋领域的治理成效。

(四)全方位推进海洋立法工作

在遵循《联合国海洋法公约》赋予的参与缔约国权利和义务的前提下，我国从多个角度全面深入地推进海洋管理工作。1988 年以来，我国先后颁布并实施了《全国海洋开发规划》《中国海洋 21 世纪议程》《全国海洋环保"九五"(1996—2000 年)计划和 2010 年长远规划》《中国海洋政策白皮书》

等多个重要的涉海政策、法律、法规和规定，海洋立法建设取得了长足的发展，逐步走向科学化、合理化和系统化。从海域使用管理、海洋生态环境保护、海洋资源保护、海洋权益保护以及海上航运管理等诸多方面开展立法，逐渐填补了我国涉海立法的空白，使海洋事务管理走上规范化、法治化的轨道。

三、我国海洋立法体系

中华人民共和国成立以来，特别是 1978 年改革开放以后，我国逐渐重视海洋立法，海洋法治建设进入加速发展阶段，形成了以《中华人民共和国海洋环境保护法》《中华人民共和国海域使用管理法》《中华人民共和国民法典》等三部国家法律为主干，以国务院、相关部委、自然资源部和沿海地方人民政府为组成部分的基本格局。我国现行立法体制是在中央集中统一领导下的中央和地方两级多层次立法机制。根据海洋管理的领域划分，现有法律体系主要包括海洋权益、海洋资源开发与利用、海洋生态与环境、海洋科技与教育、海洋防灾减灾、海洋应急管理、海上执法等方面。

(一)海洋自然资源资产管理立法主体

我国地域广阔、人口众多，各地区社会经济发展情况复杂，是统一的单一制国家。为了保证法律的普适性与科学性，我国海洋立法主体是在党中央的统一领导下，按立法权限来划分的。

全国人大及其常委会行使国家立法权。其中，全国人民代表大会是我国最高权限立法机关，负责制定和修改海洋基本法；全国人大常委会负责制定除全国人大所制定的海洋基本法外的其他法律，如《中华人民共和国海域使用管理法》《中华人民共和国渔业法》《中华人民共和国海洋环境保护法》《中华人民共和国海岛保护法》《中华人民共和国海警法》等。

国务院及其授权机关根据宪法和法律制定海洋行政法规，如《中华人民共和国渔港水域交通安全管理条例》《中华人民共和国海洋倾废管理条例》《中华人民共和国船舶和海上设施检验条例》等。

地方人大及其常委会在不与上级法律相抵触的情况下，有权根据行政管辖区域的具体情况和实际需要制定地方性海洋行政法规。例如，《深圳经济特区海域使用管理条例》《江苏省海域使用管理条例》《海南自由贸易港国际船舶条例》等。

国务院各部委、省区市人民政府以及具有行政管理职能的国务院直属机构，可以根据法律和国务院的行政法规、决定、命令，在权限范围内制定各种规章制度。例如，《广东省渔业许可证发放办法》《天津市人民政府办公厅关于印发天津市海洋灾害应急预案等 5 个专项应急预案的通知》《上海市海域使用管理办法》等。

(二)海洋自然资源资产立法明细

1. 国家法律层次

国家法律层次是指全国人民代表大会及其常务委员制定的规范性文件。

1958 年 9 月 4 日，全国人民代表大会常务委员会第一百次会议批准并通过《中华人民共和国政府关于领海的声明》，这是我国维护国家领土主权和海洋安全的标志性法律。

1982 年 8 月 23 日，第五届全国人民代表大会常务委员会第二十四次会议通过《中华人民共和国海洋环境保护法》，是我国首次以法律形式明确海洋主体功能区规划的地位和作用。前后经历两次修订、三次修正最新一次是在 2023 年 10 月 24 日第十四届全国人民代表大会常务委员会第六次会议修订，并于 2024 年 1 月 1 日起施行。

1983 年 9 月 2 日，第六届全国人民代表大会常务委员会第二次会议通过《中华人民共和国海上交通安全法》，前后经历一次修正、一次修订，最新一次是在 2021 年 4 月 29 日第十三届全国人民代表大会常务委员会第二十八次会议上，并于 2021 年 9 月 1 日开始实施，对于加快建设交通强国、推进治理能力现代化、提升国家形象等具有重大意义。

1986 年 1 月 20 日，第六届全国人民代表大会常务委员会第十四次会议通过《中华人民共和国渔业法》，前后经历四次修订，最新一次是在 2013 年 12 月 28 日第十二届全国人民代表大会常务委员会第六次会议期间，并于 2013 年 2 月 28 日开始实施，是中华人民共和国成立后渔业领域的唯一一部基本法。

1992 年 2 月 25 日，第七届全国人民代表大会常务委员会第二十四次会议通过并实施《中华人民共和国领海及毗连区法》，对于维护领海主权和毗连区的管制权、维护国家安全和海洋权益具有重要意义。

1998 年 6 月 26 日，第九届全国人民代表大会常务委员会第三次会议通过《中华人民共和国专属经济区和大陆架法》，重申了我国对专属经济区及大陆架的人工岛礁、设施和结构的建造、使用，行使主权和管辖权。

2001 年 10 月 27 日，第九届全国人民代表大会常务委员会第二十四次会议通过《中华人民共和国海域使用管理法》，并于 2002 年 1 月 1 日开始实施，改变了我国海域使用"无序、无度、无偿"的现状，是海洋资源走向资产化管理的重要里程碑。

2003 年 6 月 28 日，第十届全国人民代表大会常务委员会第三次会议通过《中华人民共和国港口法》，前后经历三次修订，最新一次是在第十三届全国人民代表大会常务委员会第七次会议期间，并于 2018 年 12 月 29 日开始实施，是调整中国港口行政管理关系、加强政府对港口实施宏观管理的重要法规。

2009 年 12 月 26 日，第十一届全国人民代表大会常务委员会第十二次会议通过《中华人民共和国海岛保护法》，并于 2010 年 3 月 1 日开始实施，促进海岛资源合理开发利用、经济社会健康可持续发展。

2016 年 2 月 26 日，第十二届全国人民代表大会常务委员会第十九次会议通过《中华人民共和国深海海底区域资源勘探开发法》，并于 2016 年 5 月 1 日开始实施，对推动我国海洋法治建设、促进海洋事业发展具有重要意义。

2020 年 5 月 28 日，第十三届全国人民代表大会第三次会议通过《中华人民共和国民法典》，于 2021 年 1 月 1 日起施行，其中，第二编为物权。

2021 年 1 月 22 日，第十三届全国人民代表大会常务委员会第二十五次会议审议通过了《中华人民共和国海警法》，并于 2021 年 2 月 1 日开始实施，标志着中国海警依法治海进入了一个全新的历史阶段。

2. *法规层次*

法规层次主要是指国务院、地方(省、自治区、直辖市和设区的市)人民代表大会及其常务委员会等制定的规范性文件。

(1)我国最高行政机关国务院制定了有关海洋管理的行政法规和法规性文件。

1982 年 1 月 30 日，国务院发布并实施《中华人民共和国对外合作开采海洋石油资源条例》，促进了国民经济的发展，在维护国家主权和经济利益的前提下允许外国企业参与合作开采中华人民共和国海洋石油资源，扩大了国际经济技术合作。

1983 年 12 月 29 日，国务院发布并施行《中华人民共和国海洋石油勘探开发环境保护管理条例》，以防止海洋石油勘探开发对海洋环境的污染损害。

1985 年 3 月 6 日，国务院发布《中华人民共和国海洋倾废管理条例》，于 1985 年 4 月 1 日起开始实施，前后历经两次修订，最新一次修订是 2017 年 3 月 1 日，对保护海洋环境、防止海洋污染、加强海洋倾废管理意义重大。

1987 年 8 月 22 日，国务院发布《中华人民共和国航道管理条例》，并于 1987 年 10 月 1 日起开始实施，在加强航道管理、改善通航条件、保证航道畅通和航行安全方面意义重大，充分发挥了水上交通在国民经济和国防建设中的作用。

1989 年 1 月 20 日，国务院第三十二次常务会议通过《铺设海底电缆管道管理规定》，并于 1989 年 3 月 1 开始实施。国家海底电缆是国家关键信息基础设施，对于合理开发利用海洋资源，有秩序铺设和保护海底电缆、管道意义重大。

1989 年 7 月 3 日，国务院发布《中华人民共和国渔港水域交通安全管理条例》，于 1989 年 8 月 1 日起开始实施，前后历经三次修订，最新一次修订是 2019 年 3 月 2 日，对进一步促进现代渔业的可持续发展，维护我国海洋权益具有重要的指导意义。

1990 年 1 月 1 日，国务院发布并实施《中华人民共和国海上交通事故调查处理条例》，加强了海上交通安全管理，提高了海上交通事故的调查处理效率。

1992 年 7 月 12 日，国务院发布《关于外商参与打捞中国沿海水域沉船沉物管理办法》，加强了对外商参与打捞中国沿海水域沉船沉物活动的管理，保障了有关各方的合法权益。

1993 年 2 月 14 日，国务院发布并实施《中华人民共和国船舶和海上设施检验条例》，并于 2019 年 3 月 2 日进行最新修订，此条例创造了船舶、海上设施和船运货物集装箱具备安全航行、安全作业的技术条件，保障了人民生命财产的安全，防止了水域环境污染。

1995 年 12 月 3 日，国务院发布并实施《中华人民共和国航标条例》，并于 2011 年 1 月 8 日起进行修订，对海洋经济、航运经济发展和维护国家主权有着重要意义。

1996 年 6 月 18 日，国务院发布《中华人民共和国涉外海洋科学研究管理规定》，并于 1996 年 10 月 1 日起开始实施，促进了海洋科学研究的国际交流与合作，加强了在中华人民共和国管辖海域内进行涉外海洋科学研究活动的管理，对维护国家安全和海洋权益具有重要意义。

　　2001 年 12 月 11 日，国务院发布《中华人民共和国国际海运条例》，于 2002 年 1 月 1 日起开始实施，前后历经三次修订，最新一次修订是 2019 年 3 月 2 日，这是我国海运业和交通法治建设的一件大事，对促进我国国际海运业的健康发展具有重要意义。

　　2006 年 9 月 19 日，国务院发布《防治海洋工程建设项目污染损害海洋环境管理条例》，于 2006 年 11 月 1 日起开始实施，前后历经两次修订，最新一次修订是 2018 年 3 月 19 日，有效防治、减轻了海洋工程建设对海洋环境的污染。

　　2009 年 9 月 9 日，国务院发布《防治船舶污染海洋环境管理条例》，于 2010 年 3 月 1 日起开始实施，前后历经六次修订，最新一次修订是 2018 年 3 月 19 日，在加强防治船舶及其有关作业活动污染海洋环境保护方面具有重大意义。

　　2012 年 3 月 1 日，国务院发布《海洋观测预报管理条例》，并于 2012 年 6 月 1 日起开始实施，加强了海洋观测预报管理，规范了海洋观测预报活动，防御和减轻了海洋灾害，为经济建设、国防建设和社会发展服务做出了突出贡献。

　　（2）地方人大及其常委会因地制宜，制定了一系列具有地区特色的海洋地方性法规①。

　　在海域使用管理方面：2020 年 1 月 8 日深圳市人大常委会发布《深圳经济特区海域使用管理条例》，并于 2020 年 5 月 1 日开始实施；2020 年 11 月 27 日，江苏省人大常委会发布并实施经两次修订后的《江苏省海域使用管理条例》。

　　在海洋生态保护方面：2020 年 12 月 2 日，海南省人大常委会发布《海南省生态保护补偿条例》，并于 2021 年 1 月 1 日开始实施；2021 年 4 月 1 日，福建省人大常委会发布《福建省沿海防护林条例》，并于 2021 年 7 月 1 日开始实施；2022 年 11 月 30 日，广东省人大常委会通过《广东省环境保

---

　　①　数量所限，不再详细列出。

护条例》，前后共经历三次修订。

在海洋渔业管理方面：2021 年 1 月 28 日，山东省第十三届人大常委会发布并实施《山东省规范海洋渔业船舶捕捞规定》；2021 年 5 月 27 日，辽宁省第十三届人大常委会发布《辽宁省海洋渔业船舶导航安全设备使用暂行规定》，并于 2021 年 8 月 1 日开始实施。

在海上交通安全维护方面：2021 年 6 月 1 日，海南省第六届人大常委会第二十八次会议发布《海南自由贸易港国际船舶条例》，并于 2021 年 9 月 1 日实施；2021 年 7 月 30 日，天津市第十七届人大常委会第二十八次会议发布《天津市推进北方国际航运枢纽建设条例》，并于 2021 年 9 月 1 日实施。

3. 部门规章、规范性文件层次

（1）国务院各部制定的规章。部门规章、规范性层次是指自然资源部等国务院各部委和沿海地方各级人民政府等根据国家现行法律法规所制定的文件。

1990 年 9 月 20 日，国家海洋局公布并实施了《中华人民共和国海洋石油勘探开发环境保护管理条例实施办法》，并于 2016 年 1 月 5 日进行修订，规定了海洋石油勘探开发项目的环境影响评价、防治污染设施、排放标准、作业管理以及法律责任等内容，有效防止了海洋石油勘探开发对海洋环境的污染损害。

1990 年 9 月 25 日，国家海洋局发布了《中华人民共和国海洋倾废管理条例实施办法》，前后历经两次修订，最新条例于 2017 年 12 月 27 日修订，对防止海洋环境的污染损害、保持生态平衡、保护海洋资源、促进海洋事业的发展意义重大。

2002 年 12 月 12 日，国土资源部第 6 次部务会议通过了《海洋行政处罚实施办法》，于 2003 年 3 月 1 日起开始实施，规范了海洋行政处罚行为，保护了单位和个人的合法权益，对推动经济持续健康发展、维护国家主权、发展利益、实现全面建成小康社会意义重大。

2003 年 12 月 30 日，国土资源部第 12 次部务会议通过了《海底电缆管道保护规定》，于 2004 年 3 月 1 日起开始实施，加强了海底电缆管道的保护，同时保障了海底电缆管道的安全运行，维护了海底电缆管道所有者的合法权益。

2017 年 6 月 5 日，国土资源部第 2 次部务会议审议通过了《海洋观测资料管理办法》，于 2017 年 6 月 7 日起开始实施，加强了海洋观测资料管理，保障了海洋观测资料的安全和共享使用，为经济社会发展和生态文明建设服务做出了突出贡献。

2017 年 6 月 7 日，国土资源部发布并实施《海洋观测站点管理办法》，并于 2019 年 7 月 16 日进行修正，加强了海洋观测站点管理，保护了海洋观测设施和观测环境，对服务经济建设、国防建设和社会发展具有重要意义。

2019 年 1 月 7 日，自然资源部发布《关于进一步明确围填海历史遗留问题处理有关要求的通知》，就围填海历史遗留处理工作进行明确要求。

2019 年 12 月 17 日，自然资源部发布《关于实施海砂采矿权和海域使用权"两权合一"招拍挂出让的通知》，为切实解决海砂采矿权和海域使用权"两权"出让中不衔接、不便民的问题提供依据，充分发挥市场在自然资源配置中的决定性作用。

2020 年 5 月 20 日，财政部印发《海洋生态保护修复资金管理办法》，以加强海洋生态保护修复资金使用管理。

2021 年 3 月 23 日，原国家海洋局发布并实施《海洋计量工作管理规定》，保障了海洋工作中计量单位制的统一和量值的准确可靠，加强了海洋计量工作的管理和监督。

（2）地方政府规章。篇幅所限，本部分主要梳理近年来沿海地区人民政府所制定的地方性海洋规章制度①，主要包括天津、上海、广东、辽宁、河北、山东、浙江、江苏、福建、广西、海南 11 个地区。

2018 年 10 月 23 日，福建省人民政府发布《福建省省级湿地公园管理办法》；2020 年 6 月 24 日，福建省人民政府发布《福建省渡运管理办法》。

2019 年 1 月 25 日，浙江省人民政府发布《浙江省水域保护办法》；2022 年 11 月 25 日，浙江省人民政府办公厅印发《浙江省加强入河入海排污口监督管理工作方案》。

2019 年 7 月 3 日，山东省人民政府印发《关于加强滨海湿地保护严格管控围填海的实施方案》；2023 年 6 月 2 日，山东省人民政府办公厅发布《山东省海上搜救应急预案》。

2019 年 12 月 28 日，为加强港口岸线管理，保护和合理开发利用港口岸线资源，保护当事人的合法权益，河北省人民政府修正并发布《河北省

---

① 地方政府规章发布机关不包括中国香港、中国澳门和中国台湾地区。

港口岸线管理规定》。

2021年2月15日，上海市人民政府发布《上海市水域治安管理办法》，自2021年4月1日起施行；2021年5月8日，上海市人民政府修正并发布《上海市海域使用管理办法》。

2021年11月16日，广东省人民政府办公厅发布《关于建立广东省水上交通安全工作联席会议制度的通知》；2022年5月26日，广东省人民政府办公厅发布《关于加快推进现代渔业高质量发展的意见》。

2022年1月30日，天津市人民政府办公厅发布《天津市海河流域中下游区域水环境综合治理与可持续发展试点实施方案》；2022年2月11日，天津市人民政府办公厅发布《天津市海洋灾害应急预案》等5个专项应急预案；2022年5月20日，天津市人民政府办公厅发布《天津市海水淡化产业发展"十四五"规划》；2022年6月15日，天津市人民政府办公厅发布《天津市入河入海排污口排查整治工作方案》。

2022年6月9日，广西壮族自治区人民政府办公厅发布《广西入河入海排污口监督管理工作方案（2022—2025年）》；2023年4月19日，广西壮族自治区人民政府办公厅印发《广西大力发展向海经济建设海洋强区三年行动计划（2023—2025年）》。

2022年11月3日，辽宁省人民政府办公厅发布《关于修订辽宁省海上搜救应急预案的通知》；2022年12月1日，辽宁省人民政府办公厅发布《辽宁省培育壮大集成电路装备产业集群若干措施》。

2022年11月24日，海南省人民政府印发《海南省海域使用权审批出让管理办法》；2022年6月15日，海南省人民政府印发《海南经济特区海岸带保护与利用管理规定》。

2023年1月30日，江苏省人民政府发布《江苏省船舶过闸费征收和使用办法》；2023年1月31日，江苏省人民政府发布《江苏省民用船舶搭靠外国籍船舶管理办法》。

四、我国海洋立法体系的特点及发展趋势

当前，我国经济增长进入新常态，社会生产力的发展以及人民对美好生活的向往都对海洋事业发展提出了更高的要求。自2002年我国开始施行《中华人民共和国海域使用管理法》以来，海洋自然资源资产化管理体制得

到发展与重视，特别是党的十八大以来，我国陆续出台了《全国海洋主体功能区规划》《海域价格评估技术规范》等多项重大方针政策。在当前和今后的一个时期，我国将继续并且着力推进海洋强国建设，根据国际形势和我国国情不断调整海洋立法体系。

（一）市场化经营体制逐步完善

自中华人民共和国成立起，我国自上而下陆续完善了海洋事业领域的法律政策，包括海洋自然资源的权属问题、海洋自然资源的开发与利用、国际贸易管理、海洋灾害监测与防护、海洋环境污染防治以及海洋生态保护等诸多方面。为统筹协调推进海洋自然资源资产化经营，中央机关、地方政府、部门以及企业等不断完善与践行海洋自然资源资产产权制度、海域有偿使用制度、海洋自然资源市场交易制度、海洋自然资源资产收益管理制度、海洋自然资源资产所有权委托代理机制等，相关法律条文的科学性、可行性与可操作性不断增强。为进一步提高海洋自然资源资产开发利用能力，提高社会经济效益，推动我国经济高质量发展，应坚持"创新驱动"发展战略，突破海洋自然资源开发和利用的技术限制，尤其要加强"卡脖子"技术的重点攻关强度，依靠科技进步和技术创新推动我国海洋事业的高质量、高效益发展。

（二）国际化趋势愈加明显

当今时代是海洋命运共同体的构建时代，是经济全球化发展态势下的必然趋势。自1982年《联合国海洋法公约》缔结后，我国陆续出台了《中华人民共和国专属经济区和大陆架法》《中华人民共和国海域使用管理法》，强调了我国海洋权益与海洋事务话语权。未来中国会以更加合作开放的姿态来推动海洋伙伴关系的建立与互联互通，形成陆海内外联动、东西双向互济的开放格局。同时，以"一带一路"建设为契机，加强海上通信建设，增强我国与共建"一带一路"各国或地区的友好合作，推动构建"海洋命运共同体"，充分展现我国作为世界大国的形象和担当，为实现中华民族伟大复兴添砖加瓦。

（三）坚持海洋环境与生态保护优先，强调综合管理

综合管理不但包括资源开发利用、权属界定、海洋环境、生态保护、国际合作等任务功能层面的协同发展，还涉及不同海域、不同海洋事务管

理部门等时空层面的统筹管理。在我国的海洋开发与管理进程中，对外始终坚持和平共处五项原则，尊重彼此国家海洋权益，对内始终坚持"资源节约、环境友好"的方针，努力实现海洋自然资源资产的综合管理。围绕"两个一百年"奋斗目标，在"陆海统筹、海洋可持续发展、创新引领、合作共赢"的原则下提高海洋自然资源资产的开发利用和保护能力，在享受地球海洋财富的同时，与世界各国共同承担海洋生态环境保护与修复的责任与义务。同时，随着我国涉海事务日益增多，我国海洋自然资源资产管理制度建设仍较为薄弱，许多领域仍处于探索发展阶段，相应的法律法规尚缺乏相应的配套细则，且部门利益冲突，缺少统一综合性和实践可操作性，需要进一步加强海洋自然资源资产综合管理体制建设。

第五章

海洋自然资源
资产审计方法

第一节　海洋自然资源资产数据和基础资料的获取

第二节　评价指标体系设计——基于PSR模型

第三节　GIS、BIM在海洋自然资源资产审计中的应用

第四节　资源价值和生态环境影响预测分析

第五节　审计建议

第一节　海洋自然资源资产数据
和基础资料的获取

一、数据采集

2020年自然资源部发布《自然资源调查监测体系构建总体方案》（以下简称《总体方案》），其中包括自然资源分层分类模型的科学设置，明确了自然资源调查监测工作任务书和时间表，为摸清我国各类自然资源家底和变化情况提供了重要遵循和行动指南。《总体方案》思路是以空间信息、人工智能、大数据等先进技术为手段，查清我国水、湿地、海域海岛等自然资源状况，依托基础测绘成果和各类自然资源调查监测数据，建立自然资源三维立体时空数据库和管理系统。上述举措进一步完善了我国海洋资源资产基础数据库，为审计工作的顺利进行奠定了基础。

（一）数据获取渠道

海洋自然资源资产种类广、主管部门多且数据错综复杂、分散程度高。因此，在开展海洋自然资源资产审计工作之前，搭建数据信息库与数据分析平台尤为重要。数据采集方式具体可分为三种。

1. 职能部门获取

从自然资源部下设的海洋相关部门、生态环境部、发展改革委、水利局以及各省区市地方政府所设立的自然资源和规划局等多个部门获取管理和规划数据，从各级人民政府或海洋自然资源管理部门收集地方海洋自然资源监测数据以及历年高清影像数据，并对数据进行格式转换、清洗筛查、冗余处理等校对工作，为后续数据分析奠定基础。此外，提取拥有海洋自然资源所有权、使用权和经营权的企业或其他经营组织对海洋自然资源资产的管理统计数据，包括开发利用情况、经营收益情况、政府补贴情况、海洋环境质量变化情况和海洋自然资源资产有偿使用制度的履行情况等多个方面。

2. 海洋实地调查

海洋常规调查是获得海洋要素数据的基本手段。广义的海洋常规调查数据包括通过海洋遥感、海洋台站测量、海洋浮标测量等观测手段获得的数据。根据不同的观测目的，这些数据的精度可能有所差别，在具体使用时需要区分对待。在审计过程中，通过实地调研市、县（区）海洋管理部门，获取相应海洋自然资源数据，并结合近几年海洋环境重大污染案件资料，对比分析相关海洋环境保护管理对海洋自然资源资产开发利用的影响程度。作为其他间接渠道所获取数据的重要参考，海洋常规调查是不可缺少的，如用来校正海洋遥感和数值模拟等方法的结果，需要充分发挥它的内在价值。

3. 数据挖掘

通过对海洋要素数据进行"深加工"，可以获得更多的要素数据或现象数据，这是获取海洋自然资源资产审计数据的重点和难点。其中，"深加工"工作主要包括基础数据分析和文本资料挖掘两大部分。基础数据分析是指根据已有的海洋图表资料等，可以进行数字化或直接获取海洋数据。例如，研究黑潮对海洋自然资源资产价值的影响，可以通过对海流图集进行数字化，从而得到完整的海域流场数据，获得特定时间段上黑潮的空间分布的数据。文本资料挖掘是指通过涉海职能部门和地方各级人民政府等组织获取海洋自然资源统计公报或行业研报，利用关键词定位等文本分析法提取关于海洋自然资源资产的详细统计数据，如中国海洋经济统计公报等。

（二）数据获取工具

1. 地理信息综合分析平台

利用 ArcGIS、易康（eCognition）等软件平台，对取得的海洋自然资源资产存量与流量数据、地理信息数据、环境污染治理投入数据等，与生态保护红线、海洋自然资源利用规划、海洋生态保护规划等矢量数据进行叠置、分类等操作，得出审计线索信息；同时使用历史遥感影像数据对比、谷歌地球软件等方式，对违法行为进行事实取证及时间变化序列、历史轨迹分析。

2. 现场精确核实

利用两步路户外助手、奥维互动地图等软件，实现地理信息系统数据与实地考察平台的精密对接。通过将审计疑点汇总加工，导入手机软件直接指导地点查找、轮廓轨迹确认等工作，大大提高审计工作人员的工作效率与精度。同时，为实地考察队伍配置无人机协助工作，借助无人机全地形工作、全视角高清影像、全天候工作等优势，针对野外地形复杂、人员限制导致的效率低下、精度缺乏等问题，给出了较好的解决方案，提高了审计工作的效率与质量。

3. 大数据分析技术

利用数据库技术整合审计时间段内的海洋自然资源资产数据，对渔业资源、海域资源、海岛使用、矿产资源等维度获取的资产运营数据进行跨界调配，针对审计工作要点进行对比分析。同时将软件工具与 Python、SQL 等编程语言结合，针对审计工作中的问题所在，将数据处理软件工具与审计工作人员的主观能动性结合，充分发挥大数据技术的优势。

4. 区块链数据管理

区块链技术是一种数字账本，作为具有代表性的共享数据库技术，在新区块生成与连接期间会保证内存数据不被变更。存储于其中的数据或信息具有不可伪造、全留痕、可追溯、全体维护等特征，为审计工作中数据储存与保密工作奠定了坚实的信任基础，构建了可靠的合作机制。这与审计工作要求不谋而合。区块链技术的运用，为提高审计工作的保密性、合法性、权威性等做出了显著贡献。

5. 硬件设施条件配备

在海洋自然资源资产审计的过程中，尤其是使用地理信息系统软件对数据进行大批量处理时，会对工作设备的硬件提出较高的要求。为此，审计队伍应逐步加大审计软硬件设施投入，通过开通服务器、交换机端口、设置访问权限等为审计工作正常进行提供必要条件，提升数据分析效率。同时，针对无人机等小型精密电子设备，有关人员也应严格按照说明进行保养维护，并对审计人员进行技术指导。

二、资金来源和项目管理

(一)海洋项目资金来源审计内容

海洋经济作为国家战略性新兴产业的重要组成部分，对我国经济社会发展具有重要的战略意义。加强海洋功能区划规划管理，合理配置海洋自然资源资产，是保护和合理开发海域资源的一个重要抓手。党的十八届三中全会通过的《中共中央关于全面深化改革若干重大问题的决定》明确提出"探索编制自然资源资产负债表，对领导干部实行自然资源资产离任审计。建立生态环境损害责任终身追究制"。

海洋自然资源资产审计的主要目标是检查政策落实情况，包括国家和地方性法律法规以及海洋资源开发利用情况，海洋资源保护的项目建设情况以及各项资金的收入、使用、管理情况。从涉海项目资金来源角度来看，审计内容主要分为三大部分：①审计基建拨款，包括预算拨款范围、是否利用预算拨款做计划外工程、预算拨款依据是否合法；②审计结算中形成的资金来源，主要包括审计材料款、设备购置款、应付工程款的真实性和合规性，审计应付工资和应付福利费的真实性和合规性，审计其他应付款等的真实性和合规性；③审计其他借款资金，主要包括审计项目承包单位的还款能力、贷款资金使用是否符合规定，贷款单位是否按照约定及时归还借款本息等。

海洋自然资源资产审计目的如下：

一是查清家底。采用多种途径全面核查地区海域范围、渔业资源、海洋矿产等资源资产实物总量，特别是经营年度、项目开发、领导干部任职期间的海洋资源资产流量和存量变化情况。

二是揭示问题。重点揭露项目建设或领导干部任职期间对海域资源环境的保护情况、海洋开发行为是否规范、是否存在触及或突破"红线"违法用海活动、改变海域用途等危害国家安全、损害国家利益等典型问题，尤其是持续时间较长、影响范围较广的违法犯罪活动。

三是界定责任。对审计发现的问题，按照权责一致的原则，区别"三个区分"，清晰界定被审计领导干部因缺乏经验而导致的实践失误和因以权谋私而产生的明知故犯行为；按照《党政领导干部生态环境损害责任追究办法（试行）》的规定对审计过程查处的非不可抗力因素导致的海洋资源资产价值损失和海洋生态环境严重恶化进行问责追责。

四是成果运用。通过审计，及时向有关方面反映审计结果，督促领导干部和相关负责人员的懂法、守法、执法行为，正确处理海洋资源资产开发与海洋生态环境维护两者间的关系，健全海洋资源资产管理体制，实现资源可持续开发利用进程中经济效益、社会效益和生态效益的同步保障。

此外，对审计查处具有典型性、倾向性、普遍性问题，从成因、作用机制、外部环境等角度开展全方位分析，并给出可操作性强、理论价值高、具有前瞻性和创新性的相关建议，为中央及地方政府决策提供依据。

（二）海洋项目管理审计内容

海洋自然资源资产审计，主要是以被审计领导干部任职前后所在地区海洋资源资产负债表反映的自然资源资产实物量及生态环境质量情况变动为基础，围绕"任职期间履行海洋自然资源资产管理和生态环境保护责任情况"审计主线，对领导干部履行海洋资源资产开发、利用、保护、管理等责任情况进行审计。

一是海域使用金等相关资金征收管理使用及项目建设运行情况。审查海域使用证的办理、合规使用等制度落实情况，审查海域收益以及对海洋环境保护治理工作的资金使用情况，通过财务报告或者统计公报核查的足额征缴情况、经营周期内的资金总额变化情况，是否存在违规或过度使用资金现象、海域使用金的减免和征收是否符合规定以及部门是否越权等海域使用金管理不规范行为。

二是海洋自然资源资产管理、功能区规划和海洋生态环境保护约束性指标和目标责任制完成情况。审计相关部门是否对海洋资源资产的权益进行明确界定，包括所有权、经营权、处置权等，是否利用行政手段随意改变产权性质，海洋自然资源资产的流转流程是否合理合法；审计地方政府关于海洋功能区划的政策规定是否科学合理，审查当地海域环境质量状况及主要污染物排放总量和排放标准，审查海洋自然资源资产开发利用是否存在无序无度无偿的现象，海洋生态保护与修复工作是否有序开展、海洋功能区划科学论证、海洋生态红线的政策落实等工作情况，是否严格规定并监督陆源污染物排放总量、是否开展环境违规行为的处罚和监管、是否在权限范围内核准海洋资源开发行为、污水排放是否符合相关规定的指标要求。

三是海洋自然资源资产管理和生态环境保护法律法规、政策措施执行情况和效果。检查被审计领导干部所在地区是否及时贯彻落实《中华人民共和国海域使用管理法》《中华人民共和国海洋环境保护法》《中华人民共和国海岛保护法》《海洋功能区划管理规定》等规定的关于海洋资源管理等重大政策，是否严格监督考核、加强宣传引导，当地政府绩效考核是否综合海洋资源资产经营管理和环境保护情况，绩效考核是否公正透明，内容是否全面，是否根据地区海洋灾害、海洋污染等历史情况制定海洋环境预警监测体系应急预案，当地政府所出台的规范性文件是否与上级法律法规相冲突，各阶段工作任务、完成情况及取得成效等。

四是海洋自然资源资产开发利用和生态环境保护重大决策情况。主要审查海域供应审批程序情况，是否存在违规、超权限或化整为零审批；围（填）海项目用地审批，是否超围填海计划供应海域；海洋环境主要评估指标是否达到政府建设"环境友好型"社会的目标要求；对私自改变海域用途甚至开展违法活动的执法力度，是否坚持"执法必严、违法必究"的基本原则，是否存在阳奉阴违、玩忽职守等行为。

五是海洋自然资源资产开发利用中重大海洋灾害事件、生态环境损害事件、涉海基建风险隐患及预警机制建立和完善情况。检查被审计领导干部所在地区的海洋与渔业管理机制建立情况，评价海洋服务保障机制是否健全，海洋环境突发事件应急处理机制、渔业安全生产预警预报体系和渔业生产安全事故行政责任追究制度的工作执行情况；统计地区的主要海洋灾害类型及其社会和生态后果，任职期间对严重海洋事务的处理情况，海洋基建或船舶的漏油、溢油情况，对涉案组织或个体的查处情况，面对海洋灾害防控和预警体系的建立是否存在不作为甚至渎职行为，是否存在以权谋私的情况。

三、政策依据和法律基础

目前，海洋自然资源资产审计尚处试点摸索阶段，审计署尚未出台审计指南或操作指引。为确保审计合法合规性。现阶段，审计实践中应根据海洋自然资源资产管理和海洋环境治理保护及相关规划等方面现有法律法规，国家海洋局等十部委联合出台的《近岸海域污染防治方案》，及地方政府有关涉海经济与环境治理保护的地方性规章制度和相应"实施方案""行动计划""工作目标"等作为审计依据，为审计工作的开展提供政策依据和法律基础。

1994 年 8 月 31 日，第八届全国人民代表大会常务委员会第九次会议通过《中华人民共和国审计法》，1995 年 1 月 1 日起施行，并于 2021 年 10 月 23 日经历第二次修订，为加强审计监督，提高财政资金使用效益提供了基本行为准则。

2021 年 6 月 28 日，审计署印发《"十四五"国家审计工作发展规划》，在深入学习习近平总书记关于审计工作的重要讲话和重要指示批示精神的情况下，将顶层设计分层分级、细化落实，并面向全国各地征集审计意见、开展实地调研、掌握审计工作进展，坚持边实践边总结的重要原则，构建起既相互分离又相互制约的审计工作体制，是一份指导全国审计工作的纲领性文件。同时，正视当下有关人员培养、体制建设、资金配置、项目落实等审计工作中存在薄弱点的环节，重点开展政策落实跟踪审计、财政审计、资源环境审计等审计任务，稳步推进审计管理体制改革。

2017年3月24日，国家海洋局等十部委联合印发《近岸海域污染防治方案》，为开展近岸海域污染防治审计工作提供了依据。2022年1月29日，为深入贯彻党中央关于打好污染防治攻坚战的部署，生态环境部、国家发展改革委、自然资源部、住房和城乡建设部、交通运输部、农业农村部和中国海警局联合制定《重点海域综合治理攻坚战行动方案》。

此外，各地区也在积极推进强化海洋自然资源资产审计，结合地方特色出台了一系列海洋自然资源资产开发、利用与保护的实施方案，为审计工作的开展提供了重要依据。例如，2020年6月23日，浙江省11个部门联合印发《浙江省近岸海域污染防治实施方案》，全面推进流域环境和近岸海域综合治理。

第二节　评价指标体系设计
——基于 PSR 模型

一、海洋自然资源资产审计的特点

（一）审计范围的局限性与独立性

海洋自然资源资产审计需要全面准确的资源总量与流量统计信息，而海洋资源因其存在分布省份相对局限、深海探测难度高、未发现物种数量多、矿产资源价值量难以确定等情况，从而导致了海洋自然资源资产审计范围受限，审计进程发展缓慢。海洋自然资源资产审计相较于其他自然资源资产审计来说是一个全新课题，体现了海洋自然资源资产审计的独立地位，是审计机关践行"绿水青山就是金山银山"理念的勇敢尝试，需要综合运用以往在矿产资源审计、土地资源审计、环境责任审计等多个领域的审计经验，利用审计推动海洋自然资源资产的可持续利用和海洋生态的健康发展。

（二）审计对象的多重性与复杂性

海洋自然资源资产审计重点关注围海造地、岸线保育、海洋水质、海漂垃圾、海洋保护区、海洋功能分区利用及珍稀或特色动植物保育等内容，因审计内容涉及与海洋环境息息相关的近海企业、岛屿开发、旅游建设等方面，反映了海洋自然资源资产审计内容具有多重性；其内容主要包括海洋资源开发、利用和保护情况，政策制度执行情况，资源高效利用机制建立情况。由于海洋资源种类繁多，涉及渔业、工业、矿业、旅游业等行业，管理部门比较分散，各部门制定的法规是否科学合理，政策的实施是否达到预期，监管体制是否有效落实，与海洋资源相关的资金征收、审批、使用是否合理、合法、有效等有待于进行全面准确的审计，因此海洋自然资源资产审计内容具有极大的复杂性。综合分析上述情况，海洋自然资源资产审计主要包括立法机构与执法机构、所有者与生产资料、短期收益与长久发展、资源开发与管理体制等方面，而基础资料的缺失、分散与失真也是审计工作难度高、挑战性大的客观原因。

（三）审计工作的专业性与时效性

相较于以往的审计工作，海洋自然资源资产审计要求审计工作人员具备除审计以外与海洋相关的知识和技能。具体来说，审计人员须具备海洋学、地理学与海洋相关法律法规等知识，同时由于海洋幅员辽阔，审计人员须掌握各种大数据技术如 SQL Server、ArcGIS、测绘遥感等软件对数据进行关联或对比分析。因此需要根据审计对象对审计工作人员进行专项技能培训，为海洋自然资源资产审计输送更多专业型人才，提升审计工作的专业性。目前，我国海洋自然资源资产审计主要为事后审计，时点相对落后。然而海洋自然资源如鱼群数量、植物覆盖面等变化较为迅速，要求审计工作具有极强的实时性。现实和需求的无法匹配造成审计过程中发现问题无法及时修正。此外，审计人员需对海洋自然资源利用保护政策的执行情况和满意度情况进行实地实时检查、分析、比对和现场走访，保证基础资料的真实性和时效性。

（四）审计主体的合作性与协调性

由于海洋自然资源数据的复杂性和分散性，审计人员获取审计证据具有一定的难度，为保证审计结果的客观性和权威性，审计部门除了需要提高审计人员的专业性，还需要加强审计部门与监测站和测绘局等部门的联动，将专业性技术服务外包。同时引入研究海洋自然资源方向的专家教授，并与科研机构合作实施协作审计。由于我国自然资源环境保护工作范围广泛，以及管理部门多、管控难，因此在进行海洋自然资源资产审计过程中需要立足海洋自然资源事项这一重点，从不同角度、层面加强审计，充分发挥审计监督作用。

二、海洋自然资源资产审计的现状

（一）海洋自然资源资产审计发展现状

根据中华人民共和国生态环境部发布的《中国海洋生态环境状况公报》，并结合各沿海省份审计厅（局）公示的审计结果进行分析，包括审计项目个数、查处问题金额、发布审计报告数等。我国海洋自然资源资产审计工作在反复摸索与大胆尝试过程中取得了阶段性成果。通过对各个临海省份海洋环境污染情况的审计，部分近海企业不按规定标准排放废水废物、个别滨海浴场海洋漂浮垃圾数量超标、赤潮现象反复等问题暴露出来，同时也反映出部分政府部门对海洋环境污染防治与生态修复的体制建设、规划实施与执法力度不到位。海洋污染的有效防治与监督管理有利于海洋自然资源实现最优化配置，发挥最大效能。

我国海洋自然资源资产审计起步较晚，开展的审计实务项目较少，审计过程中各个流程仍沿用了常规的审计方法和审计步骤，缺乏独立完整的海洋自然资源资产审计流程和标准。面对经验不足、认知不足、技术不足等问题，我国的海洋自然资源资产审计仍处于试验摸索阶段。同时由于沿海各地区之间经济发展水平和海洋开发利用方式的不同，各地海洋自然资源资产审计实务的审查流程与实施进度有显著的区域性特征，山东、江苏、浙江三地审计实务的起步阶段较早，审计经验较足，从而促使其审计效率和审计水平都得到了显著的提升。

目前我国海洋自然资源资产审计项目仍围绕海洋开发工程和财务审计展开，没有以海洋自然资源为中心的独立项目。对于工程项目而言，财务审计具有审计效率高、审计成本低等特点，加之项目资金流向清晰明了，更有利于审计实务工作的开展。与此同时，财务审计仍存在着一定的缺陷，如注重经济效益从而忽视环境效益。虽然环保工程项目的审计对象相对而言更加明确，但在具体审计实务过程中难以全面有效度量该工程带来的环境效益。

我国海域广阔且存在几个省份处于同一海域的情况，因此审计某海域时需相关行政区的不同审计机关相互合作、共同审计。例如，审计署对渤海进行水污染防治审计和浙江省审计厅对杭州湾进行海洋环境保护专项资金审计两个项目采用合作审计的方式开展海洋自然资源资产审计，可见，我国在涉海领域开展合作审计的案例仍相对有限，在现实操作中各审计机构大多独立开展项目审计工作。

（二）海洋自然资源资产审计面临的主要困难

1. 对海洋自然资源资产审计的经验不足、信息基础薄弱

当前我国海洋自然资源资产审计在理论研究和实务开展上取得了一定的工作经验和阶段性成果。从审计工作的开展方式来看，单独关于海洋自然资源资产的专项审计制度尚未得到发展，审计经验缺乏，仅在部分地区进行试点审计，没有形成具有普适性的成熟的海洋自然资源资产专项审计流程。作为自然资源资产审计中位于起步阶段的海洋自然资源资产审计，实务审计经验较少，各区域政府部门对于海洋自然资源资产审计的重要性认识尚且不足，加上以 GDP 为导向的"晋升锦标赛"机制，常常导致经济责任审计和环境责任审计的工作强度与工作效率差距悬殊，多方面因素的综合作用促使海洋自然资源资产审计发展速度缓慢。

一些沿海省份甚至因盲目过度追求经济效益而忽视了海洋自然资源环境的治理以及海洋开发可持续性的维持，进而对海洋生态系统造成不可挽回的损害。沿海地区各级政府应充分认识海洋自然资源管理在我国自然资源资产管理工作中的重要地位，积极配合审计机构工作，及时提供相关基础资料，共同推进海洋自然资源资产审计工作的顺利开展，彰显海洋审计工作对我国海洋自然资源可持续开发利用的巨大影响。

2. 海洋自然资源资产的信息收集不充分

海洋自然资源资产审计需要全面准确的统计信息作为基础，包括海洋自然资源资产的价值量、存量、权属等方面的管理信息以及开发、保护、绩效等方面的经营信息，只有审计证据收集充分，才能够进行客观的评价分析，达到预期的审计效果。然而在现实情况中，海洋自然资源资产的数据很难达到预期的采集效果。

一方面，海洋统计监测数据往往分散在多个不同的部分，如自然资源部和生态环境部，数据整合难度较大，需要大量的人力物力财力，且存在着数据要素不全或者断档的情况，诸多因素使审计机构对海洋自然资源资产数据采集工作望而却步。

另一方面，海洋自然资源资产的管理部门缺乏类似于专项负债表的用来登记核算海洋自然资源资产的台账，缺少海洋自然资源资产的空间分布、区域划分、总体规划自己生态保护措施等相关资料。同时，现存资料的核算方法不统一、测量误差较大、数据管理体制不规范等，都将导致不同地区、不同机构对同一种海洋资源的统计数据存在明显的差异。数据精准度的缺失导致审计过程中无法获取充足有效的审计证据，不足以支撑海洋自然资源资产审计的进行，进而影响问题查处、审计评级，不利于海洋自然资源资产审计的发展与完善。

3. 海洋自然资源资产审计评价考核体系有待健全

首先，海洋自然资源资产的生态环境保护程度难以估量。海洋自然资源资产审计目前面临着基础资料获取难度大、内容缺失以及可信度差等问题，加上海洋自然资源资产种类繁多，分布广泛，大大增加了其生态效益的增量评估难度。

其次，海洋自然资源资产的开发利用质量难以量化。各地区自然条件、战略规划、经济发展水平等存在差异，地方政府对海洋自然资源资产的管理工作各有规定，使得海洋自然资源的保护利用程度不尽相同。目前仍缺少关于海洋自然资源资产审计评价指标体系的指导，只是简单地提出需要收集评价指标数据，没有形成直观全面的海洋自然资源资产审计评价指标体系，不利于海洋自然资源资产审计实务工作的展开。

再次，相比海洋自然资源资产管理的经济效益，其生态效益见效较慢，加之海洋自然资源市场价格动荡，造成了海洋自然资源资产开发利用质量的评估难、量化难。常见的一种做法是等级划分，可分为优秀、良好、一般、较差和差五个等级。

最后，指标体系不统一也影响着海洋自然资源资产审计实务工作的开展。即便位于同一沿海省份，海洋自然资源资产审计试点地区间也存在着差异。海洋自然资源资产审计作为我国未来具有广阔发展前景的工作项目，既要与当地经济发展相呼应，又要兼顾国家政策体系的要求，在科学合理的基础上使海洋自然资源资产审计工作更加贴合实际。

4. 海洋自然资源资产管理机制有待完善

到目前为止，我国已经形成了一套较完整的海洋自然资源资产管理体制，是具有中国特色的融合经济效益、生态效益和文化效益的管理体制。近年来，我国对海洋自然资源资产管理进行了一系列的体制变革实践，如海域使用权交易、海洋自然资源有偿使用制、海洋功能区划等，大大增强了对海洋自然资源的开发利用质量。

然而，随着海洋自然资源资产审计工作的推行，逐渐暴露出海洋自然资源资产管理体制的诸多问题：

首先，海洋自然资源管理部门职权分散。关于海洋自然资源的战略规划、保护修复、开发利用和市场化经营等职权分散在自然资源部、生态环境部、国家发展改革委、水利部等多个部门。碎片化的管理体制使得海洋自然资源的管理效率变差，包括资源开发利用、环境保护治理等方面，这一现象所引发的信息断层、散乱等问题严重影响了海洋自然资源资产审计工作的开展。

其次，海洋自然资源执法监管体制仍有待完善。海洋自然资源的开发和利用的一个重要前提是保护海洋环境、维护海洋生物多样性。对海洋自然资源开发、利用、保护的有效监督体制不健全，对海洋自然资源体制建设的重要性认识不足，使海洋自然资源的无序开发、海上及陆源污染物的排放不达标、近海工业对生态环境保护责任的履行不到位等现象持续存在，导致盲目无序的粗放型的经济发展模式未能完全转化为环境友好、资源节约的新型经济发展模式。

最后，对环境产生持久的不利影响。无节制的捕捞使海洋生物多样性受到影响，部分物种逐渐濒危，污水排放入海导致海水质量下降；生态环境加剧恶化。诸多不利因素的存在，原因在于缺乏对海洋资源开发、利用、保护的有效监督，忽视海洋资源管理的重要性，从而进一步演化为过度捕捞、无序排放、盲目破坏的粗放型的经济发展模式。

5. 审计人员数量和素质有待提升

审计人员的数量和素质是制约海洋自然资源资产审计高效推进的重要

因素，同时也是保证审计质量的重要基础。目前我国关于海洋自然资源资产审计方面人员数量少、理论结构单一、缺少关于审计、环保、法律等多方面的复合型人才。我国海域广阔，海洋自然资源储量丰富、种类繁多使得海洋自然资源资产审计的基础资料获取难度大大增加，尤其是海洋自然资源资料本身具有流动性强、工作量大、存储部门分散等特征，更加需要审计人员具有多重学术和工作背景以及跨专业职能工作的能力。

与海洋自然资源资产审计的需要相比，当前审计人员的专业技能还不足以完全胜任工作要求。海洋自然资源资产审计涉及很多领域，包括海洋新兴领域，在一定程度上超出了审计人员现有知识结构、工作经验和专业范畴，审计力量和人员素质与审计任务不相匹配，导致审计工作效率低下、审计结果偏离实际情况等问题出现。从审计人员的身体素质来看，海洋自然资源资产审计非常考验工作人员的体力和耐力，常常需要实地勘查、走访调研，而沿海地区海洋自然资源分布广泛、海洋自然资源数据统计专业性较强、所需仪器较多等特质，更加剧了审计人员体力的消耗。因此，海洋自然资源资产审计人员不仅需要同时具备海洋、财务和环境学等相关知识，而且也要保持良好的身体素质，才能为审计工作的开展提供保障。

三、海洋自然资源资产审计的要素分析

（一）海洋自然资源资产审计的目标

海洋自然资源资产审计的目标可以分解为根本目标、现实目标和具体目标，三者之间是一种层级递进关系。根据前文的分析，海洋自然资源资产审计的根本目标是促进海洋自然资源资产可持续开发利用，同时实现经济、文化和生态三重效益，走出一条资源节约和环境保护的中国特色道路，实现生态文明建设及经济高质量发展战略的规划。通过海洋自然资源资产审计，针对海洋自然资源开发、利用情况，海洋生态保护管理状况，海洋经济的发展状况、潜力等问题，推动海洋自然资源资产合理开发利用与环境保护并行的对策响应（R）、削减人类活动对海洋生态环境的负向压力（P），最终实现海洋自然资源资产开发利用的经济效益与生态文化效益相对平衡状态（S）的不断改善。因此，海洋自然资源资产审计的现实目标是科学、合理地评价海洋生态环境保护、海洋资源丰富度、海洋经济发展

状况的关系，促进领导干部形成正确的晋升考核绩效观，在保证生态文明建设不断推进的情况下推动社会经济高质量发展。海洋自然资源资产审计是结合经济责任审计与资源环境审计的综合性审计，属于绩效审计的一种，在进行海洋资源资金审批、资源开发规划、资源配置效率和生态效益维护方面应秉持"公平公正、真实合理、合规合法"的基本原则，审查海洋资源资产的项目绩效。

(二)海洋自然资源资产审计的对象

首先，具有明确所有权、稀缺性以及现在和未来能够产生经济效益的海洋自然资源资产是海洋自然资源资产审计的重点内容。因此，从管理体制组成结构来看，海洋自然资源资产审计的对象主要包括资源所有者、使用者；地方各级政府及国土、水利、农林、矿产、财政、发展改革委、国资委等相关部门，必要时涉及主要海洋自然资源使用单位和有关项目单位等。由于海洋自然资源开发和利用、海洋生态环境的保护以及海洋经济的发展是一项长期事业，且我国海洋自然资源资产审计尚处于起步阶段，没有成熟的经验可供借鉴，应该采取逐步探索、由浅入深的原则，在海洋资源分布最为广泛、人类开发利用最为频繁的领域优先进行审计实践。同时，审计范围应涵盖我国海洋资源新兴发展领域和国家重点规划领域，为日后审计工作的开展和审计制度的完善提供参考经验。

(三)海洋自然资源资产审计的内容

根据 PSR 模型，海洋自然资源资产审计的内容主要包括海洋自然资源现存情况审计(状态 S)、相关政策落实情况审计(响应 R)以及外部不利因素改善情况审计(压力 P)。

1. 海洋自然资源资产现存情况审计

审计关于改善海洋自然资源资产经营状况的议案需要对海洋自然资源资产负债表中重要海洋自然资源资产核算范围的准确性进行审核，对估值方法的适用性进行确认，同时对记录的完整性进行确认，对其存量和流量的真实性、实物量的真实性、价值量的真实性进行核实。在计算口径上，海洋自然资源核算应与国民经济、环境、经济综合核算指标保持一致。对海洋自然资源资产权属情况进行审核，对海洋自然资源资产管理制度的完整性进行评估，对重点海洋自然资源资产在期初、期末两个时点的存货、构成及其变动是否合理进行检查。要对重要的海洋自然资源资产指标、负债指标和中间指标进行检查评估，分析海洋自然资源资产的真实状况，包括在用途、消耗量、回收等方面的增减变动情况。

2. 海洋自然资源管理相关政策落实情况审计

审计海洋治理相关政策的落实情况。对海洋资源保护工程项目建设情况，及对建设项目进行审计评价。对有关法规、战略方法、规划措施、政策的贯彻落实情况进行检查。建设过程中也需要注意领导干部是否存在重大失职渎职、腐化堕落的问题。对海洋资源管理部门职责分配的科学性、合理性进行审核，对政策建立的完整性进行监督，做到管理手段分解得当，目标任务分解到位。关注当地政府在有效配置海洋资源中的作用，建立海洋资源的产权分配和再分配制度，保障产权分配的有序状态，保护产权。征收、管理和使用海洋自然资源保护费、使用费、补偿费，是否做到有章可循、有理有据。政府是否继续推进区域内产业结构升级，节能减排措施是否落实到重点行业、重点企业，应密切关注。

3. 海洋自然资源开发所造成的外部不利影响改善情况审计

审计海洋自然资源开发保护政策、制度及相关规划执行情况，生态环境保护与治理工作是否达到相应目标。同时，对生态修复工程的效益，如天然林保护、水土保护等进行审计。对环境目标实现情况，包括滩涂、岛屿、海域环境等修复工程情况进行审计评估。审计海洋自然资源监察系统效能。审计重点关注资源节约利用、降低单位产值资源消耗率、提高资源利用效率、提高生产效益等方面的真实性、有效性。重点关注海洋自然资源消耗方式和结构调整，为确定是否能促进生产和消费过程的减少、资源化和再利用，评估海洋自然资源开发利用中科技创新投入的成本和效益。重点关注地方低碳经济和循环经济转型进展，评估海洋自然资源开发保护财政转移支付机制。

(四)海洋自然资源资产审计的方法

传统审计中对有形资产进行审阅记录、观察、质询和核对等，这些方法运用于海洋自然资源资产审计，也具有同等重要意义。例如，对海洋自然资源资产负债表的审计和海洋自然资源资产状况改善审计，需要对有关账册、凭证、文书、记录等文本资料进行检查和核对。对资产台账、产权登记、资产评估及其他有关单证进行审查，对海洋资源进行审查。此外，确保海洋自然资源资料的准确性，尤其是海洋自然资源动植物、面积等方面的资料，还需要进行实地的观测和记录。通过这种方式，获取当前存量和价值的海洋资源，获得第一手的信息。

在海洋自然资源资产审计中，需要运用比较方法、分类方法、归纳方法、推演方法、综合方法等进行系统分析，从而揭示事物的本质和规律。例如，在进行海洋自然资源管理响应的效率性审核时，往往会出现多种相互排斥的选择，以对资源开发与保护的对策或方案进行参考。如果选择了一种方案，就相当于放弃了其他方案，那么就需要在审计实践中运用恰当的理论和思维方法加以指导，运用多种方法对被审计项目的造价和效益进行客观的评估。对海洋自然资源资产审计工作同样适用的一些资源环境审计特有的审计技术方法也可以开发出来，如卫星遥感数据接收系统、GPS、GIS 等工具。为确保工程进度和效果符合预期，进行实时或定期的数据收集和分析。利用在线监测设备和系统进行实时或定期的数据采集和分析，评估海洋资源开发压力削减的效果(如退耕还林还草、森林养护、海域污染防治等)，确保不同阶段工程进度和效果符合预期。海洋自然资源资产审计项目所涉及的自然资源类型多、领导机构复杂多样且海洋自然资源资产基础数据的采集工作比较繁杂。因此，目前在审计工作中常常借助大数据进行审计，顺应了新时代审计创新发展的潮流，同时也有效地推进了审计监督全覆盖。

(五)海洋自然资源资产审计的模式

海洋自然资源资产审计需要研究压力、状态和响应之间的相互关联和互动效应，以保护海洋资源，维护国家环境安全。要有效开展审计工作，需要在建立相应的组织条件和工作机制的同时，从国家和地区的全局和宏观的角度，对审计工作进行规划和部署，合理配置与之相适应的审计资源。有以下四种模式可供海洋自然资源资产审计使用：

1. 双向驱动模式

对海洋自然资源资产进行审计的主要内容是对其资产负债表的真实性进行核实，但并不是仅此一项。根据 PSR 模型，我们了解到审计机构需要重点关注海洋自然资源资产负债表的真实性，以及审计状态改善时的编制状况。尤其需要关注期初期末的海洋自然资源资产负债表存量及其变化，这是经济和社会各方面的原因造成的。因此，对于海洋资源开发与保护有关的政策执行、资金使用、项目运行以及各部门履行职责等方面的问题，审计机关应在积极响应落实、减轻压力的审计中给予更多的关注。海洋自然资源资产审计需要依赖海洋资源负债表，但不能完全依赖海洋自然资源资产负债表。海洋自然资源资产负债表的编制尚处于起步阶段，审计机构在开展试点审计实践的同时积累工作经验，探索开展实物量核算和海洋自然资源资产存量变动表编制等工作。此外，在海洋自然资源资产负债表推广实施阶段，为保证资产负债表的真实性，审计机构还可以在审计机构人手不足的情况下，自主完成审计。另一个方案是外包给第三方执行（特别是会计师事务所）。选择外协审计的，可采用非公开审计报告的格式和观点类型，作为海洋自然资源负债表审计报告的参考依据。

2. 多重主体模式

海洋自然资源资产审计的潜在主体包括国家审计机构、内审机构和会计师事务所（以下简称"内审机构"）等，其中《党政主要领导干部和国有企业领导人员经济责任审计规定实施细则》于 2014 年 7 月由中央组织部、监察部、审计署等部门印发。该细则明确，海洋自然资源资产审计的重要责任主体是国家审计机关，因此海洋自然资源资产审计的重要责任主体是承担经济责任审计的各级地方党政领导干部。海洋自然资源资产审计未来有可能作为中介机构的业务领域之一，如会计师事务所等。注册会计师可以接受相关委托，因为他们在财务报表审计方面有长期积累的经验和人员优势。由于当前审计机构审计能力与审计任务的矛盾还很突出，要实现对全部海洋自然资源资产的全面审计，还需要依靠部门或机构内部审计。

3. 区域合作模式

开发利用海洋自然资源具有地域性、联动性、全局性等特点。当某一地区进行资源开发和经济活动时，对其他地区的海洋资源、海洋经济和生态环境可能会产生影响。因此，需要不同部门和政府加强协作，保护海洋资源，包括上下级、同级以及与海洋资源管理部门的协作，加强海洋自然资源资产审计机构之间的协作。对于跨界域、跨流域的海洋自然资源资产审计，为增进各方合作交流，可优先考虑由上级审计机构集中组织联合审计，或由同级审计机关合作开展审计工作，从而更高效地解决海洋区域内的资源环境问题。审计机关可以制定定期会议、联席会议制度，实现审计监督与部门监督的有机结合，同时审计机关要积极与国土、水利、农林等有关部门建立密切的协作关系。海洋自然资源资产审计需要加强协调，以提高审计工作效率。

4. 综合管理模式

在积极推进海洋经济发展的同时，也要承担起保护海洋资源的职责。地方党政领导干部既要承担起本地区经济社会发展的全面责任，又要承担起保护海洋资源的责任，积极推动海洋经济发展，把海洋自然资源资产审计与常规审计工作有机结合起来。首先要承担起开发、利用和保护当地海洋资源的职责。以牺牲资源环境为代价推动地区经济发展，这在当前国家形势下是不可持续的，注重生态文明发展必须走新型工业化路线。同时，海洋资源类资产的审核与常规审核工作也需要进行合并。经济发展理念的转变对于追求和谐社会建设和经济可持续发展的客观需求，有助于审计结果更加符合实际。把海洋自然资源资产审计与任期审计有机结合起来，使领导干部管理海洋自然资源的职责得到有效监控。海洋自然资源的详细情况只有在任期内通过审计才能知晓，资源管理才能做到实时监控。为给审计提供科学的数据依据，按年度评估海洋自然资源存量和状况，分析资源环境风险。

四、基于 PSR 模型的评价指标体系构建

PSR（Pressure-State-Response），即压力、状态、响应。该模型最早是由加拿大统计学家 David J. Rapport 和 Tony Friend 在 1979 年所提出的，后来在 20 世纪八九十年代得到发展，在环境可持续发展评价、环境治理投入分析、生态系统健康评价等多个领域得到广泛应用。PSR 模型以"压力（P）—状态（S）—响应（R）"为主要思想逻辑，是人类社会与自然环境之间相互依存、共同作用的展现。人类为了生存与发展需要借助各种工具与手段从大自然中获取物质资料，在索取资源的同时又出现向海洋排放污染物、海上工程倾废等损害海洋生态环境的行为，严重影响了海洋资源再生与可持续利用，而海洋生态环境状态的变化又反过来影响人类的资源开发活动，进而促使社会通过立法部门、执法部门和守法部门，以及对行为意识的调整而对这些变化做出反应。由此形成海洋资源开发利用行为循环圈，构成了人类社会与自然环境之间的"P–S–R"关系。

PSR 模型是研究人类社会与自然环境之间相互关系的一种理论模型。其中，压力（P）指标表示人类的社会经济活动对上述环境现状所产生的影响，如工业生产排放的污染物、废弃物对自然环境的破坏、资源过度消费

等，回答"什么原因"的问题；状态（S）指标表示在一定的时间段或特定的时间节点中海洋资源和生态环境的现状以及人类的生活质量和健康状况等，回答"怎么了"的问题；响应（R）指标代表社会中的个人或集体为改变上述影响或恶化，进而修复和预防自然资源和生态环境的行为所采取的努力措施，回答"怎么做"的问题。上述模型通过对压力指标、状态指标和响应指标三种指标进行界定和区分，构建出了"怎么了—什么原因—怎么做"这一逻辑主线。

PSR 模型构建的评价指标体系在对项目或者领导干部的受托责任履行情况进行评价时考虑了因果关系，也就是说，压力（P）、状态（S）、响应（R）这三个维度的指标体系并非独立存在的，三者之间具有密切的逻辑关联。在审计过程中，地方或区域的海洋生态环境遭遇损害，此时地方政策和制度是否有利于减轻、阻止、恢复和预防人类社会活动对海洋资源资产价值的影响，这是 PSR 评价模型的基本逻辑主线。它是一种典型的由"海洋自然资源—经济—社会"组成的复合型生态系统，因此，该模型在实际运用中具有明显的灵活性的优点，同时在评价指标的选取原则上较为综合多元，可以为建立更加科学全面的评价指标体系提供创建思路，为海洋自然资源资产审计注入了新鲜的活力，也为海洋自然资源资产审计这一评价理论体系的完善做出了贡献。

（一）评价指标选取的基本原则

1. 开放性和层次性原则

根据不同阶段、地区和时期海洋自然资源管理的重点领域对 PSR 模型下的海洋自然资源环境情况指标的构成、口径进行调整、校对，保持指标体系的动态开放；并从压力、响应和状态三个方面分别搭建评价指标体系，每类指标体系中又可以根据对象属性和类型进一步细化分级和分层。

2. 可操作性与可行性相结合原则

海洋环境审计评价指标既要具有理论研究价值，又应具有实践应用价值。在选择海洋环境绩效审计评价指标的过程中，要充分考虑数据获取的难易程度和指标量化的可能性，利用相关部门已公开的资料和统计数据，将原有的统计指标整合、完善、细化。在考核该类指标时，应采用相对简单的计算和统计方法，与实践工作紧密连接，紧扣实际，便于应用。

3. 科学性与合理性相结合原则

评估过程中所确立的指标既要能够体现海洋自然资源资产环境审计评

价体系的本质特征，又要避免指标内涵的重复，应协调统一评价目标与评价指标，构建层次分明、代表性强的指标体系。指标的定义要准确、界限要清晰、计算方法规范、能够量化，且基础数据来源要真实权威，这样最终的评价结果才具有科学性与合理性。

4. 统一性与可比性相结合原则

为了便于描述和说明问题，应选择典型、统一的指标来衡量，使评价结果在时间和空间上具有可比性，进而通过时间和空间上的比较来反映问题。同时，为了兼顾审计效率的提高和审计结果的科学合理，指标的选取要遵从实践操作可行性和横纵时期可比性，既要保证基础数据的可获取性和指标数据的可计算性，又要考虑数据来源的权威性与可靠性。此外，指标之间也要具有明显的差异性，这样才能在评价时进行对比分析。

5. 灵活性与有效性相结合原则

由于"压力—状态—响应"模型构建的复杂性，加之国家关于海洋自然资源利用与保护的政策不断更新调整，海洋自然资源管理机制不断完善，使得部分指标既适用于压力指标(P)，又适合用来当作状态指标(S)。因此，在构建指标体系时，需要结合审计项目的实际情况以及相关研究成果，根据主体对象的不同进行适当调节，从而灵活变动，构建出具有有效性等显著特征性的审计评估指标。特别注意的是，模型指标的选择规则并非一成不变的，需要根据区域特征和现实情况的变化及时进行调整和替换，也就是说指标的构建与选取是一个持续动态变化的过程。

(二)评价指标体系的构建

为了更加客观地评价海洋自然资源资产开发利用情况，在可操作性、可比性、科学性、灵活性、开放性与层次性相结合的原则基础之上，遵循PSR 模型的基本逻辑主线，分别剖析海洋自然资源资产的属性与特点，设计了相应评价指标体系。其中，状态指标主要源于海洋自然资源资产的存量和流量数据或者经大数据挖掘、文本分析等方式计算取得，压力指标是导致上述状态出现的来自经济、社会和环境等方面的影响因素，响应指标则是各级政府采取应对措施反映的公共管理活动和投资活动。在 P、S、R三类评价指标体系的基础上，通过对各级指标权重的合理配置、各种评价方法和评价标准的科学选择，可以实现对海洋自然资源资产审计从定性到定量的整体性转化。

2015 年 11 月,《编制自然资源资产负债表试点方案》在党中央、国务院的领导下逐步推进,坚持边试点边总结,为日后自然资源资产负债表的编制总结经验。由此,关于海洋自然资源资产负债表的编制也在逐渐涌现。虽然目前尚未形成正式统一的关于海洋自然资源资产负债表的设置和基本框架,但全国各地均陆续开始了海洋自然资源资产负债表的探索编制工作,主要目标是通过编制海洋自然资源资产负债表来摸清海洋自然资源资产"家底",包括海洋自然资源结构的变动、数量的调整、开发利用程度、海洋生态环境的治理情况等。海洋自然资源资产负债表为本书 PSR 模型中指标的选取与指标体系的构建提供了借鉴与参考。

1. 压力准则层(P)

压力准则层(P)体现的是通过提出合理的利用保护海洋资源和生态环境的建议,使经济效益和生态效益达到平衡。随着社会生产力的迅速发展以及人口规模的不断扩大,海洋自然资源的开发利用显得尤为重要。人类通过社会生产活动影响海洋自然资源环境,随着时间推移,海洋自然资源环境受人类的经济活动的影响也在逐渐深化。根据海洋自然资源资产审计的审计目标以及压力准则层的指标选取依据,在压力准则层下设资源环境承载压力(P1)、经济发展污染排放压力(P2)、政府监管压力(P3)三大要素层(见表 5-1)。其中,海洋资源环境承载压力(P1)主要包括全年陆源污染物排放总量、主要污染物排放总量、重点入海排污口达标率、海洋矿产开采增长率、劣于四类水质海域面积比例以及海水富营养化海域面积比例。其中,主要污染物是指石油、金属、农药、放射性物质等。经济发展污染排放压力(P2)选取城镇化率、渔业总产值、工业固体废物产生量、每万元渔业增加值中海洋捕捞比重、海洋经济生产总值占 GDP 的比重。政府监管压力(P3)包括政府审计质量与政府审计力度两个指标。

表 5-1　压力维度指标

要素层	指标层	指标属性	指标解释
资源环境承载压力(P1)	全年陆源入海污水排放总量(P11)	负	整个年度来自陆地的污水排入海洋的总量
	重点入海排污口等级达标率(P12)	正	重点入海排污口达标个数/重点入海排污口总个数×100%
	主要污染物排海总量(P13)	负	石油、金属、农药、放射性物质等主要污染物排海总量

要素层	指标层	指标属性	指标解释
资源环境承载压力（P1）	海洋矿产开采增长率（P14）	负	（年度海洋矿产开采量－基期海洋矿产开采量）/基期海洋矿产开采量×100%
	劣于四类水质海域面积比例（P15）	负	劣四类水质海域面积/海域总面积×100%
	海水富营养化海域面积比例（P16）	负	富营养化海域面积/海域总面积×100%
经济发展压力（P2）	城镇化率（P21）	正	城镇人口/总人口×100%
	渔业总产值（P22）	正	以货币形式表现的渔业产品总量
	工业固体废物产生量（P23）	负	工业活动中产生的一般工业废物和工业有害固体废物总量
	每万元渔业增加值中海洋捕捞比重（P24）	负	每万元的渔业增加值中海洋捕捞收入所占比重
	海洋经济生产总值占GDP比重（P25）	正	海洋经济生产总值/地区GDP总值×100%
政府监管压力（P3）	政府审计质量（P31）	正	当年查处的问题金额之和（包括违规金额、损失浪费金额、管理不规范金额三个方面）与GDP之比
	政府审计力度（P32）	正	当年审计项目中环境审计占审计项目总数的比例

资料来源：笔者根据相关资料整理。

2. 状态准则层（S）

状态是海洋资源环境在受外界压力和响应双重因素影响下的最终状态，体现当地的海洋生态环境治理水平。我国海洋自然资源储量丰富、种类繁多、分布广泛，从属性视角来看可以分为海洋矿产资源、空间资源、动力资源、生物资源、旅游资源等，需要选取具有一般代表性的海洋自然资源环境指标进行考量。综合考虑海洋自然资源资产计量的难度以及指标通用性等因素，特选取海洋环境状态（S1）、海洋功能状态（S2）和海洋生态状态（S3）三大要素层（见表5-2）。海洋环境状态（S1）包括岸线系数、海滩垃圾密度、海面漂浮垃圾密度、重大海洋灾害次数、海洋污染事件次数。海洋功能状态（S2）主要包括国家级海洋生态文明示范区个数、近岸海域环境功能区达标率、清洁海域面积比例、盐田生产面积。海洋生态状态（S3）包括海洋生物多样性平均指数、植被覆盖指数和外来物种入侵度。

表 5-2　状态维度指标

要素层	指标层	指标属性	指标解释
海洋环境状态（S1）	岸线系数（S11）	正	岸线长度/沿海地区陆地面积
	海滩垃圾密度（S12）	负	海滩垃圾数量/海滩面积
	海面漂浮垃圾密度（S13）	负	海面漂浮垃圾数量/海域面积
	重大海洋灾害次数（S14）	负	赤潮、风暴潮、灾害性海浪发生次数
	海洋污染事件次数（S15）	负	对海洋造成污染的事件个数
海洋功能状态（S2）	国家级海洋生态文明示范区个数（S21）	正	评价为国家级海洋生态文明示范区的个数
	近岸海域环境功能区达标率（S22）	正	近岸海域环境功能区达标个数/海域环境功能区总数×100%
	清洁海域面积比例（S23）	正	二类海水水质及以上较清洁海域面积/总海域面积×100%
	盐田生产面积（S24）	正	直接提供给海盐生产的面积
海洋生态状态（S3）	海洋生物多样性平均指数（S31）	正	已开展的海洋生物多样性检测平均指数
	植被覆盖指数（S32）	正	利用评价区域单位面积归一化植被指数表示
	外来物种入侵度（S33）	负	评价区域内外来入侵物种个数

资料来源：笔者根据相关资料整理。

3. 响应准则层（R）

近年来，海洋资源环境问题越发受到国家重视，我国制定了一系列的海洋资源环境保护政策措施，并由政府部门贯彻实行。因此，响应准则层主要目的是考察政府部门在海洋资源环境保护过程中所履行的责任。一方面，为了加强对海洋资源环境污染的治理，政府主要从制度、人文、投资等方面切入；另一方面，海洋资源环境保护的成果也是对海洋资源环境处理问题的反映。因此，准则层具体指标的构建可从这些方面入手。考虑到指标的通用性与数据的可获得性，响应准则层下设置四个要素层：制度响应层面（R1）、经济投资响应层面（R2）、海洋环境保护响应层面（R3）、人文响应层面(R4)(见表5-3)。

表5-3　响应维度指标

要素层	指标层	指标属性	指标解释
制度响应层面(R1)	海洋资源制度健全性(R11)	定性指标	制定的海洋资源相关的法律法规的健全程度
	海洋资源制度制定合理性(R12)	定性指标	海洋资源制度制定与国家相关要求及地方要求的符合程度
	海洋资源制度执行效果(R13)	定性指标	海洋资源制度执行的落实到位情况
	海洋资金审批制度的规范性(R14)	定性指标	项目资金审批流程的规范程度
经济投资响应层面(R2)	工业污染治理项目完成率(R21)	正	工业污染治理完成的项目个数/总投资的治理工业污染项目个数×100%
	海洋污染治理投资占GDP比重(R22)	正	海洋环境污染治理投资金额/GDP×100%
	海洋生态资源资产监测系统完善性(R23)	定性指标	海洋工程环境的监视监管及环境影响情况×100%
	海洋建设项目环评执行率(R24)	正	执行海洋环境影响评价制度的建设项目个数/开工建设的项目总数×100%
海洋环境保护响应层面(R3)	海洋保护区面积(R31)	正	被划分为海洋保护区的面积
	城市污水处理率(R32)	正	处理过的城市污水/城市污水总量×100%
	工业固体废物处置利用率(R33)	正	经过处置利用的工业固体废物/工业固体废物总量×100%
	区域水质评级(R34)	定性指标	根据评级区域内的水质等级确定
人文响应层面(R4)	公众对环保满意度(R41)	正	被调查民众对环保治理满意人数/被调查民众总数×100%
	廉洁自律情况(R42)	定性指标	政府遵纪守法情况
	违反禁渔规定情况(R43)	定性指标	是否存在违反禁渔规定行为
	媒体关注度(R44)	负	媒体关于海洋的报道数/当地报道总数×100%

资料来源:笔者根据相关资料整理。

制度响应层面(R1)包括海洋资源制度健全性、海洋资源制度制定合理性、海洋资源制度执行效果以及海洋资金审批制度的规范性，四者皆为定性指标。其中，海洋资源制度健全性主要是指制定的海洋资源相关的法律法规的健全程度，海洋资源制度制定合理性代表了海洋资源制度制定与国家相关要求及地方要求的符合程度，海洋资源制度执行效果则反映了海洋资源制度执行的落实到位情况，海洋资金审批制度的规范性是对项目资金审批流程规范程度的考察。

经济投资响应层面(R2)包括工业污染治理项目完成率、海洋污染治理投资占 GDP 比重、海洋生态资源资产监测系统完善性、海洋建设项目环评执行率，除海洋生态资源资产监测系统完善性指标为定性指标，其余指标均为正指标，反映的是各自的对应比率。

海洋环境保护响应层面(R3)包括海洋保护区面积、城市污水处理率、工业固体废物处置利用率以及区域水质评级，既涉及正指标又包括定性指标，分别代表了被划分为海洋保护区的面积、处理过的城市污水占城市污水总量百分比、经过处置利用的工业固体废物占工业固体废物总量的百分比以及评价区域内的水质等级。

人文响应层面(R4)包括公众对环保满意度、廉洁自律情况、违反禁渔规定情况和媒体关注度。其中，公众对环保满意度以问卷调查的形式进行打分评价；廉洁自律情况与违反禁渔规定情况则是定性指标，分别反映了政府遵纪守法情况以及是否存在违反禁渔规定行为；媒体关注度是负向指标，体现了地区海洋环境问题越严重，越会得到各媒体机构的密切关注。

(三)评价流程

本书基于 PSR 模型构建海洋自然资源资产的环境评估体系，涵盖内容十分广泛，既包括体现海洋自然资源资产存量的和地区经济发展水平的定量指标，又有反映政策落实情况和执行力度的定性指标。其中，定性指标根据现实情况进行评级确定。鉴于海洋自然资源资产指标评价体系的动态性、灵活性与开放性，现有研究常采用层次分析法、环境优值评价法、综合模糊评价法对上述海洋自然资源资产指标体系进行评价，综合考虑三种模型的优缺点，本书选取层次分析法对 PSR 模型进行评价。层次分析法主要包括四大步骤：第一，构建基础数据库、广泛查询资料，明确研究问题的目标以及各个指标的影响因素。第二，将确定的总目标根据评价要求划分为可以量化评价的二级目标，具体划分几层根据实际需要确定，本书根据 PSR 模型，将指标结构分为目标层、准则层、要素层及指标层。第三，邀请实务界与学术界相关专家对构建的 PSR 评价指标体系进行评价审核，使构建的指标体系符合科学要求，评价合理。第四，构建判断矩阵，通过计算赋予各层指标的具体权重，对各矩阵开展一致性检验，检验合格后构建完成，具体如图 5-1 所示。

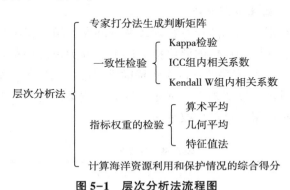

图 5-1　层次分析法流程图

资料来源：笔者根据相关资料整理。

1. 层次分析结构的建立

根据上述对于层次分析法的阐述，结合前文对于海洋自然资源资产审计的研究，本书基于 PSR 模型，构建了以下四个层次的指标模型：

（1）目标层。该层为最终评价拟达到的目标，本书为海洋自然资源资产开发利用的合理性（W）。

（2）准则层。该层为评价指标体系的主指标层，分为压力（P）、状态（S）、响应（R）三种指标类型。

（3）要素层。该层为主指标层下的分类设计，即三大类主指标层下具体的评价指标，从不同方面进一步做出具体的绩效考评，压力（P）层下分别设置海洋资源承载压力（P1）、经济发展压力（P2）以及政府监管压力（P3）三个方面；状态（S）层下设海洋环境状态（S1）、海洋功能状态（S2）以及海洋生态状态（S3）三个方面；响应（R）层下设制度响应层面（R1）、经济投资响应层面（R2）、海洋环境保护响应层面（R3）以及人文响应（R4）四个方面。

（4）具体指标层。该层是基于第三层分类下对海洋自然资源资产评估体系所设计出的更为具体的指标，便于审计工作更为细致科学地展开。具体评价模型如下所示：

$$Z=\sum_{n=1}^{3}\sum_{i=1}^{\infty}\sum_{j=1}^{\infty}W_{nij}P_{n}M_{ni}N_{nij} \tag{5-1}$$

式中：Z 为海洋资源资产综合管理情况的总得分；W 为要素层关于压力（P）、状态（S）、响应（R）三个维度的具体评价指标的取值；P 为准则层各维度权重；M 为要素层各评价指标权重；N 为指标层下经层次单排序检验的权重；n、i、j 分别为准则层维度、要素层维度、指标层指标数量。

2. 专家打分法生成判断矩阵

向实务界权威人士和高校专家发放调查问卷，填写指标的相对重要性程度对比情况，对同一层次的评价指标以重要性为标准两两比较，建立判断矩阵。采用 1~9 标度法量化两个指标间重要程度的比较，显示指标间的相对重要性，具体标度如表 5-4 所示。同时，收集汇总上述专家对指标重要性程度的判断成果并进行加权平均。

表 5-4 标度取值

标度	含义与说明
1	两者具有同等的重要性
3	两者相比，前者比后者略显重要
5	两者相比，前者比后者明显重要
7	两者相比，前者比后者重要得多
9	两者相比，前者比后者极端重要
2，4，6，8	表示需要在上述两个标准之间折中时的标度
倒数	两个指标的反向比较，后者比前者的重要标度

资料来源：笔者根据相关资料整理。

如果将判断矩阵记为 A，对应的元素为 a_{ij}，这个矩阵有如下特点：

（1）a_{ij} 表示的意义是，与指标 j 相比，i 的重要程度。

（2）当 i=j 时，两个指标相同，因此同等重要记为 1，这就解释了主对角线元素为 1。

（3）$a_{ij}>0$ 且满足 $a_{ij} \cdot a_{ji}=1$（满足这一条件为正互反矩阵）。

3. 一致性检验

一致性检验的目的在于比较不同方法得到的结果是否具有一致性。检验一致性的方法有很多，如 Kappa 一致性系数、ICC 组内相关系数、Kendall W 协调系数等。每种方法的功能侧重、数据要求都略有不同，具体如表5-5所示。

表5-5 一致性检验方法

方法	数据类型	功能倾重	其他
ICC组内相关系数	定量或定类	一致性测量	N个数据一致性
Kappa一致性系数	定类(或定序等级数据)	一致性测量	仅针对2项数据一致性
Kendall W协调系数	定量(或定序等级数据)	关联程度测量	N个数据关联程度
Bland-Altman图	定量数据	一致性测量	仅针对2项数据一致性

资料来源：笔者根据相关资料整理。

受目标对象复杂性、认识能力局限性以及已有经验的影响，人们在对客观事物判断时难免会出现认知偏差或测量误差。若要保证研究结论的说服力，则需要将误差控制在可接受的范围之内；反之，当误差超出一定范围时，相对应的研究结论往往被认为是不可靠的。为了确保层次分析法所得结论的科学性与合理性以及检验各元素重要度之间的协调性，需要对人们对客观事物的定性分析判断进行严格的"是否一致"的定量检验，避免类似于A比B重要，B比C重要，而C又比A重要，这样的矛盾情况出现。

4. 指标权重的确定

基于前文构建的判断矩阵，计算出各层权重，得出目标层指标的权重（归一化处理），如表5-6所示。

表5-6 目标层S判断矩阵

海洋资源利用和保护S	压力W1	状态W2	响应W3	权重
压力W1	1	3	1	0.3961
状态W2	1/3	1	1/6	0.1048
响应W3	1	6	1	0.4991

资料来源：笔者根据相关资料整理。

同理可以构造出准则层和要素层的各判断矩阵，通过一致性检验后最终权重汇总结果。

五、总结与展望

实行海洋自然资源资产审计，有助于提高领导干部的遵纪守法意识，正确处理好"开发海洋资源与保护海洋环境"的关系，促进海洋自然资源规范管理，确保海洋自然资源资产的开发、利用中的经济效益、社会效益和生态效益的有机统一。本部分采用 PSR 模型，对海洋自然资源资产审计进行理论分析、框架建立、指标构建和评价体系剖析，主要贡献如下：第一，突破既有研究中以海洋自然资源净资产（所有者权益）的数量增减考核领导干部的环境保护责任的局限性，本书以海洋自然资源资产存量状态为主线，利用"状态预警—响应对策—压力削减—状态改善"之间的有机联系与良性循环，系统考察海洋自然资源资产开发、利用、保护、管理等责任的履行情况，拓宽了海洋自然资源资产审计的知识视野。第二，本书的理论方法对于有序推动海洋自然资源资产审计与经济责任审计相结合，有效推进审计整改落实，促使各部门守"海"尽责，促进领导干部守法、守纪、守规、尽责，助力海洋资源节约集约利用和推动国家生态环境安全具有指导意义。海洋自然资源资产审计是一项综合性高、专业性强的工作，信息量丰富、可操作性难、涉及面广，目前尚处于起步探索阶段，我国开展这项任务道阻且长，日后仍需围绕领导干部在海洋自然资源资产开发、利用和保护中的职责和责任，积极探索海洋自然资源资产离任审计新理念、新思路、新举措。

第三节　GIS、BIM 在海洋自然资源资产审计中的应用

一、GIS 在海洋自然资源资产审计中的应用

（一）GIS 的概念

GIS 即地理信息系统，又称"地学信息系统"，是一种十分重要的空间信息系统。它是在地理信息科学和系统工程理论的基础上，结合计算机硬件及软件，对各种地理数据进行科学管理并综合分析，提供管理、模拟、决策等过程中所需各种地理信息的技术系统。GIS 作为一种利用地理信息处理与分析的先进的技术手段，越来越被人们重视。GIS 比起 MIS（传

统管理信息系统）能够结合空间信息和属性信息，能够让用户明确物体及其位置。此外，GIS 可以结合时间和空间，将不同时间序列中的空间信息用声、图、文一体化的形式直观地描述出来。目前，各个生产领域都已应用这一系统。

在海洋自然资源资产的审计中也可以使用 GIS 系统，GIS 能够真实地反映各类海洋资源资产的基本情况。审计人员可以通过 GIS 的软件系统手工描绘获取的整个地区的遥感影像图中所审计的自然海洋资源资产范围，然后通过软件进行剪裁、计算等。

审计人员对遥感影像的判读是利用 GIS 进行海洋自然资源资产审计的关键。这种判读指的是综合地理区域和研究对象、地物与其相关指示特性；地物与环境关系；地物与成像时间的关系等，综合影像的色调、阴影、大小、形状、纹理、图案、位置组合等要素进行判读。GIS 影像判读专业性较强，可借助专家力量做精准的判读，也可以自行结合不同地物GIS 影像特征表进行判读。

（二）GIS 在海洋资产审计中的应用方案

1. GIS 应用于海洋自然资源资产规划利用情况审计的方案

通过比对相关资源规划利用图、利用现状图及遥感影像图，可以判断各类海洋自然资源资产的利用情况与规划是否相符。通过 GIS 中的软件系统将所获数据进行预处理，再利用 Arcgis 的相交工具重合图片，找出疑点区域，进而实地勘查疑点区域，验证属性、真实性。

2. GIS 应用于建设项目合规性审计的方案

审查建设项目违法侵占其他用地时，需要在 GIS 的软件系统中比较建设规划利用图、其他自然资源资产规划利用图和全国遥感影像图，比对出重合部分，实地考察疑点地区比较建设用地不同年份的全国遥感影像"一张图"和建设用地规划利用图，可以用来验证建设项目的真实性与效益性。

（三）基于 GIS 的海洋自然资源资产审计平台构建

"基于 GIS 的海洋自然资源资产审计平台"是区域海洋资产资源数据、数据分析模型以及 GIS 的应用平台的结合，将海洋自然资源资产分布、资源保护现状直观地展示出来，提供了多种海洋资源图层数据分析与比对手段，为海洋自然资源资产审计工作提供数据与技术支撑，提高国家审计监督全覆盖率。该平台总体架构包括基础设施层、数据层、地图服务层和应用层。

1. 基础设施层

基础设施层主要提供网络、服务器设备、存储设备等基础硬件和虚拟化、操作系统、GIS 服务发布软件、数据库等软件资源供平台运行。此外，政务云基础设施资源也可用于集约化建设。

2. 数据层

数据层主要是转变海洋资源数据中涉及地址范围等文本化信息为具有统一坐标系的地理空间数据。基础地理信息数据包括区域地理信息公共服务平台，行政区域，包含道路、河流等信息的政府地图，基于遥感影像的地图、地理国情数据等基础地理信息图层数据，专题地理信息数据必须按照审计要求围绕海洋资源等专题数据进行收集；平台还必须具备整合第三方开放地理信息数据的功能。

3. 地图服务层

地图服务层包含数据资源管理服务和基本查询分析服务。数据资源管理服务支持本地数据（Shp、Csv、Excel 等）导入和编辑，并对各种数据资源的导入、维护、目录、认证等进行管理；基本分析包括基本的常规地图操作和分析功能，如坐标转换、地址解析、散点分析、缓冲、图层交叉、合并等对比分析，以及历史影像变化分析和查看。

4. 应用层

在上一层提供的各类分析功能基础上，应用层进行综合运用，对海洋自然资源资产审计中常用的一些场景进行综合概括和模块化，形成针对审计人员使用习惯的问题导向、可根据实际需求快速动态调整的具体审计应用。

二、BIM 在海洋自然资源资产审计中的应用

（一）BIM 的概念

BIM 全称"Building Information Model"，是指将建筑设施分解、数字化和建模为元素，表达元素及其特征，然后在计算机上构建建筑设施的完整数字模型。随着技术水平的提高，BIM 技术作为互联网和大数据时代建筑

行业的一种新工具，在工程审计领域得到了广泛应用，应用效果良好。

（二）BIM 技术在审计中的应用

通过引用 BIM 技术参与审计监督，通过项目协同管理平台，在建设全过程中增加造价、进度信息。利用 BIM 技术具备的特点，如可视化、模拟性、优化性、即时性、协同性等，对项目全过程实行动态检测管理，提高审计水平。

1. 项目决策阶段

投资决策阶段，决策者可根据 BIM 结合可视化技术和模拟技术等形成的模拟模型提供的现实依据，提高沟通效率，保证方案稳定进行，避免后期因为理解不同造成方案变更，决策者通过 BIM 形成的 3D 模型能够直观地认识和评价项目的外观、功能和实用性，审计人员同时可以利用 BIM 技术的参数化特点并结合造价信息，快速地计算出工程量，进而准确高效地完成项目估算。

2. 项目设计阶段

工程造价管理环节中最关键的阶段就是工程设计。项目设计阶段需要从技术、经济角度对方案进行比较，权衡方案是否能满足要求的工程质量、安全、进度、造价和环保等，得出最优化设计方案。审计人员通过督促管理部门有效地使用 BIM 技术，可以提高工程设计的质量和准确性，同时有效提高工程管理水平、控制设计质量、控制成本水平。在已经完成的设计方案的基础上，利用 BIM 技术搭建数据信息平台，建立专业模型，进行碰撞检查，及时对图纸问题进行调整，减少后期因质量、安全、环保、变更、延期、索赔等引起的纠纷。

3. 项目发承包阶段

这个阶段包括招标、评估、授标和其他工作。在传统工作中，投标价格仅由工程量清单和招标文件确定，投标人在限定时间内完成投标工作。目前，招投标阶段的审计工作面临着取证难、定性分析难、处理纠偏难等问题。在工程招投标阶段，审计人员可以利用设计阶段建立的 BIM 成果，在专业工程计算软件的支持下，准确获得项目的具体工作量，然后按照国家定额计算成本，获得较为准确的招标管理价格。同时，在合同签订过程中，可以利用 BIM 技术通过大数据平台存储所有相关信息，解决档案保存和存储问题，实时检测，及时发现问题，减少纠纷，全过程介入，加强问题解决和全过程协作，早发现，早预防，明确款项。

4. 项目施工阶段

审计人员在施工阶段可以通过招标过程中建立的 BIM 模型，更快速地测算出工程变动对造价的影响，并为决策者提供建议。BIM 5D 在保证模型准确性的前提下，包含了项目的所有组件信息，还提供了文件存储及管理功能。审计人员通过 BIM 5D 可以掌握每个阶段、时刻的进度、质量、成本、材料信息，计算成本，提高管理水平。审计人员还可以在完工后对比完工模型与方案模型，计算和评估项目成本。从初期规划到后期完工，审计人员利用 BIM 平台查看完整的汇总数据，提高审计的准确性和完整性。基于多方合作共享的平台，事后审计也可以保证信息完整，提高审计人员的工作效率。

5. 项目运维阶段的审计

项目审计工作并不是与项目同时竣工的，项目工程还会有后续修护工作。传统的修护工作没有成套的图纸和相关的数据资料，但修护的对象和内容较多。因此，建设单位、施工单位和审计人员可以利用 BIM 技术在运维阶段直观化、可视化的特点，直观地检查彼此的错误。软件还可以在模型和设置参数核对完成后，迅速地统计所有的工作量，减少了大量的计算工作量。

（三）BIM 技术对海洋自然资源资产审计建设的影响

跟踪审计和事后审计都需要对建设的全过程进行监督。BIM 模型以建筑工程项目的各类信息为基础，通过数字仿真模拟建筑物的真实信息。BIM 技术可以实时跟进造价信息，推进审计数据协同共享。

时间上，BIM 技术贯穿了项目建设的全生命周期，从项目立项到竣工，已拆除的实施内容都可以使用 BIM 记录。目前，建设项目的全周期提供包括所需工程信息，均可由 BIM 技术提供数据模型。数据通过模型、平台对接的方式也实现共享。BIM 技术不仅在全过程跟踪审计方面取得了技术突破，而且在不干扰项目施工的正常工作的情况下完成审计工作。此外，事后审计还可以审查平台关联建设以来发生的所有事件和费用的合理性。

内容上，因为 BIM 技术、平台的支持和工程造价信息数据集中存储，审计人员可以利用 BIM 协同平台全面审计建设工程项目管理进度、成本、质量和安全四个控制目标。审计重点不只是控制项目成本，通过审查以上与成本密切相关的四个方面，可以加强审计对项目过程中成本的认识。审计人员通过 BIM 技术可以进一步了解项目建设的效益性、效果性和效率性，可以更加准确地评价项目。

第四节　资源价值和生态环境影响预测分析

灰色预测模型和 ARIMA 模型对生态环境预测具有普遍性，因此在海洋生态环境中也使用这两种方法进行预测，详细阐述如下。

一、灰色预测模型及其应用

（一）灰色预测模型

灰色系统理论是由邓聚龙教授于 1982 年提出，灰色预测模型又是灰色系统理论中应用最广泛的、最核心的一种动态预测模型，用来有效解决信息不完备的问题，而该模型的核心是 GM（1，1）模型，其优势在于无须考虑样本数据的数量，能解决小尺度研究的不确定性预测，充分研究信息本质，达到高质量预测，定量化结果与定性化结果相一致，计算量较小。灰色预测把预测数据序列看作随时间变化的灰色量或灰色过程，在建模前，先对原始数据进行整理和处理，通过累加生成和相关生成逐步使灰色量白化，使之呈现一定的规律性，从而建立相应于微分方程解的动态模型并做出预报。

使用灰色预测模型对海洋生态环境状况进行预测，其实质是通过对原始海洋生态环境状况指标数据进行累加处理，得到规律性较强的海洋生态环境状况指标生成数列，然后重新建模，求得反映海洋生态环境状况指标生成数列及原始数列的发展趋势的发展系数及反映数据间变化关系的协调系数，将发展系数和协调系数代入模型中，得到生成模型，再对生成模型得到的海洋生态环境状况预测值进行逆处理得到还原模型的预测值，该值即海洋生态环境状况指标的预测值。具体步骤如下：

第一步，设原始序列为 $X^{(0)} = (X^{(0)}(1), X^{(0)}(2), \cdots, X^{(0)}(n))$。对其进行一次累加生成新序列：

$X^{(1)} = (X^{(1)}(1), X^{(1)}(2), \cdots, X^{(1)}(n))$，其中：$X^{(1)}(k) = \sum_{k=1}^{n} X^{(0)}(k)$，$k = 1, 2, \cdots, n$。

$X^{(0)}(1), X^{(0)}(2), \cdots, X^{(0)}(n)$ 分别表示：已取得的第 1 年至第 n 年的海洋生态环境状况指标值。

GM（1，1）模型的原始形式为：$X^{(0)}(k) + \alpha X^{(1)}(k) = \mu$，$k = 1, 2, \cdots, n$；

GM（1，1）模型的基本形式为：$X^{(0)}(k) + \alpha z^{(1)}(k) = \mu$，$k = 2, \cdots, n$。

其中：$z^{(1)}(k) = \frac{1}{2}(X^{(1)}(k-1) + X^{(1)}(k))$，$= 2, \cdots, n$。

式中：α 为数列发展系数，用来控制系统发展态势，反映 $X^{(1)}$ 及原始数列 $X^{(0)}$ 的发展趋势；μ 为内生控制灰数，用来反映数据间的变化关系。

第二步，建立一阶线性微分方程 $\frac{dX^{(1)}}{dk} + \alpha X^{(1)} = \mu$。$\alpha$，$\mu$ 可通过最小二乘估计得到，建立矩阵 B 和 Y_n：

$$B = \begin{bmatrix} -z^{(1)}(2) & 1 \\ -z^{(1)}(3) & 1 \\ \vdots & \vdots \\ -z^{(1)}(n) & 1 \end{bmatrix} = \begin{bmatrix} -\frac{1}{2}(X^{(1)}(1) + X^{(1)}(2)) & 1 \\ -\frac{1}{2}(X^{(1)}(2) + X^{(1)}(3)) & 1 \\ \vdots & \vdots \\ -\frac{1}{2}(X^{(1)}(n-1) + X^{(1)}(n)) & 1 \end{bmatrix}$$

$$Y_n = \begin{bmatrix} X^{(0)}(2) \\ X^{(0)}(3) \\ \vdots \\ X^{(0)}(n) \end{bmatrix}$$

解得：$\begin{bmatrix} \hat{\alpha} \\ \hat{\mu} \end{bmatrix} = (B^T B)^{-1} B^T Y_n$，将求得的 $\hat{\alpha}$ 和 $\hat{\mu}$ 代入微分方程：$\frac{dX^{(1)}}{dk} + \hat{\alpha} X^{(1)} = \hat{\mu}$ 解得灰色预测模型 $X^{(1)}(k+1) = X^{(0)}(1) - \frac{\hat{\mu}}{\hat{\alpha}} e^{-\alpha k} + \frac{\hat{\mu}}{\hat{\alpha}}$，$k = 1, 2, \cdots, n$。

第三步，模型检验。模型检验通过后验差检验进行，模型的精度则是通过 C 值和 P 值共同决定，其中 $C = \dfrac{S_2}{S_1}$，$P = \{\varepsilon(k) - \bar{\varepsilon} < 0.6745 S_1\}$，$\bar{\varepsilon} = \dfrac{1}{n}\varepsilon$（k），式中 S_1，S_2 分别为原始数列的标准差和残差的标准差：$S_1^2 = \dfrac{1}{n}\sum\limits_{k=2}^{n}$（X（k）$-\bar{X}$（k））^{2}，$S_2^2 = \dfrac{1}{n}\sum\limits_{k=2}^{n}$（$\varepsilon$（k）$-\bar{\varepsilon}$）^{2}。

（二）灰色预测模型在海洋生态环境状况评价预测的应用

选取 2015~2019 年 A 地区海洋生态环境评价指标作为原始数据，进行 GM（1，1）建模，预测 2023 年 A 地区海洋生态环境状况。已知 A 地区 2015~2019 年海洋生态环境指标值分别是 0.3、0.35、0.36、0.45、0.482，预测具体步骤如下：

第一步，确定原数列：$X^{(1)} = \{0.3, 0.35, 0.36, 0.45, 0.482\}$。

第二步，对初始数据进行级比检验，判断 $X^{(0)} \in \left(e^{-\frac{2}{n+1}}, e^{\frac{2}{n+1}}\right)$ 是否成立，若不满足，取适当常数 C 进行滑动平移，生成数列 $Y^{(0)}$（$Y^{(0)} = X^{(0)} + C$），假设原数列满足 $X^{(0)} \in \left(e^{-\frac{1}{3}}, e^{\frac{1}{3}}\right)$。

第三步，对 $X^{(0)}$ 数列做一次累加处理生成 $X^{(1)} = \{0.3, 0.65, 1.01, 1.46, 1.942\}$。

第四步，构建矩阵 B 与矩阵向量 Y_n：

$$B = \begin{bmatrix} -0.475 & 1 \\ -0.83 & 1 \\ -1.235 & 1 \\ -1.701 & 1 \end{bmatrix}$$

$$Y_n = \begin{bmatrix} 0.35 \\ 0.36 \\ 0.46 \\ 0.482 \end{bmatrix}$$

第五步，通过辨识算法求得参数序列，得到 $\hat{\alpha}$

$$\begin{bmatrix} \hat{\alpha} \\ \hat{\mu} \end{bmatrix} = \begin{bmatrix} -0.121 \\ 0.284 \end{bmatrix}$$

第六步，将求得的 $\hat{\alpha}$ 代入 $X^{(1)}(k) = X^{(0)}(1) - \dfrac{\hat{\mu}}{\hat{\alpha}}e^{-\alpha(k-1)} + \dfrac{\hat{\mu}}{\hat{\alpha}}$，$X^{(0)}(k) = X^{(1)}(k) - X^{(1)}(k-1)$：

$$X^{(1)}(k) = 2.647e^{0.121(k-1)} - 2.35$$

第七步，计算 2023 年 A 地区海洋生态环境预测值时，将 $k = 13$ 代入 $X^{(1)}(k)$，求得 $\hat{X}^{(1)}(9) = 4.62$ 并进行累减还原得 $\hat{X}^{(0)}(9) = 0.8$，即得出 2023 年 A 地区海洋生态环境预测值为 0.8。

第八步，对灰色预测模型进行精度检验，检验结果得到某地区海洋生态系统健康评价实际值与预测值误差表，确定相对误差 q 最大值。判断是否符合预测模型精度标准，确定模型是否可用。若预测模型趋势图与实际值趋势相符，模型预测较为准确，模型可用，求得的 A 地区 2023 年海洋生态环境预测值较为准确。

二、ARIMA 模型及其应用

（一）ARIMA 模型概述

ARIMA 模型体系是由自回归模型（AR）、移动平均模型（MA）和自回归移动平均（ARMA）演变而来。1927 年英国统计学家 Yule 提出了自回归模型，4 年后英国的 Walker 使用了移动平均（MA）模型和自回归移动平均（ARMA）模型预测印度的大气规律。20 世纪 40 年代 Wiener 和 Kolmogorov 提出了时间序列分析的基本理论，扩大了其适用范围。20 世纪 70 年代 Box 和 Jenkins 提出了整合自回归移动平均（Autoregressive Integrated Moving Average，ARIMA）模型，称作 ARIMA 模型体系，成为研究时间序列的基本方法。ARIMA 模型应用于预测国家或者城市各个领域。

模型通常表示为 ARIMA(p, d, q) 和包括自回归（AR）、差分（Ⅰ）及移动平均（MA），p，d，q 分别为自回归项数、差分次数和移动平均项数。ARIMA 模型适用于数据量少、非平稳序列的短期预测，能够与实际情况很好地拟合且预测精度较高。该模型具体思路是将预测对象随时间推移而形成的数据序列视为一个随机序列，除去个别的因偶然原因引起的观测值外，时间序列是一组依赖时间 t 的随机变量。这组随机变量所具有的依存关系或自相关性体现了预测对象发展的延续性，这种自相关性一旦被相应的数学模型描述出来，就可以从时间序列的过去值及现在值预测其未来的值。

使用 ARIMA 模型对海洋生态环境状况指标进行预测的具体思路是将已知年份海洋生态环境状况指标值作为原始序列，对该序列建立 ARIMA 模型，若该原始序列波动程度较大，可通过对原始序列取自然对数降低波动程度，减小方差。对处理过的海洋生态环境状况指标序列进行平稳性检验，若为非平稳序列可进行一阶差分及二阶差分直到数列通过平稳性检验。根据差分阶数确定 ARIMA(p，d，q)中的 d 值，依靠自相关图和偏自相关图，观察图形的自相关系数，判断 p，q 的取值，根据 AIC 得分选取模型 ARIMA(p，d，q)中得分最低的作为预测模型。得到估计的模型后，为了确定该模型是否完全反映了序列中有价值的信息，需要对模型的残差序列进行白噪声检验，同时对模型的参数进行显著检验，最终确定海洋生态环境状况指标预测模型，求得海洋生态环境状况预测值。

模型具体步骤如下：

第一步，自回归模型(AR，P)：

$$X_t = \mu + \sum_{i=1}^{p} \gamma_i x_{t-i} + \varepsilon_t \tag{5-2}$$

式中：X_t 为当前值；μ 为常数项；p 为阶数；$\gamma_i(i=1，\cdots，q)$ 为自回归系数；ε_t 为误差。

第二步，移动平均模型(MA，q)：

$$X_t = \sum_{i=1}^{q} \theta_i \varepsilon_{t-i} + \varepsilon_t \tag{5-3}$$

式中：$\theta_i(i=1，\cdots，q)$ 为移动平均系数。

第三步，自回归移动平均模型(ARMA，p，q)：

$$Y_t = \mu_i + \sum_{i=1}^{p} \gamma_i Y_{t-i} + \sum_{i=1}^{q} \theta_j \varepsilon_{t-j} \tag{5-4}$$

第四步，ARMA 滞后算子表示法，L 表示 ARMA 模型的滞后算子，自回归模型 AR(p)可表示为：

$$\varepsilon_t = (1 - \sum_{i=1}^{p} \gamma_i L_i) X_t = \varphi_{X_I} \tag{5-5}$$

式中：φ 可以表示为 $\varphi = 1 - \sum_{i=-1}^{p} \varphi_i L_i$，移动平均 MA（q）模型可表示为

$$X_t = (1 + \sum_{i=1}^{q} \theta_i L_i) \varepsilon_t = \theta_{\varepsilon_t} \tag{5-6}$$

式中：θ 可表示为 $\theta = 1 + \sum_{i=1}^{q} \theta_i L_i$。

自回归平均移动 ARMA（p，q）模型：$(1 - \sum_{i=1}^{p} \varphi_i L_i) X_i = (1 + \sum_{i=1}^{q} \theta_i L_i) \varepsilon_t$。

差分自回归移动平均模型 ARIMA（p，d，q）可表示如下：

$$X_t = \varphi_1 X_{t-1} + \varphi_2 X_{t-2} + \cdots + \varphi_p X_{t-p} - \theta_1 \varepsilon_{t-1} - \theta_2 \varepsilon_{t-2} - \cdots - \theta_q \varepsilon_{t-q} \tag{5-7}$$

式中：φ_1，φ_2，…，φ_p 为自回归系数；θ_1，θ_2，…，θ_q 为移动平均系数，均是模型的待估参数。只有平稳的时间序列才能够直接建立 ARIMA 模型，若是非平稳序列，则可以考虑对数据做逐步差分，进行预处理，以使序列满足平稳性的要求。

ARIMA 模型的预测步骤包括：判断数列平稳性；对数列进行平稳化处理；确定 ARIMA（p，d，q）模型中的 p，d，q；检验模型拟合情况；检验模型残差，判断是否为白噪声；利用已检验的模型对时间序列进行预测分析。

（二）ARIMA 模型在海洋生态环境预测的应用

使用 ARIMA 模型对海洋生态环境质量进行预测的步骤如下：

1. 数值平稳化处理

选取 2013~2022 年 B 地区海洋生态环境状况指标值作为原始数据进行序列检验，通过使用 Stata15.0 对原始数据序列进行平稳性检验，本书采用 ADF 单位根检验方法，对原始数据序列进行二阶差分后，ADF 测试结果（见表 5-7），表明原始数据序列是稳定的，即 d=2。

表 5-7　B 地区海洋生态环境质量平稳性检验结果（二阶差分）

Augmented Dickey-Fuller Test Statistic		T-Statistic	Prob. *
		−3.629	0.0052
Test Critical Values	1% Level	−3.750	—
	5% Level	−3.000	—
	10% Level	−2.630	—

资料来源：笔者根据相关资料整理。

2. 确定 ARIMA(p, d, q)模型中的 p, q 值及检验

确定了差分阶数 d 之后，要确定 ARIMA 模型的 p 项和 q 项，分别画出经过处理的海洋生态环境状况指标值的自相关图与偏自相关图，观察图形的自相关系数的变化趋势初步判断 ARIMA(p, d, q)模型中自回归阶数 p 和移动平均阶数 q 的值。通过对自相关图和偏相关图的观测，研究是截尾还是拖尾，就可以确定模型的自回归项和移动平均项。如果自相关(或偏自相关)系数突然收敛到临界水平范围，并且它们的值突然变得非常小，称为截尾。如果自相关(或偏自相关)系数拖了很长的一条尾巴，并且它的值是缓慢减小的，则称为拖尾。使用 SPSS 软件对序列进行拟合后，可以得到自相关系数和偏自相关系数，如图 5-2 所示。从子图可以看出自相关函数的值并没有突然变得很小，处于拖尾状态，偏自相关函数也处于拖尾状态。所以，针对二阶差分之后的序列，综合判断该时间序列自回归阶数 p 值为 2，取移动平均阶数 q 值为 3。所以，应使用 ARIMA(2, 2, 3)模型测试时间序列。

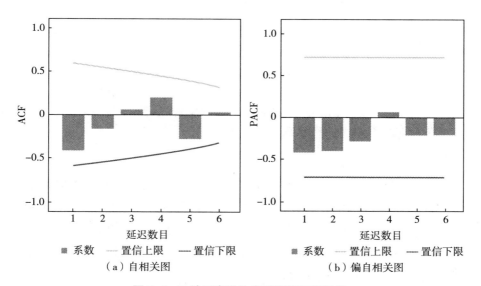

图 5-2 B 地区海洋生态环境状况指标值

资料来源：笔者根据相关资料整理。

3. 白噪声检验

得到估计的模型之后，为了确定该预测模型是否完全反映了海洋生态环境状况指标值序列中有价值的信息，是否有效，需要对预测模型的残差

序列进行白噪声检验，若检验认为残差是白噪声，则模型通过，否则模型需要重新建立。检验结果如图 5-3 所示。

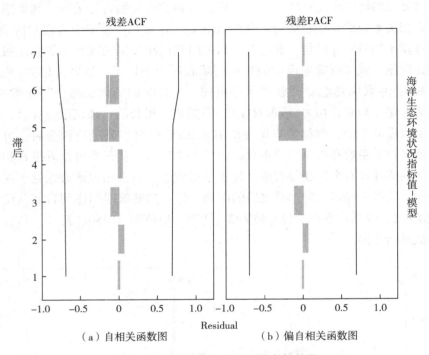

（a）自相关函数图　　　　（b）偏自相关函数图

图 5-3　残差的自相关图和偏自相关图

资料来源：笔者根据相关资料整理。

4. 模型拟合效果验证

确定模型类型后，用 SPSS 软件拟合模型。拟合得到 AR 的参数值分别为 0.115、0.003，常数项为 0.014；MA 参数值分别为 0.094、0.013、0.003。因此，得到的 ARIMA 模型公式为 $y_t = 0.115y_{t-1} + 0.003y_{t-2} + 0.014 - 0.094\varepsilon_{t-1} - 0.013\varepsilon_{t-2} - 0.003\varepsilon_{t-3}$。如图 5-4 所示，残差的自相关图和偏自相关图显示了平稳的拟合序列，平均相对误差为 2.697%。所以取年份为基础数据，利用已取得最优预测模型对 A 地区 2013~2022 年海洋生态环境状况评价指标值进行拟合，计算实际值与拟合值之间的相对误差，确认误差数值判断拟合效果，拟合效果较好，与该地区海洋生态环境评价值变化趋势基本一致，因此该预测模型能够对未来年份海洋生态环境状况进行预测。

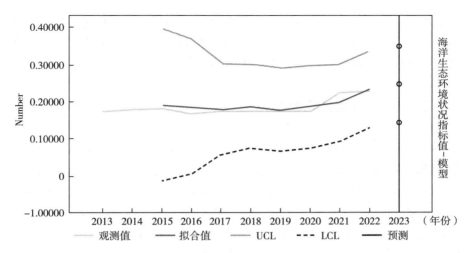

图 5-4　ARIMA 模型的拟合和预测

资料来源：笔者根据相关资料整理。

第五节　审计建议

一、培养海洋自然资源资产审计人才

海洋自然资源资产审计范围广泛，过程烦琐，对审计人员的综合素质和专业能力的要求较高，审计人员必须同时具备传统财务审计能力和海洋自然资源资产审计能力。审计结果的质量由审计人员的综合审计能力决定。

因此，现有审计队伍的海洋自然资源资产审计能力可以通过以下方法加强。首先，可以联合高校开设海洋自然资源资产审计专业，通过专业学习培养海洋自然资源资产审计专业人才，能够在理论及实务方面完善海洋自然资源资产审计，提高审计的可靠性。其次，可以通过与当地高校开展学术研讨、与其他地区审计机关加强交流、组织审计人员培训等方式，使现有审计人员提升海洋自然资源资产审计能力；同时审计人员通过学习海洋环境、海洋生物、工程建设、生态保护等专业知识，提高个人综合审计能力。最后，可以扩大海洋自然资源资产审计专业人员在各类审计人才考试中的招录比例，使审计队伍的人员构成更加丰富，使审计队伍的专业水平得到提高，能够更多、更好地开展海洋类审计工作，进而更好地发挥约束政府部门及企事业单位进行生态决策的作用。

二、健全相关法律法规制度体系

海洋自然资源资产审计的开展需要健全的法律法规制度作为支撑。但是目前海洋自然资源资产审计缺少具体的操作指导，因为可以遵循的法律如《中华人民共和国环境保护法》《中华人民共和国海域使用管理法》《中华人民共和国审计法》中仅有个别条文涉及审计工作，因此亟须细化相关法律条文、建立专门的法律体系。明确审计与海洋自然资源的法律联系，确定各级审计机关的职能，强化审计工作的保障，加强对海洋自然资源资产审计的事前、事中、事后的工作。审计部门可以结合我国实际同时参考国外的成功案例，充分总结我国历次审计的优秀经验及遇到的问题，同时结合学者、从业人员的经验与建议，为审计工作人员开展海洋自然资源资产审计提供强有力的法律保障，更好地发挥审计作用。

三、改进评价方法完善责任评价体系

审计部门在进行审计分析时，可构建一套标准合理、指标合适的严谨科学的海洋自然资源资产审计评价体系，为合理可行的审计建议提供参考。

（一）制定科学的评价指标体系

海洋自然资源资产审计评价指标体系的科学与严谨需要严格选取合适的指标。首先，应该选取全方面的指标。只有选取待评价的全方位指标，才能完整地反映任期内领导干部的各项履责情况。其次，应该有侧重地选取指标。对于不同重要程度的指标，应该赋予不同的权重，以客观准确反映领导干部职责履行情况。最后，应结合定性与定量。在领导干部所承担的责任中，一部分责任在量化处理后，可以做出更准确、客观的评价。针对这一部分的责任可以选取合适的定量指标。另一部分无法量化的责任则要选取合适的定性指标。综合两类指标，能够全面准确地评价干部履职情况，更顺利地开展海洋自然资源资产审计工作。

（二）建立多维度监督机制

实施海洋自然资源资产审计是政府内部监督的重要手段，但是仅靠内部监督无法完全保证审计项目的顺利开展。通过加入公众监督、媒体监督等方式，增强更多民众的监督意识，积极主动地对相关部门的履职情况进行监督，提供线索和信息给审计部门。此外，相关监督机制的建立不能与相关的法律法规脱节。

四、建立海洋自然资源资产审计责任追究机制

海洋自然资源资产审计的目标是推动海洋经济可持续发展，审计难以直接干预监管部门及政府的环境行为，因此为重点关注企事业单位和政府的履责和监管行为，需要优化审计机制，主要从三个方面建立并完善审计追责机制。

（一）明晰资源管理责任

客观地划分各领导责任，明确干部职责，是进行审计和对干部履职情况进行评价的基础。在开展审计工作之前，需要明确干部的责任，也要让干部充分认识到自身的职责。但是由于海洋自然资源资产的特殊性，对领导干部的责任认定存在一定的困难。

海洋自然资源资产的特殊性主要有三点：一是资源分布广泛，且没有明确的界限。这使海洋自然资源资产的所有权界定难度较大，在开发、利用海洋资源期间常常会出现外部性问题，如海洋污染、矿物流失，这种情况下很难明确责任对象。部分海洋自然资源还具有流动性，往往一个地区的生产活动会影响到其他地区，因此各地方政府、领导干部难以明确地划分相应的责任。二是海洋自然资源资产的使用效果具有长期性，海洋自然资源资产的修护、保护成效需要在多届任期后才能展现，仅选取一段时间无法有效衡量价值变化。因此，明确具体领导责任难度较大。三是决策具有集体性，海洋自然资源资产领域相关决策多为集体行为，责任由集体承担，因此，难以划分集体责任中的个人责任。

基于以上原因，明确领导干部在海洋自然资源资产领域的责任迫在

眉睫。

第一，结合国家相关法律法规与地方的生态环境责任追究制度，构建可以明确干部岗位职责的领导干部个人岗位责任档案。将个人岗位的责任档案转化为指标，分条列出具体责任，可以增强其操作性和衡量性。根据档案具体内容确定上任期初、上任期末、任期目标，将干部责任的履行情况直观地体现，为审计工作提供证据。

第二，科学界定领导干部职责，精准地将往届和本届、集体及个人、本地区领导和其他地区领导等的责任进行区分，可以在海洋自然资源领域的相关专家的帮助下合理划分领导干部的责任。在个人岗位责任档案中备注其他原因造成的海洋自然资源资产破坏，在评估责任时充分考虑这一点。

（二）完善事前审计机制

事前审计制度是用于解决审计监督不及时、审计结果运用不充分的新机制，是先于领导干部离任进行的经济责任审查制度。在海洋自然资源资产审计之前存在违规、渎职等问题的领导干部应对其进行追责和免职。运用事前审计可以充分发挥审计在国家治理中的"免疫"作用。这种模式能够在增强审计时效性的同时，取得各单位的有效配合、避免旧账无人经管、加强审计人员的责任感，对我国今后的海洋自然资源资产审计的完善也具有很强的参考价值，有利于转变经济绩效至上这种思想观念。

（三）建立海洋自然资源资产审计终身问责机制

审计监督的目的是通过揭示问题及探究原因以规范、纠正及改正工作。大众关注审计意见及决定，是出于对审计结果的关注，也就是重视问题整改和处理情况。不对相关官员进行追究，仅仅审计事项，难以彻底地解决被审计单位存在的问题。因此，只有强化并践行审计问责制度，才能强化海洋自然资源资产管理，提高海洋自然资源资产的利用效益，保护生态环境，避免环境污染。

第一，依据《党政领导干部生态环境损害责任追究办法（试行）》等制度，将海洋自然资源资产审计问责机制的制定工作落实。建立并完善相关的审计问责标准，制定明确权责界定的工作细则，做到常态化、长期化追责、问责。明确问责的具体内容、条款，便于被审计单位及当事人深度理解。

第二，建立审计意见反馈制度，保持动态的、持续的监督和问责体系。收集审计部门的反馈意见，提高审计问责制度的准确性，使问题得到妥善解决，并对审计部门的整改和落实情况进行逐一跟踪、核实和纠正。对审计过程中发现的违规、违纪案件，提交纪律调查委员会，追究相关人员的责任，并将结果公示，进一步增强审计的威慑力。

五、强化审计结果落实与问题整改

　　审计实施的目的是及时发现并责令整改，使各部门工作有序规范地开展。政府相关部门要高度重视海洋自然资源资产审计结果指出的审计过程中的问题，再结合当地实际情况深入探讨并制定相关制度及政策，不可姑息和放任履职过程中发生重大错误的领导干部。

　　审计监督主要是在厘清问题的基础上，找出问题的关键，以此调整工作方式，积极改进工作方法。公众关注审计方案的主要目的是如何整改已经发现的问题。如果不按照已经给定的审计结果对相关部门或工作人员进行追责，解决现有问题，仅仅形式化地开展审计工作，这会导致审计工作形同虚设。审计机关无权要求被审计对象强制执行，所以审计对象如果在审计完成后并没有根据审计结果做出整改，那么审计工作将徒劳无功，审计过程中投入的人力、物力都会被浪费，无法获得预期的审计效果。对违法违规单位的严惩的缺少，导致他们认为不用为违法违规行为付出沉重代价，因此对于整改工作不会积极主动地配合，这会严重削弱审计的威慑力。政府应发布政策或相关制度规章，充分明确整改期限、要求以及不按时整改或整改不彻底的处罚标准，督促被审计对象积极配合整改工作，从而有效利用审计结果，取得良好审计效果。因此，审计问责制度要严格地落实，领导干部的责任感也要进一步提高，使资源利用水平提高的同时促进社会平稳、和谐及可持续发展。

六、优化产权制度及信息载体

（一）优化产权制度

　　海洋自然资源有偿使用制度和生态补偿机制有效抑制过度使用海洋资源如矿物、鱼虾及石油等资源，还可以平衡海洋资源、经济发展间的关系，促进海洋自然资源资产产权制度进一步完善，对海洋自然资源资产审计具有重要的影响作用。因此建立健全海洋资源产权制度是建设海洋生态文明不可缺少的环节。从三个方面对海洋资源产权制度、用途管制等进行完善，可以促进海洋资源的权利与责任相统一。

第一，明确海洋资源产权关系。以海洋资源是否可再生为划分依据，将海洋资源分为可再生自然资源和不可再生自然资源两种类型；还可以依据特征差异，将海洋资源产权主体分为国家、企业和个人三种类型，可根据实际情况建立相应的产权制度和用途管制制度。

第二，构建并完善海洋资源产权交易市场，使海洋资源使用权、经营权市场化。根据海洋自然资源产权主体分类，并引入市场竞争机制，让国家更好地利用海洋资源。作为典型的财产经济权，海洋资源不同于一般的资产交易，因此培育、完善海洋自然资源产权交易市场可以借鉴世界碳交易市场的交易类型。

第三，将海洋自然资源产权代表与竞争机制相结合。在政府及官员的政绩考核指标体系中引入海洋自然资源资产保护，同时企业社会责任报告中也要加入海洋自然资源资产保护责任的履行情况，让社会监督政府、企业及个人。

（二）优化信息载体

海洋自然资源资产负债表是包括多种核算要素的综合报表，能够体现一段时间内海洋自然资源资产的开发利用情况及影响生态环境的程度等信息。海洋自然资源资产负债表与其他资产负债表不同，其只由资产、负债和净资产三个主要因素组成。资产包括海域、矿产和海洋生物资源，负债包括生态损失、环境损失和资源枯竭，海洋资源净资产是资产与负债的差额。通过编制专门的资产负债表，用基于价值的统计方法得出具体数字，可以使资产负债表更加完整和准确，更好地了解区域海洋自然资源资产存量情况，提供依据以制定相关经济政策和优化资源配置。

七、加强信息资源的协同利用

（一）构建数据信息共享平台

利用大数据平台的便捷性，建立各地区海洋自然资源资产审计部门之间进行信息交换、数据筛选和处理的数据共享云平台。审计人员利用海洋自然资源资产信息系统扩展信息来源，收集所在地区当前及以前的数据，并通过共享平台之间的数据预测未来发展趋势。同时，共享平台也可以收集所在地区的科研成果，保证全面完整地覆盖数据，形成了完整的海洋自然资源资产数据网络，有利于信息化管理海洋自然资源资产。此外，海洋自然资源资产审计涉及范围较广，需要不同部门之间相互配合工作。但各部门之间没有畅通、高效的信息沟通机制，使数据传输不及时，共享不全面，导致审计工作人员的工作效率低下。因此，应该创建海洋资源资产信息共享平台，审计所涉及的部门都在平台上传相关数据，并搜索下载所需信息实现全面汇总信息，便捷高效地获取数据，解决难以获取数据、数据不全等问题。

（二）实行数据责任制推动数据质量提升

海洋自然资源资产数据涵盖多个部门，所以基础数据的采集难度是海洋自然资源资产审计中的关键问题，因此，在建立可靠、高效、安全的信息共享平台的同时，可以推行数据责任制提升数据质量。各类科学技术的快速发展，除技术收集、处理数据之外，还可以实行数据责任制让不同部门专业规范地处理被分配的合理的数据任务并提交审计局进行整合。当数据在处理及整合数据过程中被发现有不完整或与实际有出入的问题时，则追究相关部门的责任。这一制度的实施更加细致地划分并明确了不同部门需要承担的责任，要求各部门人员更好地发挥岗位职能，有助于对数据的收集整理及分析，确保数据的准确性，为优质、高效开展海洋自然资源资产审计工作奠定重要基础。

八、加强创新及运用前沿科技

除传统审计方法的特殊运用外，各级审计部门应该加强运用前沿科技技术方法，加强建设海洋自然资源资产审计的信息化。

在今后的工作中，审计机关要重视以下几个方面：第一，加强创新思维，应用更多前沿技术。在资金投入中，更多地将注意力转移到科技方面，在审计中加大采用地理信息系统、卫星遥感技术、全球定位系统、航空测绘技术、污染源在线监测技术、微电子技术、数据挖掘、无人机等技术。第二，改善办公环境与工作条件，升级工作装备，利用先进设备开展大数据审计，审计人员通过组织专业人员分析和挖掘审计项目中收集的数据，分析出数据之间变动的趋势和关系，实现统一高效管理信息及各部门之间的信息共享。

参考文献

［1］2018 年中国海洋经济统计公报［EB/OL］.［2023-06-01］. https：//www. mnr. gov. cn/sj/sjfw/hy/gbgg/zghyjjtjgb/.

［2］2019 年中国海洋经济统计公报［EB/OL］.［2023-06-01］. https：//www. mnr. gov. cn/sj/sjfw/hy/gbgg/zghyjjtjgb/.

［3］2020 年中国海洋经济统计公报［EB/OL］.［2023-06-01］. https：//www. mnr. gov. cn/sj/sjfw/hy/gbgg/zghyjjtjgb/.

［4］2021 年中国海洋经济统计公报［EB/OL］.［2023-06-01］. https：//www. mnr. gov. cn/sj/sifw/hy/gbgg/zghyjjtjgb/.

［5］2022 年中国海洋经济统计公报［EB/OL］.［2023-06-01］. https：//www. mnr. gov. cn/sj/sjfw/hy/gbgg/zghyjjtjgb/.

［6］2022 年中国海洋生态环境状况公报［EB/OL］.［2023-05-29］. https：//www. mee. gov. cn/hjzl/sthjzk/jagb/202305/P020230529583634743092. pdf.

［7］2022 年中国海洋灾害公报［EB/OL］.［2023-06-01］. http：//gi. mnr. gov. cn/202304/t20230412_ 2781112. html.

［8］2022 年中国自然资源统计公报［EB/OL］［2023-06-01］. https：//www. mnr. gov. cn/sj/tjgb/202304/P020230412557301980490. pdf.

［9］Costanza R，Arge R D，Groot R D，et al. The Value of the World's Ecosystem Services and Natural Capital［J］. Ecological Economics，1998（1）：3-15.

［10］《联合国海洋法公约》的局限、挑战与展望［EB/OL］.［2023-06-02］. https：//aoc. ouc. edu. cn/_t719/2023/0414/c9824a429672/page. htm.

［11］保护海洋环境免受陆源污染全球行动计划（GPA）的背景介绍［EB/OL］.［2023-06-02］. https：//www. mee. gov. cn/ywgz/gjjlhz/lydt/201604/t20160424_335929. shtml.

［12］曹海晶. 中外立法制度比较［M］. 北京：商务印书馆，2016.

［13］陈娟. 中国海洋旅游资源可持续发展研究［J］. 海岸工程，2003（1）：103-108.

［14］陈可文. 中国海洋经济学［M］. 北京：海洋出版社，2003：3.

［15］陈尚，任大川，夏涛，等. 海洋生态资本理论框架下的生态系统服务评估［J］. 生态学报，2013（19）：6254-6263.

［16］崔向慧. 陆地生态系统服务功能及其价值评估［D］. 北京：中国林业科学研究院，2009.

［17］党领导新中国海洋事业发展的历史经验与启示［EB/OL］.［2023-06-01］.

https：//www. mnr. gov. cn/dt/hy/202201/t20220107_ 2716913. html.

[18] 邓鹏. K 市领导干部自然资源资产离任审计及其问题探讨[D]. 南昌：江西财经大学，2018.

[19] 邓云成，刘建辉. 建立海岛保护名录制度的必要性研究[J]. 海洋开发与管理，2018(2)：28-33.

[20] 董瑞. 基于 SENCE-DPSIR 模型的天津市水生态安全评价及预测研究[D]. 天津：天津理工大学，2022.

[21] 杜晓慧. 新时期我国矿产资源区划工作探讨[J]. 矿物学报，2015(S1)：811.

[22] 冯有良. 海洋灾害影响我国近海海洋资源开发的测度与管理研究[D]. 青岛：中国海洋大学，2013.

[23] 付玉，王芳. 坚持陆海统筹建设海洋强国：我国海洋政策发展历程与方向[J]. 国土资源，2019(10)：8-12.

[24] 高泉印. 瑞安市海洋经济发展对策研究[D]. 武汉：华中农业大学，2009.

[25] 高伟. 海洋空间资源性资产产权效率研究[D]. 青岛：中国海洋大学，2010.

[26] 龚政，苏敏. 海洋资源开发与保护技术概论[M]. 北京：海洋出版社，2021.

[27] 关于印发《重点海域综合治理攻坚战行动方案》的通知[EB/OL]. [2023-06-01].
https：//www. gov. cn/zhengce/zhengceku/2022-02/17/content_5674362. htm.

[28] 国家海洋信息中心. 中国海洋经济统计年鉴 2021[M]. 北京：海洋出版社，2021.

[29] 国务院办公厅关于印发国家海洋局主要职责内设机构和人员编制规定的通知[EB/OL]. [2023-05-30]. https：//www. gov. cn/zwgk/2013-07/09/content_2443023. htm.

[30] 国务院关于 2020 年度国有自然资源资产管理情况的专项报告[EB/OL]. [2023-06-01]. http：//www. npc. gov. cn/npc/c30834/202110/d1fc1e63e20e4dfe9b5fad0839ab8129. shtml.

[31] 国务院关于 2021 年度国有资产管理情况的综合报告[EB/OL]. [2023-06-01]. http：//www. npc. gov. cn/npc/c30834/202211/cfd355237e82403ca9bbaba62beb7365. shtml.

[32] 国务院关于印发全国海洋主体功能区规划的通知[J]. 中华人民共和国国务院公报 2015(25)：6-22.

[33] 海冰[EB/OL]. [2023 - 06 - 01]. http：//hyjianzai. cn/article/jzeducate/6/23065. html.

[34] 海洋立法应注意区分海洋管理体制和海洋执法体制[EB/OL]. [2023-06-01]. https：//www. gov. cn/xinwen/2016-01/03/content_ 5030297. htm.

[35] 海洋资源[EB/OL]. [2023-06-05]. https：//baike. baidu. com/item/%E6%B5%B7%E6%B4%8B%E8%B5%84%E6%BA%90/738434? fr=geala#reference-1-40073-wrap.

[36] 郝林华，何帅，陈尚，等. 海洋生态系统调节服务价值评估方法及应用：以温州

市为例[J]. 生态学报, 2020(13)：4264-4278.

[37] 贺鉴, 王雪. 全球海洋治理进程中的联合国：作用、困境与出路[J]. 国际问题研究, 2020(3)：92-106.

[38] 贺义雄, 勾维民. 海洋资源资产价格评估研究：理论方法应用[M]. 北京：海洋出版社, 2015.

[39] 贺义雄, 勾维民. 海域使用金评估问题研究[J]. 中国渔业经济, 2015(4)：12-16.

[40] 贺义雄, 吕亚慧, 张晓旖. 无居民海岛价值评估理论与方法初探[J]. 海洋信息, 2013(4)：54-57.

[41] 贺义雄. 我国海洋资源资产产权及其管理研究[D]. 青岛：中国海洋大学, 2008.

[42] 贺义雄. 中国海域资源价格形成机制探析[J]. 中国海洋经济, 2021(2)：114-134.

[43] 胡剑波, 张强. 低碳经济发展新思路：蓝色碳汇及中国对策[J]. 世界农业, 2015(8)：43-47.

[44] 胡文霞. 海洋资源环境审计现状及实施框架研究[J]. 当代会计, 2018(04)：61-62.

[45] 黄华馨. 海洋生态文明建设视角下的海洋自然资源资产审计研究[D]. 福州：福州大学, 2019.

[46] 黄溶冰. 基于 PSR 模型的自然资源资产离任审计研究[J]. 会计研究, 2016(7)：89-95.

[47] 黄思敏. S市乡镇领导干部自然资源资产离任审计问题与对策研究[D]. 成都：四川大学, 2022.

[48] 黄晓佳. 我国海洋行政管理体制的整合研究[D]. 厦门大学, 2020.

[49] 黄晓雅. 基于 PSR 模型的海洋资源资产离任审计评价指标体系研究[D]. 保定：河北大学, 2021.

[50] 姜雅, 马建明, 舒燕飞, 等. 基于新储量分类标准的矿产资源价值宏观核算：以铁矿石为例[J]. 中国矿业, 2021(8)：50-56.

[51] 李梦薇. 我国资源环境审计问题研究[D]. 南昌：江西财经大学, 2020.

[52] 李明爽. 农业部就海洋捕捞最小网目尺寸制度和禁用渔具目录公开征求意见[J]. 中国水产, 2013(10)：10.

[53] 李维明, 谷树忠. 自然资源资产管理体制演进四个阶段、存在五大问题及改革国家自然资源资产管理体制的基本设想[N]. 中国经济时报, 2016-2-19(14).

[54] 李晓璇. 海洋领域自然资源资产负债分部报表编制研究[D]. 青岛：国家海洋局第一海洋研究所, 2018.

[55] 李欣瞳, 陈培雄, 周鑫, 等. 浅谈海洋空间资源资产负债表的编制[J]. 海

洋开发与管理，2019(1)：30-37.

[56] 李彦平，魏先昌，刘大海，等. 面向海域管理的海洋资源资产负债表编制框架研究[J]. 海洋通报，2018(3)：264-271.

[57] 梁俊杰，杨木壮. 新时期我国自然资源资产审计的关键内容[J]. 国土与自然资源研究，2020(4)：1-4.

[58] 廖红玲，尤良春，邹忱，等. 基于BIM技术的审计廉政建设[J]. 中国市场，2021(19)：162-163.

[59] 刘百桥，孟伟庆，赵建华，等. 中国大陆1990—2013年海岸线资源开发利用特征变化[J]. 自然资源学报，2015(12)：2033-2044.

[60] 刘方旭. 海域使用权取得方式的比较研究[J]. 中国科技投资，2019(18)：192，275.

[61] 刘洪霞. 粮食物流需求预测方法研究[D]. 长春：吉林大学，2007.

[62] 刘鲲鹏. GIS在自然资源资产审计中的应用研究[D]. 昆明：云南财经大学，2020.

[63] 刘清春，马永欢. 对我国自然资源产权制度建设的战略思考[J]. 中国科学院刊，2015(4)：503-508.

[64] 刘旭，赵桂慎，蔡文博，等. 基于海洋生态系统服务功能的评估方法与海洋管理应用[J]. 生态经济，2015(12)：5.

[65] 罗冉. 旅游用无居民海岛价格评估方法与实证研究[D]. 杭州：浙江大学，2012.

[66] 马蜂. "一带一路"倡议的全球治理意义[J]. 中国发展观察，2019(8)：18-21.

[67] 马新房. 宁波市海洋经济发展研究[D]. 厦门：厦门大学，2009.

[68] 南海燕. 我国海洋法立法现状研究[J]. 法制与社会，2017(8)：12-13.

[69] 牛波涛. 资源与环境约束下山东省海洋经济可持续发展对策研究[D]. 青岛：中国海洋大学，2008.

[70] 潘韬，封志明，刘玉洁，等. 自然资源资产负债表编制中的负债核算方法与案例[J]. 国土资源科技管理，2019(2)：74-84.

[71] 彭勃，王晓慧. 基于生态优先的海洋空间资源高质量开发利用对策研究[J]. 海洋开发与管理，2021，38(03)：78-83. DOI：10.20016/cnkihykfygl.2021.03.014.

[72] 钱水祥. 领导干部自然资源资产离任审计研究[J]. 浙江社会科学，2016(3)：151-155，161.

[73] 人类探索海洋之旅[EB/OL]. [2023-06-09]. http：//gfjyahnews.com.cn/gfls/con/2023-06/09/3614863177.html.

[74] 商阳，商红波，潘韬等. 海洋资源资产负债表编制探索[J]. 国土资源科技管理，2017，34(2)：86-94.

［75］生态环境部.2020年中国海洋生态环境状况公报［R］.2021.

［76］生态环境部职责［EB/OL］.［2023-06-03］.https：//www.mee.gov.cn/zjhb/zyzz/201810/t20181011_660310.shtml.

［77］石吉金,林健宸.对完善我国海洋资源资产管理体制的初步思考［J］.国土资源情报,2015(8)：18-22,38.

［78］实施总量管理制度 保护水生生物资源——《农业部关于进一步加强国内渔船管控实施海洋渔业资源总量管理的通知》解读［EB/OL］.［2023-06-02］.http：//www.sio.gov.cn/xwfbh/gbwxwfbh/xwfbh/nyb/Document/1540973/1540973.htm.

［79］宋丹凤,原峰,鲁亚运.海洋资源要素对海洋经济增长的影响研究［J］.海洋开发与管理,2021(4)：40-47.

［80］宋马林,崔连标,周远翔.中国自然资源管理体制与制度：现状,问题及展望［J］.自然资源学报,2022(1)：1-16.

［81］孙少楠,袁雪珂.BIM技术在全过程审计中的应用研究［J］.项目管理技术,2019(2)：86-91.

［82］孙水娟.基于能值分析的周口市农用地预警系统研究［D］.长沙：湖南农业大学,2012.

［83］孙亚宁.浅析PSR模型在环境审计中的应用［J］.审计月刊,2016(5)：8-11.

［84］唐学玺,王斌,高翔.海洋生态灾害学［M］.北京：海洋出版社,2019.

［85］提升海洋灾害防范应对能力(2)［EB/OL］.［2023-06-01］.htps：//news.china.com/intemational/1000/20210427/395202181.htm1.

［86］王垚,何广顺,高中文.关于海洋资源的资产属性与资产化管理［J］.海洋环境科学,2004(2)：47-50.

［87］王继隆,陈恩友,赵文武,等.抽样调查方法在捕捞渔业统计中的应用［J］.中国渔业经济,2014(5)：98-102.

［88］王琪.海洋行政管理学［M］.北京：人民出版社,2020.

［89］王如燕,丁日佳.北京市"三废"治理的环境绩效审计评价指标及模型［J］.审计研究,2008(20)：67-69。

［90］王瑞琪.基于PSR模型的自然资源资产离任审计指标体系构建及应用研究［D］.南京：南京审计大学,2019.

［91］王森,袁栋.我国海洋渔业资源性资产流失问题探讨［J］.中国渔业经济,2007(6)：29-31.

［92］王子鸣.基于气候变化分析对海洋的影响［J］.湖北农机化,2020(5)：25.

［93］翁奇.BIM在高校工程审计过程中的应用研究［J］.山西建筑,2021(17)：183-184,189.

［94］我国地下水资源开发利用及其存在的问题［EB/OL］.［2023-06-01］.http：//

gskjb. cn/kpbl/qykj/content_12391.

[95] 我国海岸侵蚀现象严重，加力推进海岸修复"蚀"不我待[EB/OL].[2023-06-01]. https：//wwwsohu. com/a/300210344_726570.

[96] 吴士存. 美国"印太"海洋安全战略的"阵营化"趋势[EB/OL].[2023-06-02]. https：//ciss. tsinghua. edu. cn/info/OpinionsandInterviews/5428.

[97] 武鑫. 资源环境审计中存在问题及策略研究：基于长江经济带生态环境保护审计结果公告[J]. 江苏商论，2019(3)：96-99.

[98] 徐同道. 区域海洋经济可持续发展评价研究[D]. 南京：南京农业大学，2008.

[99] 许飞. 地质矿产勘查领域中3S技术的应用研究[J]. 世界有色金属，2020(24)：115-116.

[100] 许富祥，余宙文. 中国近海及其邻近海域灾害性海浪监测和预报[J]. 海洋预报，1998(3)：241-248.

[101] 杨帅. 海洋自然资源资产审计障碍分析及应对策略研究：以Y市审计实务为例[D]. 烟台：山东工商学院，2019.

[102] 杨元丰. 海洋资源环境审计研究[D]. 北京：中国财政科学研究院，2016.

[103] 叶松青，李守义. 矿产勘查学[M]. 北京：地质出版社，2011.

[104] 叶向东. 积极发展海洋经济不断壮大蓝色产业[J]. 太平洋学报，2006(9)：11-22.

[105] 易爱军，刘宣仪. 基于灰色预测法的江苏省海洋经济绿色核算[J]. 淮海工学院学报(自然科学版)，2016(1)：89-92.

[106] 袁佳慧. 沿海过度捕捞问题政府规制研究[D]. 大连：东北财经大学，2011.

[107] 岳冬冬，王鲁民，方辉，等. 我国近海捕捞渔业发展现状、问题与对策研究[J]. 渔业信息与战略，2015(4)：239-245.

[108] 灾害性海浪[EB/OL].[2023-06-01]. https：//baike. baidu. com/item/%E7%81%BE%E5%AE%B3%E6%80%A7%E6%B5%B7%E6%B5%AA/14100912？f=geala.

[109] 张海鹏. 基于GM-ARIMA模型对贵州省能源需求的预测[J]. 生产力研究，2022(9)：50-54.

[110] 张金凤，臧志鹏，陈同庆. 海岸与海洋灾害[M]. 上海：上海科学技术出版社，2021.

[111] 张棋豪. 地质矿产勘查领域中3S技术的应用研究[J]. 西部资源，2020(2)：48-50.

[112] 张涛，吴颖斌，朱少君，等. 关于开展自然资源调查监测体系构建工作的思考[J]. 测绘与空间地理信息，2023(4)：1-4.

[113] 赵放，蒋国梁，李金甜. 经济增长压力与政府审计质量：来自经济增长目标的证据[J]. 审计研究，2022(5)：37-48.

[114] 赵嘉. 海洋资源特性分析和海洋经济发展对策研究[J]. 国土资源科技管理，2012(3)：50-53.

[115] 赵师嘉. 海洋自然资源资产审计评价指标体系构建研究[D]. 大连：大连海洋大学，2019.

[116] 郑冬梅. 九龙江流域：厦门湾社会经济发展与生态环境关联性分析[J]. 中共福建省委党校学报，2011(9)：65-72.

[117] 郑鹏，赵师嘉. 基于PSR模型的海洋自然资源资产审计评价指标体系研究[J]. 会计之友，2019(22)：133-140.

[118] 郑小平，张宇峰. 大数据背景下会计师事务所的审计风险及应对措施[J]. 东华理工大学学报(社会科学版)，2022(1)：33-39.

[119] 知识科普｜海洋生物[EB/OL]. [2023-06-02]. https：//hb. hainanu. edu. cn/nanhaihaiyang/info/1081/1549. htm.

[120] 中国自然资源管理体制与制度：现状、问题及展望[EB/OL]. [2023-06-03]. http：//zrzy. hebei. gov. cn/heb/gongk/gkml/kjxx/kjfz/107015174062798311552. html.

[121] 中华人民共和国国家质量监督检验检疫总局，中国国家标准化管理委员会. 海洋生态损害评估技术导则　第2部分：海洋溢油GB/T 34546.2—2017[M]. 北京：中国标准出版社，2017.

[122] 钟毅飞. 海域使用权价格评估技术及方法的实证研究：以衢山鼠浪湖为例[D]. 舟山：浙江海洋大学，2016.

[123] 周福君. 我国沿海地区陆海产业联动发展研究[D]. 杭州：浙江工商大学，2006.

[124] 朱琳. 海洋自然资源资产审计困难及建议探析[J]. 财会通讯，2021(7)：139-142.

[125] 朱晓东，施丙文. 21世纪的海洋资源及分类新论[J]. 自然杂志，1998(1)：21-23.

[126] 自然资源部. 关于印发《自然资源调查监测体系构建总体方案》的通知[EB/OL]. [2023-06-03]. https：//www. gov. cn/zhengce/zhengceku/2020-01/18/content_5470398. htm.

[127] 自然资源部海洋发展战略研究所课题组. 中国海洋发展报告：2022[M]. 北京：海洋出版社，2022.

[128] 左盼. 基于GIS的自然资源资产审计方法研究[J]. 武汉：湖北经济学院学报(人文社会科学版)，2020(5)：53-55.

附录 海洋自然资源资产审计操作指引

一、海洋自然资源资产和海洋生态环境保护审计操作指引

序号	审计内容	审计重点	主要问题	问题原因	审计主要方法步骤	审计主要法规依据
（一）	陆源性水污染治理与保护	沿海江河湖泊、水源涵养区、功能保护区、珊瑚礁、红树林、海港码头、盐田、油气井平台、沿海生活垃圾填埋水处理设施（厂）、生活垃圾填埋场、企业、社区、居民小区、农业面源、核电企业等	企业、社区雨污水未分流及初期雨水未处理置；企业、社区、农村污水直排；污水处理设施（厂）排放不达标、COD、氨、氮、重金属等超标；生活垃圾填埋、渗滤液处置不规范、农业面源化肥、农药、重金属等污染物超标；挤占财政专项、挪用财政专项、项目投资未达预期等	市政污水处理基础设施、企业污水处理设备等配套未落实；规划设计不合理、运行管理不规范、监测、监管不到位、截污纳管不彻底、维护长效机制不完善、制度不健全、地方政府或企业配套资金不到位等	一是通过国家发展改革委、财政部等部门，掌握地方政府各专项规划及项目实施情况；二是收集治理相关年度政府环境质量公报、水污染治理行动计划、部门年度考核目标自查报告及考核数据；三是审计调查生态环境、水利水务、城投建设、农业渔业、海洋监测等部门，了解相关水环境质量变化；四是对生态环境、水利水务、海洋监测等部门实时监测数据进行比对分析，以及对水质控制断面和水功能区监测数据进行对比分析；五是对重点企业、工业园区、海港码头、城镇社区、农业农村等生产、生活截污纳管、污水处理设备设施完好状况及利用情况进行审计；六是关注污水处理厂及纳污管线、设计的科学性、合理性；七是审计调查滩涂湿地、红树林、珊瑚礁等规模效应及维护措施落实到位情况；八是审计地方各级政府财政专项资金使用、管理真实性、规范性、有效性，及绩效审计评价	《中华人民共和国环境保护法》《中华人民共和国海洋环境保护法》《中华人民共和国水污染防治法》《中华人民共和国城乡规划法》《中华人民共和国水土保持法》《近岸海域污染防治方案》《中华人民共和国国民经济和社会发展第十四个五年规划和2035年远景目标纲要》《国务院关于印发"十三五"生态环境保护规划的通知》《生态文明建设目标评价考核办法》《中共中央 国务院关于加快推进生态文明建设的意见》《国家发展改革委国家海洋局关于印发全国海洋经济发展"十三五"规划的通知》《水利改革发展"十三五"规划》《国务院关于印发水污染防治行动计划的通知》《水利规划管理办法》《海洋功能区划管理规定》《地表水和污水监测技术规范》《地方政府环境治理行动计划》等

续表

序号	审计内容	审计重点	主要问题	问题原因	审计主要方法步骤	审计主要法规依据
(二)	大气污染治理（温室效应）	关于大气污染防治行动计划完成情况、各类污染物废气减排目标及治理进展情况、重点产业、机动车尾气等大气污染防治措施落实情况、大气污染治理体制机制制度建设情况等	空气质量下降、未达到空气质量优良天数比例要求及目标；电力生产、燃煤企业、生活取暖等废气未经处置或废气排放处置设备不达标；国家自然保护区、风景名胜区生态红线存在矿产建设活动、毁绿、毁林、未完成空气质量改善目标、未完成大气污染治理任务；空气质量改善目标或重点任务完成情况弄虚作假；突发重大大气污染事件处置不及时有效；当地资源环境承载能力监测预警机制不完善等	清洁能源替代、燃煤电厂脱硫脱硝、生活取暖等进展缓慢或改造未落实及保障；企业生产、社区取暖等废气防治设备运行不完善、机动车尾气防治监管未落实到位；在地方经济利益驱动下缺乏对国家自然保护区、风景名胜区等保护区红线的有效措施；未因地制宜科学合理制定空气质量改善目标、责任主体及重点、计划节点；缺乏空气监测、监管体制机制等	一是通过国家发展改革委、财政部等部门，掌握地方政府各专项规划及项目实施情况；二是收集相关大气污染治理行动计划、部门年度考核目标及报告及考核报告，了解相关大气环境监测等部门，大气污染物排放目标核查、环境质量变化；四是对生态环境、大气监测等部门相关空气质量实时监测数据进行比对分析；五是对重点企业、工厂等生产废气处理设备设施完好状况及利用情况进行审计；六是重点关注废气处理设备的有效性及各级地方政府财政专项资金使用、计划真实性、规范性、有效性，及投资绩效审计评价	《中华人民共和国大气污染防治法》《中华人民共和国环境保护法》《关于加强资源环境审计工作的意见》《环境行政处罚办法》"十二五"规划《重点区域大气污染防治行动计划实施细则》《珠三角大气污染防治限期治理方案》《京津冀及周边地区落实大气污染防治行动计划》《重点行业大气污染防治资金管理办法》《长三角地区重点行业大气污染防治限期治理方案》《大气污染防治资金管理办法》等

续表

序号	审计内容	审计重点	主要问题	问题原因	审计主要方法步骤	审计主要法规依据
（三）	滩涂围垦	沿海滩涂土壤性质、沿海滩涂生物多样性情况、滩涂周围农业生产状况、滩涂生态系统服务价值等	违规围海造地或填海造陆；违规改变滩涂用途；滩涂土壤遭受污染；滩涂生态系统失衡，生物多样性受到侵害；滩涂水环境污染等	过度抽取地下水导致海水入侵、土壤盐渍化，围垦海水富营养化、水质变差，引发赤潮，引进外来物种，破坏滩陆生态系统；促淤造陆规划不合理、不科学，立项程序不规范，环评造假等	一是通过国家发展改革委、财政部等部门，掌握地方政府滩涂围垦各专项规划及项目实施情况；二是收集相关年度政府环境质量公报、部门海洋监测等数据报告及考核报告；三是审计调查滩涂围垦区域实时环境质量变化，对生态环境、水利水务、海洋监测等相关部门实时监测数据进行比对分析，以反对水质变化情况进行对比分析；四是对重点养殖企业、渔业养殖企业污水处理设备设施完好状况及利用情况及各类是否发生变化，分析比较生物物种多样性及专项资金使用、管理真实性、规范性、有效性，及投资绩效审计评价	《中华人民共和国环境保护法》《中华人民共和国海洋环境保护法》《中华人民共和国水污染防治法》《中华人民共和国水法》《中华人民共和国城乡规划法》《近岸海域污染防治方案》《中华人民共和国土地管理法实施条例》《湿地保护管理规定》《滩涂围垦管理条例》《中华人民共和国渔业法》《中华人民共和国国民经济和社会发展第十三个五年规划纲要》《国务院关于印发"十三五"生态环境保护规划的通知》《中共中央 国务院关于加快推进生态文明建设的意见》《国家发展改革委 国家海洋局关于印发全国海洋经济发展"十三五"规划的通知》《水利规划管理办法》《海洋功能区划管理规定》《地表水和污水监测技术规范》《地方政府环境污染治理行动计划》等

续表

序号	审计内容	审计重点	主要问题	问题原因	审计主要方法步骤	审计主要法规依据
（四）	基础建设	沿海工业区、大型海港码头、跨海桥梁、大型钻井平台等实施工程情况，基础建设工程附近海域水质监测，土壤重金属含量、浮游生物数量、潮间带和海底栖生物物种多样性，工业区附近海域处理设施利用情况，设施配套完整性等	基础建设附近海域富营养化；工业区污水直排，垃圾处理设施不达标，环保设施建设不配套，重金属超标；施工人员生活垃圾乱堆放，交通运输机械设备大规模使用，重金属渗入土壤；海上油田勘探存在泄漏和采油污水排放，污染海域水质等	施工中悬浮泥沙废水，施工人员生活污水、砖渣泥浆等污染海域水质，影响浮游生物生存环境，施工占用海床使海域潮间带生物和底栖生物生境损失；生活垃圾堆放，机械设备使用，重金属渗入土壤；海上油田勘探存在泄漏和采油污水排放污染海域水质等	一是通过国家发展改革委、财政部等部门，掌握地方政府各基础建设专项规划及项目实施情况；二是收集相关年度政府环境质量公报，水污染治理行动计划，部门年度考核目标自查报告及考核报告；三是审计调查基础建设周围海域生态环境、水利水务、城乡建设、农业渔业、海洋监测等部门，了解相关生态环境质量变化、土壤质量变化、海洋监测等生态环境、水利水务、海洋监测等部门相关水质实时监测数据推进行对比分析，以及对水质水环境承载进行分析；五是对重点企业、工业园区、海港码头、大型基础建设工程的污水处理设备设施、垃圾填埋等完好状况及处理厂及纳污管线、设施设备运行情况进行审计；六是关注污水处理、设计的科学性，合理性；七是审计地方各级政府财政专项资金使用、管理的真实性、规范性、有效性，及投资绩效审计评价	《中华人民共和国环境保护法》《中华人民共和国海洋环境保护法》《中华人民共和国水污染治治法》《中华人民共和国城乡规划法》《中华人民共和国水土保持法》《近岸海域使用管理规定》《中华人民共和国海域使用管理法实施法》《中华人民共和国湿地保护法》《中华人民共和国国土地管理法实施条例》《中华人民共和国海域使用管理条例》《中华人民共和国国民经济和社会发展第十三个五年规划纲要》《国务院关于印发"十三五"生态环境保护规划的通知》《生态文明建设目标评价考核办法》《中共中央国务院关于加快推进生态文明建设的意见》《国家海洋发展改革委国家海洋局关于印发全国海洋经济发展"十三五"规划的通知》《国务院关于印发水污染治治行动计划的通知》《水利规划计划》《海洋功能区划管理规定》《地表水和污水监测技术规范》《地方政府环境治理行动计划》等

序号	审计内容	审计重点	主要问题	问题原因	审计主要方法步骤	审计主要法规依据
（五）	沿海工业	沿海工业区空气质量、入海排污口、近岸海域水质状况、临海工业废水排放处置状况、工业固体废弃物、近海沉积物及悬浮物、近海石油、化工企业废弃物处置状况、及处置区域环境质量、临海企业防污染设备、器材利用状况、以及应急设备和器材完整性、完好性等	污水处理排放不达标或排污水直排、以及重金属污染、企业生产废气废气排或排中排放放不达标、生产过程中排放放射性废弃物、企业未规范处置危险废弃物、私自倾倒废弃物或由不具有资质企业处置工业危险废物、企业相应防污设备、器材、技术、措施、等陈旧落后、管理不完善	企业环保法治意识薄弱、重经济、轻环保、重生产、轻科研、污染善后、"节能减排""双碳"政策未能有效落实到位、行政监管不到位、不合理、不科学、执法不严等	一是通过生态环境部、国家发展改革委、自然资源部等部门，掌握各地政府专项规划及项目实施情况、生态环境状况公报、地方政府环境状况公报、海洋执法情况；二是收集相关年度中国海洋生态环境状况公报、污染防治项目实施计划、生态保护政策；三是审计调查财政、交通等部门，以及住房城乡建设、企业和生态修复治理项目建设运营单位等，了解环境污染防控情况；四是对近海企业空气质量、饮用水质量、流域水质量、附近海域海水水质、节能减排和碳排放情况实时对比分析并对企业的资源节约绿色友好情况进行审查；五是审查污染物减量排减是否达到省政府下达的标准要求；六是涉海相关法律法规、贯彻国家政策引领干部在涉及海洋资源目的建设利运行符合相关环保资源合规性审计目标的情况；七是审查相关涉海洋资环保资金的管理使用是否合理合规、环保资金的管理使用及海洋资源的职责履行情况以及对资源的合理开发利用与切实保护情况	《中共中央 国务院关于全面加强生态环境保护 坚决打好污染防治攻坚战的意见》《环境空气质量标准》《中华人民共和国海洋环境保护法》《中华人民共和国水污染防治法实施细则》《中华人民共和国建设项目环境保护管理条例》《排污费征收使用管理条例》《中华人民共和国自然资源标准化管理条例实施办法》《"十四五"海洋经济发展规划》《关于实施工业污染源全面达标排放计划的通知》《全面实施燃煤电厂超低排放和节能改造工作方案》《船舶与港口污染防治专项行动实施方案》《控制污染物排放许可制实施方案》《优先控制化学品名录（第一批）》《有毒有害大气污染物名录》等

续表

序号	审计内容	审计重点	主要问题	问题原因	审计主要方法步骤	审计主要法规依据
（六）	岛屿开发	岛屿及周围海域及空气、水质、噪声、红树林系统环境质量监测，岛屿及周围海域生物多样性情况，海洋水产资源，岛屿开发及立项审批程序及环评，岛屿建设施及垃圾处理处置情况，岛屿使用金征收，地质灾害情况、地质灾害监测等	违规开发岛屿，海洋环境遭受污染，生态系统失衡；岛屿开发立项审批程序不规范，岛屿开发环评不科学或造假；岛屿及周围海域水体污染、噪声污染、废气污染、垃圾污染；生物多样性锐减；地质灾害频率增加，产生有害物质；岛屿使用率增加；岛屿使用金征收、管理使用不规范，岛屿管理机制不完善等	无序开发岛屿，人口增加，包括过度开发旅游业、渔业产业，超岛屿环境承载力，破坏生物多样，影响岛屿及四周海域生态环境；岛屿生产、生活垃圾处理不规范，造成海水污染等；岛屿及生工业废水和生活污水未经合效处理，导致海岛水体污染，影响海岛开发资源；岛屿开发缺乏科学论证和规划；岛屿监管不到位，岛屿生态环境保护相关法律法规不完善等	一是通过国家发展改革委、财政部等部门，掌握地方政府海岛开发专项规划及项目实施情况；二是收集相关年度海岛环境质量公报、部门年度考核自查海岛及考核目标调查海岛区域水环境、空气质量变化，生态区域水环境、空气质量变化、海洋监测大气质量实时监测数据进行比对分析；四是对海岛垃圾级和污水处理设备设施完好状况及利用情况进行审计；五是审计海岛物种多样性监测机构，分析比较生物物种发生变化；六是审计海岛开发工程项目资金使用、工程质量检查和工程验收的合法性	《中华人民共和国环境保护法》《中华人民共和国海洋环境保护法》《中华人民共和国水污染防治法》《中华人民共和国水法》《中华人民共和国水土保持法》《关于海域、无居民海岛开发利用审批办法》《无居民海岛开发利用审批办法》《无居民海岛保护与利用的意见》《无居民海岛使用金征收标准》《省级海岛保护规划编制管理办法》《国土空间调查、规划用途管制用地用海分类指南（试行）》《中华人民共和国土地管理法实施条例》《中华人民共和国渔业法》《中华人民共和国国民经济和社会发展第十三个五年规划纲要》《国务院关于印发"十三五"生态环境保护规划的通知》《中共中央国务院关于加快推进生态文明建设的意见》《生态文明体制改革总体方案》《国家海洋局关于印发〈国家海洋局关于加快推进全国海洋经济发展"十三五"规划的通知〉》《水利规划计划管理办法》《地表水和污水监测技术规范》《地方政府环境治理行动计划》《中国海洋生物多样性保护战略与行动计划》《中华人民共和国海洋倾废管理条例实施办法》等

续表

序号	审计内容	审计重点	主要问题	问题原因	审计主要方法步骤	审计主要法规依据
（七）	渔业捕捞	生物种类数、渔业捕捞技术、渔业从业人员的文化素质、鱼类的产卵场、越冬场、索饵场、洄游通道和鱼虾贝藻类的养殖场、水产品总产量与产品总产值、海洋渔业船舶拥有量、海洋捕捞产量、海水养殖面积、海水养殖产量、捕捞人员对法律法规的认识程度及行动情况、伏季休渔制度落实及政策补贴等	海洋捕捞力度过大；过度捕捞引起资源枯竭、生物多样性衰减、鱼类个体小型化；渔船捕鱼时撒网诱捕和延绳钓法以及非法电鱼、毒鱼等具有污染性的化学药物等	渔业资源调查评估制度不健全，不能有效地控制渔业资源的开发利用；海洋捕捞力量与海洋捕捞伏季休渔制度执行力度不强；海洋渔业设施和装备落后，渔民组织化程度低，导致宏观失控、微观失调，财政补贴不到位，财政补贴效果未达预期；渔业管理体系中没有利益制衡机制，管理部门与渔民双向沟通渠道不健全；行政执法工作方案不健全，履职不到位或部门间存在职责不清、相互推诿等	一是根据国务院、财政部、农业农村部等了解相关渔业捕捞情况，掌握政府对捕捞政策的规划及实施情况；二是收集相关年度渔业的捕捞品种及政策相关鱼类的遵守情况；三是审计县级以上地方人民政府渔业主管部门及其所属的渔政督察管理机构下的渔业管理制度、其规定可捕捞总量和限制捕捞力度是否实现渔业资源制度的有效实施、持续发展；四是审计伏季休渔制度的组织、协调和管理工作，伏季休渔各项具体措施的情况以及有关落实各项专项行动中的生产方式结构，对违规渔业管监管，对违法捕捞的个人依法予以严厉处罚的情形；五是聚焦渔民就业扶及社保落实保障工作，包括对渔民的就业培训、上岸安置以及社保补贴等；六是审计捕捞行业中的生产方式及捕捞方式方法渔业专项资金的使用、捕捞管理规范化，以及政府财政补贴审计有关相关资金的真实性情况；七是审计管理情况，安排审计有关部门对长效机制和联动机制的健全与完善	《中华人民共和国渔业法》《关于渤海、黄海和东海机轮拖网渔业禁渔区的命令》《水产资源繁殖保护条例》《关于在东海、黄海实施新伏季休渔制度的通知》《中华人民共和国海洋环境保护法》《海洋计量工作管理规定》《中华人民共和国自然资源标准化管理办法》《"十四五"海洋经济发展规划》《进一步加强长江流域重点水域禁捕和退捕渔民安置保障工作实施方案》《中华人民共和国刑法》《中华人民共和国海河、辽河、松花江和钱塘江等4个流域禁渔制度的通告》等

续表

序号	审计内容	审计重点	主要问题	问题原因	审计主要方法步骤	审计主要法规依据
（八）	矿产开采	矿产开采企业制订的开采计划的经济性、大气环境、水环境、海洋自然资源资产的记录、放射性物质、有毒有害物质、易溶油回收、废油回收、泥浆的排放、溢油应急计划、防污染设备和器材等	矿产开采不规范不合理；废气产生、粉尘产生及有毒气体的排放，形成酸雨等灾害，破坏水环境、破坏植被；开采过程中排放放射性物质和易溶有毒有害物质、矿渣油泥浆、开采和运输过程中所产生的钻井泥浆、生活污水、岛生态造成的破坏；企业现有自然资源资产记录不全；无对应的防污染计划和设备等	未制订合理开采计划；开采技术及质量效率低；矿产开采相关法律规范不完善；相关政策及制定标准不清晰；矿产资源监督管理法治建设滞后；开采过程生态环境保护不到位；环境恢复治理专项资金使用不规范、治理未达到预期效果等	一是根据国务院、自然资源部等各级人民政府等部门了解矿产开采的管理政策、规划措施以及实施情况，关注矿产开采企业的开采计划的合理性和经济性；二是审计矿产开采管理制度的健全及落实情况；三是审计制订的开采规划是否符合社会经济发展所需要的资源数量，是否制订合理的矿产资源开采计划；四是审计矿产资源开采是否及时得到监察在进行矿产资源开采，过程中存在的问题，包括越界开采、无证开采以及违法开采等，是否存在相应的监管问题；五是审计矿产开采技术的高效性和创新性；六是审计海洋海底矿产生环境，矿渣采矿废弃物处置，污水排放，深海采矿废弃物处置问题等；七是关注海绵污染治理问题，通过卫星图片对比、现场查验等方式，确定海洋污染修复的实际效果与环境恢复治理情况是否相符，重点检查各部门多头管理资金、重复安排资金、资金使用情况是否相符，资金使用"撒胡椒面"等问题	《中华人民共和国深海海底区域资源勘探开发法》《矿产资源补偿费征收管理规定》《中华人民共和国矿产资源法》《关于鼓励和支持社会资本参与生态保护修复的意见》《中华人民共和国土地复垦规定》《最高人民法院 最高人民检察院关于办理非法采矿、破坏性采矿刑事案件适用法律若干问题的解释》《中华人民共和国水法》《探矿权采矿权评估管理暂行办法》《国际海底矿产资源开发石油资源条例》《中华人民共和国对外合作开采海洋石油资源条例》《联合国海洋公约》等

续表

序号	审计内容	审计重点	主要问题	问题原因	审计主要方法步骤	审计主要法规依据
（九）	旅游设施	相应海域生态环境、塑料垃圾的处置、海洋漂浮垃圾、海洋漂育、海岸线保育、海洋功能分区利用、特色动植物保育等	旅游区附近水域污染、山体破坏、水土流失、生物资源急剧减少；水资源匮乏、淡水资源逐渐出现枯竭现象、海水倒灌；过度开发、超专环境承载力、生物多样性失衡；海洋生态保护红线内违规设置旅游设施等	游船油污泄漏、生活垃圾、污水处置不规范，违规建设旅游设施，监督、监管体制、机制、制度不完善	一是了解各级人民政府对旅游业的相关政策和计划措施；二是收集海域废气污染物的处置情况；三是审计生态环境监管部门对旅游区环境的管理，对具体的开发项目进行环境影响的评价分析；四是审计旅游业是否精心严慎地进行规划并采用科学的开发模式，采取有效措施保护海岸，控制建筑物的高度；五是开展旅游资源的审查和评价工作，采取科学的方法保护海岛环境；六是审计各级地方政府对海洋保护者和旅游从业人员与自然和谐相处的意识；七是对海岛的经济效益、生态资源进行效益分析，并进行相应的数据分析；八是审计各级地方政府对旅游设施相关财政的专项资金使用，管理科学性、规范性，及投资绩效审计评价	《中华人民共和国环境保护法》《中华人民共和国海洋环境保护法》《中华人民共和国渔业法》《中华人民共和国旅游法》"十四五"旅游业发展规划》《中华人民共和国自然保护区条例》《中华人民共和国海域使用管理法》《中华人民共和国海洋倾废管理条例》《自然资源标准化管理办法》《中华人民共和国审计法》《全国海洋生态环境保护"十四五"规划》等

续表

序号	审计内容	审计重点	主要问题	问题原因	审计主要方法步骤	审计主要法规依据
（十）	专项资金	海洋自然资源资产管理和海洋生态治理保护相关税费、使用有偿使用收入、管理使用情况，地方政府有关海洋生态环境综合治理预算管理及预算执行情况等	地方政府存在应征未征、违规减免、缓征或停征相关税费；地方政府预算不合理、不科学；预算管理不规范、执行不到位；挤占挪用海洋自然资源资产管理和海洋生态综合治理专项资金；配套资金不到位，高估冒算海洋自然环境治理和生态保护项目投资；投资绩效差等	有法不依、执法不严；制度不健全、机制不完善，领导干部失职、渎职或弄虚作假等	一是审核地方财政及相关业务主管部门资料，包括应征征额、实征人库额、登记台账等；二是结合批复文件及相关征收规定，将应征征额和人库额对比，重点关注减征、免征、缓征的合法性；三是查阅地方领导干部涉及海洋生态环境保护资产和生态环境治理保护有关税费、政府性基金及有偿使用收人等征收、管理使用的重要批示、会议纪要等资料；四是重点关注推行海洋生态环境保护"费改税"工作推进情况及存在的问题；五是重点关注中央和地方、行业主管部门门工作协作机税务、行业主管部门之间与财政、监督管理能力及税制征管能力是否合规；六是重点关注注海洋自然资源资产预算，及管理和生态环境保护预算执行情况；七是重点关注涉及海洋自然资源资产管理和生态环境治理和生态环境保护重大投资、重大项目；八是重点关注海洋自然资源生态保护治理资金管理专项资金管理规范性、使用合规性，投资真实性、程序合法性，控制有效性，投入效益性等	《中华人民共和国预算法》《中华人民共和国会计法》《中华人民共和国环境保护法》《中华人民共和国海洋环境保护法》《中华人民共和国环境保护税法》《中华人民共和国水法》《中华人民共和国水土保持法》《中华人民共和国大气污染防治法》《中华人民共和国水污染防治法》《中华人民共和国海洋环境保护税费征收使用管理条例》《环境行政处罚办法》《项目支出绩效评价管理办法》《建设项目建设成本管理规定》《基本建设项目自然资源保护费征收使用实施条例》《近岸海域污染防治方案》等

续表

序号	审计内容	审计重点	主要问题	问题原因	审计主要方法步骤	审计主要法规依据
		生态文明体制改革相关任务推进落实情况；国家有关海洋自然资源资产管理和生态环境保护重大战略贯彻落实情况及目标完成情况；海洋自然资源产权登记、主功能区规划、多规合一等相关改革是否得到有效推进落实；海洋自然资源资产配置	地方性制度、规划、计划不符合国家海洋资源法律法规，有关海洋发展战略、重大规划限制性要求被突破；相关部门存在建假执行、敷衍执行、选择性执行、附加性执行，曲解政策目的而自目执行等；对部门领导考核有关生态文明建设、绿色发展所占权重不升反降等	政策执行力不够，落实不到位；地方性有关海洋自然资源保护及生态保护产章、制度、计划措施脱离实际，制度多头管理，造成机制不完善，互相推诿；政策被宣传不到位，监管不到力，对损毁海洋自然资源产或破坏海洋生态环境的行为未依法处理以及未采取有效措施予以制止，领导干部领导纵容相关违法违纪，统计相关监测指标、统计数据作假虚作假情况等	一是通过地方政府收集相关年度政府工作报告、会议纪要、收发文记录，有关海洋生态环境保护及生态保护产业生态保护主要政策、法规、规划、制度、行动计划、目标考核办法等资料；二是与海洋自然资源资产和生态环境保护主管部门进行座谈了解；三是获取被审计地区及其上级主管有关年度考核及目标任务、对比、查阅、分析被审计地方政府上报的控制指标及完成数据；四是确定审计重点领域、重点项目、重点投资、重大决策，重大决策；五是根据审计内容、机制、制度及政府落实等上述（一）至（十）项审计内容，对存在的问题从方面进行分析，找出海洋自然资源资产或管理和地方政府有关海洋环境治理保护落实执行中的问题；六是分析有关数据，有事例，且行有效；七是审计建议可行，且有效之有效	《中华人民共和国环境保护法》《中华人民共和国海洋环境保护法》《生态文明建设目标评价考核办法》《中共中央 国务院关于加快推进生态文明建设的意见》《"十四五"海洋经济发展规划》《自然资源资产审计》《中华人民共和国审计法》等
（十一）	政策落实					

二、部分海洋自然资源资产实物量增减情况审计操作指引

序号	审计内容	审计重点	主要问题	问题原因	审计主要方法步骤	审计法规依据
（一）	海洋保护类自然资源实物量增减变化情况	海洋保护类野生动物实物量增减变化情况	领导干部任期内海洋保护类野生动物实物量减少	政策、法规落实和执行不到位；体制、机制、制度不健全，监管不力；海洋自然保护措施不完善；海洋自然保护未能有效落实，维护捕捞处理处罚不规范；违规捕捞处理处罚不严，监管不力；海域过度开发或开发规划不科学，不合理等	1. 审计了解地方政府及相关部门有关行政管辖区域涉及的保护类海洋野生动物制度办法、目标计划、措施方法、目录清单、责任主体等　2. 审计渔业主管部门等有关海洋保护类野生动物总量、种类、质量等生态情况报告。一是对报告数据和生态评估结论的科学性、合理性、真实性进行审计；二是利用 GPS 或 BDS、GIS、RS、BIM 及雷达跟踪监测等现代科技手段，运用计算机审计方法对相关数据，图既进行分析，比对、校验，必要时在相同季节和场景下，利用上述方法进行综合分析和比对；三是对海洋保护类野生动物实物量增减变化原因进行分析，重点找出实物量减少主客观因素，出具审计结论和审计评价　3. 针对影响海洋保护类野生动物实物量减少的主观因素，提出审计建设性意见	《中华人民共和国野生动物保护法》、《中华人民共和国渔业法》、《国家重点保护野生动物名录》、《海洋功能区划管理规定》及地方各级政府关于行政管辖区域海洋野生动物保护行动计划、目标措施等

续表

序号	审计内容	审计重点	主要问题	问题原因	审计主要方法步骤	审计法规依据
（一）	海洋保护类自然资源实物量增减变化情况	海洋保护类自然资源实物量增减变化情况	领导任期内海洋保护类野生植物实物量减少	过度养殖、环境污染和生物入侵影响自然和生物生存环境；政策、法规落实和执行不到位；机制、体制、制度不健全；监管不力，措施不完善；海洋自然保护区未能有效落实、维护不规范；违规采矿处理处罚不严，监管不力；海域过度开发或开发规划不科学，不合理等	1. 审计了解地方政府及相关部门有关行政管辖区域涉及的保护类海洋自然植物制度办法、目标计划、措施方法、责任清单等 2. 审计渔业主管等部门有关海洋保护类自然植物总量、种类、质量等生态情况报告。一是对报告数据和评估结论的科学性、合理性、真实性等进行审计；二是利用GPS或BDS、GIS、RS、BIM及遥感监测等现代科技手段，运用计算机审计方法对相关数据，图隧进行分析、比对、校验，利用上述方法进行综合分场景下，必要时对在相同季节和析和比对；三是对海洋保护类自然植物实物量增减变化主要原因进行分析，重点找出实物量减少主观客观因素，出具审计结论和审计评价 3. 针对影响海洋保护类自然植物实物量减少的主观因素，提出审计建设性意见	《中华人民共和国野生植物保护条例》、《国家重点保护野生植物名录》、《海洋功能区划管理规定》及地方各级政府关于行政辖区域海洋自然植物保护行动计划、目标措施等

续表

序号	审计内容	审计重点	主要问题	问题原因	审计主要方法步骤	审计法规依据
（二）	海洋调节类实物资源量增减变化情况	海洋调节类野生动物（含浮游生物）实物量增减变化情况	领导任期内海洋调节类野生动物实物量减少	政策、法规落实和执行不到位；体制、机制、制度不健全；监管不力，措施不完善；沿海污染物排放总量未能有效控制；粗放型经济发展方式未能有效转变；沿海企业环境监管落实不到位，排放不达标，处罚不严；海岸工程、海洋工程建设，以及水产养殖等规划不科学、不合理等	1. 审计了解地方政府及相关部门管辖海域涉及的调节类野生动物的主要物种、相关规章制度、目标计划、措施方法、监督管理情况等 2. 审计不同海域内的调节类野生动物的物种种数、密度、多样性指数、水质等监测报告以及沿海企业的污染物等监测总结报告。一是对报告数据的科学性、合理性、真实性等进行审计；二是利用GPS或BDS、GIS、RS、BIM及雷达跟踪监测现代科技手段，运用计算机审计方法对相关数据、图斑进行分析、比对、校验，并应用大型多元统计软件PRIMER 6.0、Qiime、Mothur、R和Python等对不同海域浮游动物群落进行生物多样性分析和结构分析，对浮游生物进行丰余分析等；三是对海洋调节类野生动物（含浮游生物）实物量增减变化主要原因进行分析，出具审计结论和评价 3. 针对影响海洋调节类野生动物实物量减少的主观因素，提出审计建设性意见	《中华人民共和国野生动物保护法》《中华人民共和国水生野生动物保护实施条例》《中华人民共和国长江保护法》《中国生物多样性司法保护法》《中华人民共和国海洋环境保护法》等

续表

序号	审计内容	审计重点	主要问题	问题原因	审计主要方法步骤	审计法规依据
（二）	海洋调节类自然资源实物量增减变化情况	海洋调节类自然植物实物量增减变化情况	领导任期内海洋调节类自然植物量减少	政策、法规落实和执行不到位，机制、制度不完善等，监管不力、措施不到位，体制、制度不健全，生态系统失衡严重，包括海水富营养化等。随着沿海城市、海洋工业和海上船舶等，有毒有害物质等的排放，沿海工业和沿海土地利用不合理，涉及近海水产养殖、海上开荒、造林、陆上工业废弃物、污染物等，沿海城市扩张、外来物种入侵、污染物刺激海藻疯长，挤占调节类的生长空间等	1. 审计了解地方政府及相关部门管辖海域涉及的调节类自然植物的功能区规划、管控要求、资金收支情况、审批管理等 2. 审计不同海域内调节类的物种种数、密度、多样性指数等监测报告。一是对报告数据和评估结论的科学性、合理性、真实性等进行审计；二是利用GPS或BDS、GIS、RS、BIM及雷达跟踪监测等现代科技手段，运用计算机审计方法对相关数据、图斑进行分析，包括利用图像识别技术、荧光色谱法、吸收光谱等海洋监测方法对定性定量分析，与领导任期内在相同季节变化的浮游植物和其他海洋植物进行比对、校验；三是增减对海洋调节类自然植物实物量变化进行分析，重点找出实物量减少的主客观原因，出具审计结论和审计评价 3. 针对影响海洋调节类自然植物实物量减少的主观因素，提出审计建设性意见	《中华人民共和国海洋环境保护法》、《中国生物多样性保护战略与行动计划（2011—2030年）》、《海洋生物水质基准推导技术指南（试行）》、《中华人民共和国国家环境保护标准》、《中华人民共和国自然保护区条例》、《全国生物安全法》、《中华人民共和国沿海防护林体系建设工程总体规划》、《中华人民共和国湿地保护行动计划》、《海洋生态修复技术指南（试行）》及各省海域使用管理条例、水生野生动植物保护行动计划等

续表

序号	审计内容	审计重点	主要问题	问题原因	审计主要方法步骤	审计法规依据
（二）	海洋调节类自然资源实物量增减变化情况	海洋调节类生物总量增减变化情况	领导干部任期内海洋调节类非生物生物总量减少	"家底不清"，政策、法规落实和执行不到位、体制、机制、制度不健全，监管不力，措施不完善等；包括粗放型经济发展方式未能转变；工业废水、生活污水、沿海建筑垃圾等违规排放；生态系统富养化现象严重，海洋酸化、海水温度升高等海洋重金属污染等，生态群落结构发生显著变化，沿海企业污水监督管理落实不到位；污染物违规排放处理不严；污染物排放总量、海洋工程和海岸工程建设、水产养殖等规划不科学，不合理等；全球气候变暖、海水温度升高，超过珊瑚生长所能适应的温度上限，造成珊瑚礁白化死亡等	1.审计调查海洋温度、pH值、化学需氧量等现实情况，了解地方政府及相关部门有关行政管辖区域涉及的调节类海洋非生物主体等的监控计划，目录清单、责任主体等。 2.审计地区主管部门有关海洋调节类生物总量，种类、质量、密度等生态情况报告。一是对报告数据和评估结论的科学性、合理性、真实性进行审计；二是利用GPS或BDS、GIS、RS、BIM、遥感热应力检测及雷达跟踪监测等现代科技手段，运用计算机审计相关数据，图斑进行分析，比对、校验，必要时在相同季节和场景下，利用上述方法进行综合分析和比对；三是对海洋调节类非生物总量增减变化主要原因进行客观分析，重点找出实物量增减少主客观因素，出具审计结论和审计意见。 3.针对影响海洋调节类非生物总量减少的主观因素，提出审计建设性意见	《中华人民共和国海洋环境保护法》《全国生态环境保护纲要》《中华人民共和国水污染防治法》《中华人民共和国水法》《中华人民共和国城乡规划法》《中华人民共和国固体废物污染环境防治法》《近岸海域污染防治方案》《中华人民共和国湿地保护法》《2030年前碳达峰行动方案》《"十四五"节能减排综合工作方案》《"十四五"生态环境监测规划》《中共中央国务院关于深入打好污染防治攻坚战的意见》

续表

序号	审计内容	审计重点	主要问题	问题原因	审计主要方法步骤	审计法规依据
（三）	海洋经济类自然资源实物量增减变化情况	海洋经济类野生动物（含乎游生物）实物量增减变化情况	领导任期内海洋经济类野生动物实物量减少	政策、法规落实和执行不到位；体制、机制、制度不健全，监管不力，措施不完善等；渔业活动破坏野生动物栖息地；非选择性捕捞工具的使用，影响相关物种生存；违规捕捞相关处罚不严，监管不力；"家底不清"，海域过度开发或开发规划不科学、不合理等	1. 审计了解地方政府及相关部门有关行政管辖区域涉及的经济类海洋野生动物制度办法、目标计划、措施方法、目录清单、责任主体等 2. 审计渔业主管部门有关海洋经济类野生动物总量、种类、质量等生态情况报告。一是对报告数据和评估结论的科学性、合理性、真实性等进行审计；二是利用 GPS 或 BDS、GIS、RS、BIM 及雷达跟踪监测等现代科技手段，运用计算机审计方法对相关数据、图斑进行分析、比对、校验，必要时在相同季节和场景下，利用上述方法进行综合分析和比对；三是对海洋经济类野生动物实物量增减变化主要原因进行分析，重点找出实物量减少的主客观因素，出具审计结论和审计评价 3. 针对影响海洋经济类野生动物实物量减少的主观因素，提出审计建议性意见	《中华人民共和国渔业法》《海洋功能区划管理规定》及地方各级政府关于行政管辖区域海洋动物保护行动计划、目标措施等

续表

序号	审计内容	审计重点	主要问题	问题原因	审计主要方法步骤	审计法规依据
(三)	海洋经济类自然资源实物量增减变化情况	海洋经济类自然植物实物量增减变化情况	领导任期内海洋经济类自然植物实物量减少	政策、法规落实和执行不到位，体制、机制、制度不健全，监管不力、措施不完善。违规采矿处理处罚不严，海域过度开发或开发规划不科学、不合理等	1.审计了解地方政府及相关部门有关行政管辖区域涉及的经济类自然植物制度办法、目录清单，措施方法、目标计划，责任主体等。2.审计渔业主管部门等有关海洋经济类自然植物总量、种类、质量等生态情况报告。一是对报告数据和评估结论的科学性、合理性、真实性审计；二是利用GPS或BDS、GIS、RS、BIM及雷达跟踪监测等现代科技手段，运用计算机审计方法对相关数据、图像进行分析、比对、校验，必要时在相同季节和场景下，利用上述方法进行综合分析对比；三是对海洋经济类自然植物实物量增减原因进行分析，重点找出物量减少的主客观因素，出具审计结论和审计评价。3.针对影响海洋经济类自然植物实物量减少的主观因素，提出审计建设性意见	《中华人民共和国野生植物保护条例》、《国家重点保护野生植物名录》、《海洋功能区划管理规定》及地方各级政府关于行政管辖区域海洋自然植物保护行动计划、目标措施等

续表

序号	审计内容	审计重点	主要问题	问题原因	审计主要方法步骤	审计法规依据
(三)	海洋经济类自然资源实物量增减变化情况	海洋经济类矿产实物量增减变化情况	领导任期内海洋经济类矿产实物量减少	法律规范和操作指南不健全、不完善；海洋矿产资源基础数据不科学、真实性，缺乏真实性；海洋矿产资源开发可行性论证程序不规范、规划不合理或盲目开发利用；监管责任主体不明晰等	1. 审计了解地方政府及相关部门有关行政管辖区域涉及的经济类矿产资源制度管理办法、目标计划、措施方法、目录清单、责任主体等 2. 审计矿产主管部门等部门有关海洋矿产总量、种类、质量等生态情况报告。一是对报告数据和评估结论的科学性、合理性、真实性等进行审计；二是利用 GPS 或 BDS、GIS、RS、BIM 及泰达跟踪监测等现代科技手段，运用计算机审计方法对相关数据、图账进行分析、比对、校验，必要时在相同季节和场景下，利用上述方法进行综合分析和比对；三是对海洋经济类矿产实物量增减变化原因进行分析，重点找出实物量减少主要客观因素，出具审计结论和审计评价 3. 针对影响海洋经济类矿产实物量减少的主观因素，提出审计建设性意见	《中华人民共和国矿产资源法》《中华人民共和国节约能源法》《中华人民共和国可再生能源法》《矿产资源登记管理办法》《矿产资源开采登记管理办法》《最高人民法院、最高人民检察院关于办理非法采矿、破坏性采矿刑事案件适用法律若干问题的解释》

三、其他审计事项

其他影响海洋自然资源资产管理和海洋生态环境治理保护审计事项，以及随着人类社会对海洋自然资源资产和生态环境保护的进一步认识，随着经济社会进一步发展，随着法治建设进一步完善，随着现代审计理念和方法进一步提升，海洋自然资源资产管理和海洋生态环境治理保护的审计重点、审计内容、审计方法将进一步得到拓展和提高